dtv
premium

Hasnain Kazim

PLÖTZLICH PAKISTAN

Mein Leben im gefährlichsten Land der Welt

dtv

Ausführliche Informationen über
unsere Autoren und Bücher
www.dtv.de

Dieses Buch ist auch als eBook erhältlich.

Originalausgabe
© 2015 dtv Verlagsgesellschaft mbH & Co. KG, München
In Kooperation mit SPIEGEL ONLINE GmbH, Hamburg 2015
Das Werk ist urheberrechtlich geschützt.
Sämtliche, auch auszugsweise Verwertungen bleiben vorbehalten.
Umschlagkonzept: Balk & Brumshagen
Umschlagfoto: Günter George
© Karte: Peter Palm, Berlin
Gesetzt aus der Minion
Satz: Bernd Schumacher, Friedberg
Druck und Bindung: Kösel, Krugzell
Gedruckt auf säurefreiem, chlorfrei gebleichtem Papier
Printed in Germany · ISBN 978-3-423-26077-0

INHALTSVERZEICHNIS

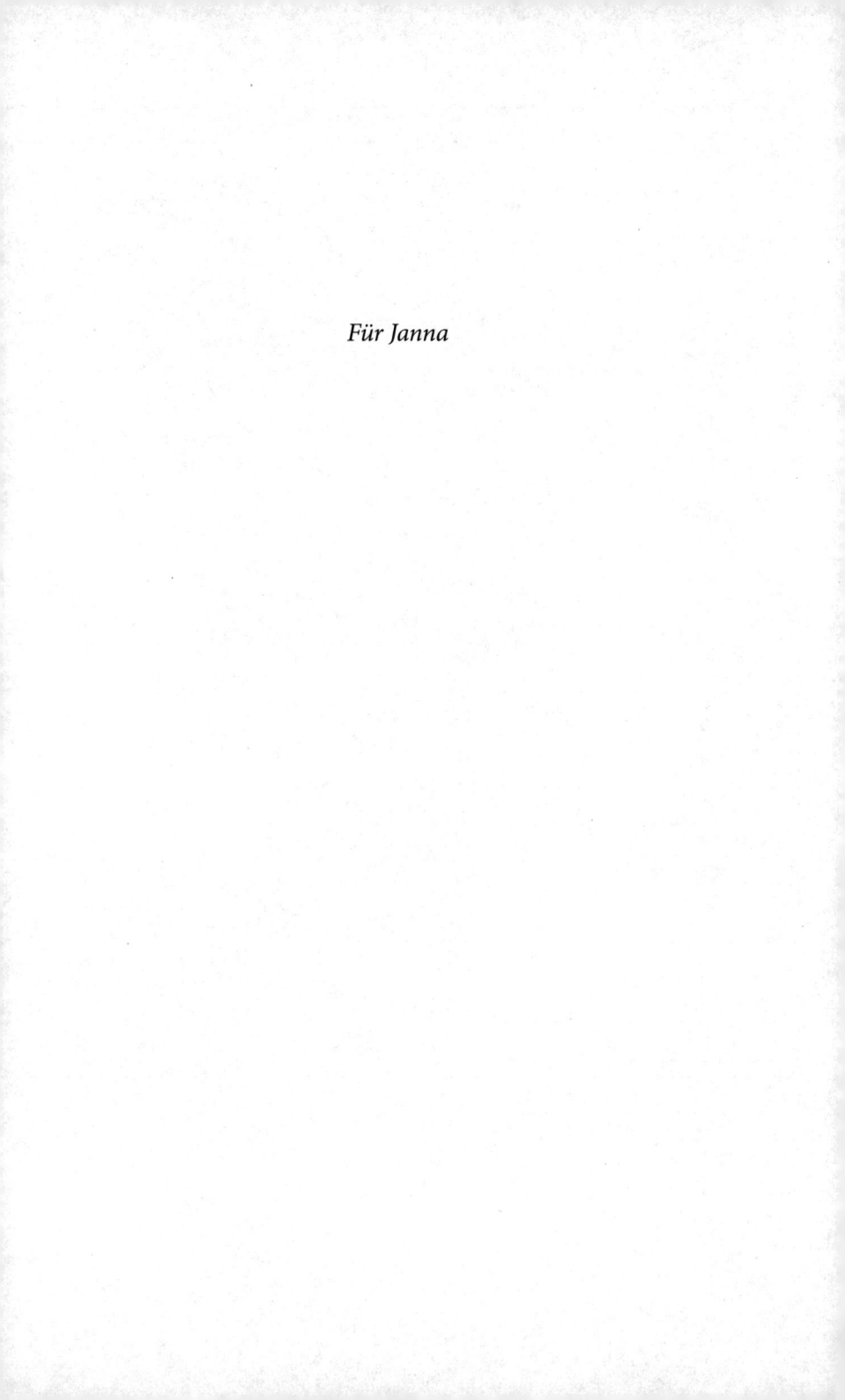

Für Janna

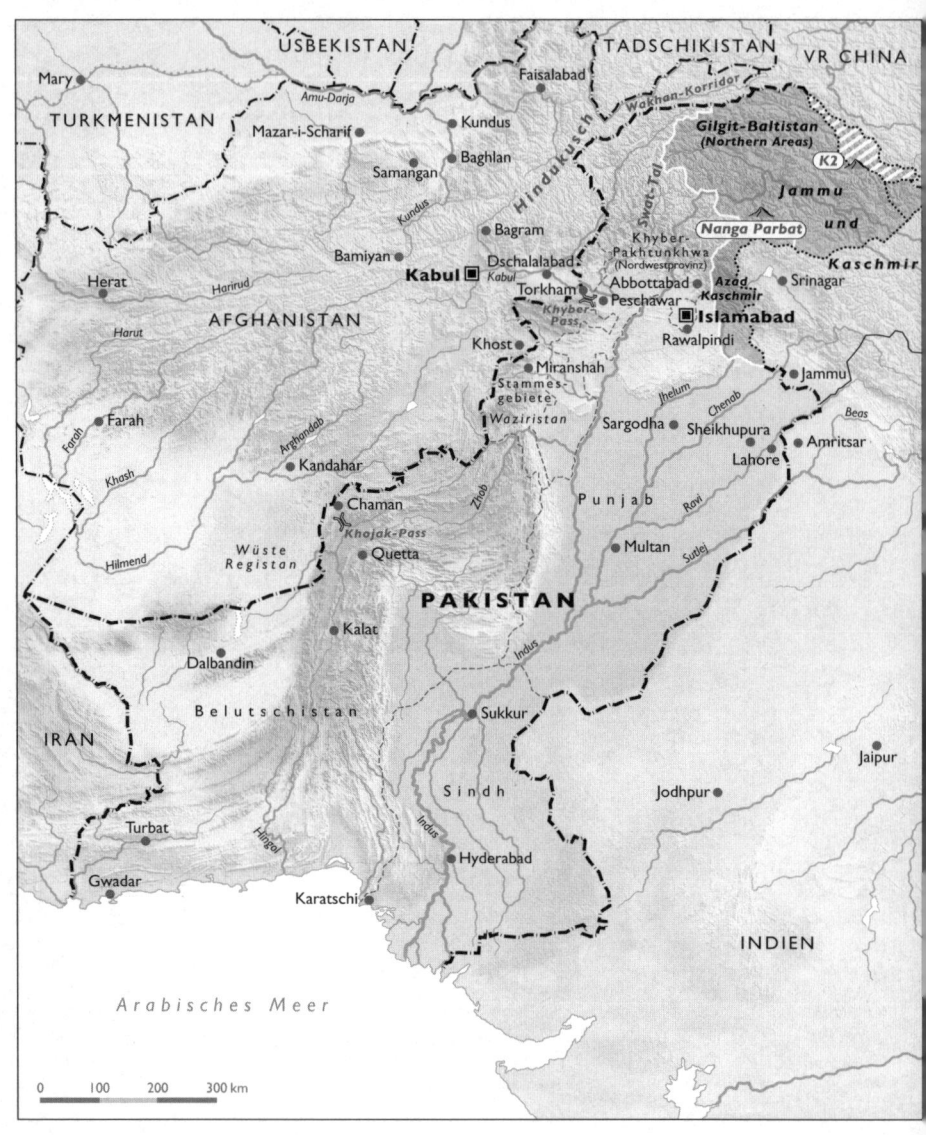

PROLOG – WARUM PAKISTAN?

Speak out today, speak out loud
I have no country
The whole world is my homeland
I have no name
My name is human
Break these fetters of bondage now
I have no country
The whole world is my homeland

Erhebe deine Stimme heute, erhebe sie laut
Ich habe kein Land
Die ganze Welt ist meine Heimat
Ich habe keinen Namen
Mein Name ist Mensch
Sprenge die Fesseln der Unfreiheit
Ich habe kein Land
Die ganze Welt ist meine Heimat

Shaikh Ayaz (1923 – 1997)

Menschen ertragen viel, solange sie Hoffnung haben. Solange Besserung nur eine Frage der Zeit ist. Was, wenn es diese Aussicht nicht gibt?

Pakistan hat gewaltige Probleme. Bald werden dort mehr als zweihundert Millionen Menschen leben. Vielleicht sind es jetzt schon so viele, niemand zählt genau. In wenigen Jahren wird es hinter Indien, China und den USA das bevölkerungsreichste Land der Erde sein. Die Menschen werden sich vor allem in den Städten drängen, in Megametropolen wie Karatschi und Lahore, in Städten wie Rawalpindi und Peschawar, weil dort noch die Hoffnung besteht, halbwegs ein Auskommen zu haben, eine Stelle als Hausangestellter vielleicht, als Fahrer, Wachmann oder Verkäufer. Ein Drittel der pakistanischen Bevölkerung lebt bereits in Städten. Jeden Tag werden es mehr.

Sie alle werden Wasser benötigen und Strom und Gas. Sie werden Wohnraum beanspruchen, Bildung und Jobs. Schon jetzt ist Trinkwasser knapp, fällt der Strom bis zu zwanzig Stunden am Tag aus, ist Gas Mangelware. In einem Land, in dem es viele gasbetriebene Autos gibt, müssen die Tankstellen deshalb an drei, vier Tagen in der Woche schließen. Viele Menschen leben in winzigen Wohnungen, teilen sich ein Zimmer zu sechst, zu siebt, zu acht. Immer mehr hausen auf der Straße, in Lumpen gehüllt, unter Planen und Decken. Sie leben von dem, was sie auf den Müllbergen finden. Das staatliche Bildungssystem liegt am Boden, stattdessen bieten immer mehr Koranschulen Unterricht an, zum Teil mit halbwegs vernünftigen Lehrplänen, zum Teil mit radikalen religiösen Inhalten. Und Arbeit gibt es kaum, Millionen junger Menschen müssen zusehen, wie sie sich ohne Einkommen und ohne staatliche Unterstützung durchschlagen. Mit Gelegenheitsjobs, Betteleien und Hilfe von den Verwandten.

Pakistan ist Atommacht, und angeblich ist es das Land mit dem am schnellsten wachsenden Nukleararsenal in der Welt. Es gibt Terror und Regionen, in denen nicht der Staat, sondern Stammesälteste das Sagen haben, nicht wenige davon sind unberechenbare Extremisten. Verschiedene Terrororganisationen haben in Pakistan ihren Sitz, täglich explodiert irgendwo eine Bombe, sprengt sich ein Selbstmordattentäter in die Luft. Sunniten bekämpfen Schiiten, in Karatschi gehen Paschtunen und die Nachfahren indischer Einwanderer, Mohajirs, aufeinander los. Minderheiten wie Christen, Hindus oder Ahmadis leiden unter der islamischen Mehrheit, das Spektrum reicht von subtiler Unterdrückung bis hin zu blutiger Verfolgung. Armee und Geheimdienst machen Jagd auf Freiheitskämpfer in der Provinz Belutschistan, in der es Unabhängigkeitsbestrebungen gibt. Das Militär schießt auf Extremisten in den Stammesgebieten, unterstützt manche Gruppen aber auch, wenn es sich einen Nutzen von ihnen verspricht, zum Beispiel als Helfer im Kampf gegen Indien oder beim Aufbau einer neuen, pro-pakistanischen Machtordnung in Afghanistan. Afghanistan, das ist aus Sicht der übermächtigen, vom Erzfeind Indien besessenen Generäle vor allem Rückzugsraum im Westen im Falle eines indischen Angriffs im Osten. Nur langsam setzt sich bei ihnen die Erkenntnis durch, dass Terroristen innerhalb des eigenen Landes die größere Gefahr darstellen. Pakistan ist kein Staat mit einer Armee. Es ist eine Armee mit einem Staat.

Pakistan war 1947 nach der Unabhängigkeit Indiens von der britischen Kolonialherrschaft und der Teilung des Subkontinents entstanden, weil die Muslime dort glaubten, sie und ihre Religion seien sicherer vor Übergriffen der hinduistischen Mehrheit, wenn sie einen eigenen Staat hätten. Wie falsch sie lagen, zeigt jeder Terroranschlag: Jetzt töten Muslime Muslime.

Es ist ein verrücktes, chaotisches, ein gefährliches Land. Und wenn mir jemand vor ein paar Jahren gesagt hätte, ich würde mal dort leben, in dem Land, aus dem meine Familie stammt, hätte ich es nicht geglaubt. Wenn mir jemand gesagt hätte, ich würde sogar meine deutsche Frau dorthin mitnehmen, wir würden dort unser erstes Kind aufwachsen lassen, hätte ich diese Person für verrückt erklärt.

Mein Vater hatte Karatschi in den Sechzigerjahren verlassen, meine Mutter in den Siebzigern, um Deutschland zu ihrer Heimat zu machen. Pakistan war damals noch ein Land ohne Terror, Religion spielte längst nicht eine so große Rolle wie heute. Die Wirtschaft florierte, die Wohlhabenden fuhren europäische und amerikanische Autos, in den Kinos, die es damals noch gab, liefen Hollywood-Filme. Man sah Männer in westlichen Anzügen und mit Schlaghosen und Frauen in kurzen Röcken. Aber es gab erste Anzeichen von Islamisierung. Alkohol wurde verboten. Und die Moralvorstellungen der Alten nervten schon lange. Meine Eltern wollten, wie so viele junge Pakistaner, lieber im Westen leben. Deutschland im Wirtschaftswunder bot sich an.

Ich wurde in Deutschland geboren, wuchs dort auf, im Dorf Hollern-Twielenfleth, an der Elbe, nahe Hamburg, wo man die Nordsee zwar noch nicht sehen, aber schon riechen kann, und wo die große weite Welt ganz in der Nähe vorbeifährt, während meiner Kindheit in Form von kleineren Frachtschiffen, die mit den Jahren immer größer wurden, bis hin zu den Containerriesen von heute.

Hollern-Twielenfleth und Karatschi, unterschiedlicher können zwei Orte kaum sein: hier das ruhige kleine Dorf im Alten Land, einem der größten Obstanbaugebiete Europas, mit wenigen Tausend Einwohnern, gepflegten Gärten, sauberen Straßen; dort das Stadt gewordene Chaos, laut, mit vielen Millionen Menschen (niemand weiß genau, wie viele), Müllbergen an den Straßenrändern und Kloake im Arabischen Meer, von dem aus sich ein übler Geruch über die Stadt legt, sobald es ein bisschen wärmer wird – und in Karatschi ist es die meiste Zeit warm.

Alle paar Jahre flogen wir in den Sommerferien dorthin. Es waren keine Urlaubsreisen, sondern Verwandtschaftsbesuche. Drei Wochen unerträgliche Hitze und unerträglicher Gestank. Onkel, die sagten:»Bist du aber groß geworden!« Tanten, die einem in die Wangen kniffen, seltsam aussehendes Essen auf den

Teller häuften und sagten: »Iss, Junge, damit du groß wirst!«, und die sich ständig bei meinen Eltern beschwerten, weil meine Schwester und ich uns weigerten, auch nur einen Bissen zu uns zu nehmen. Unsere Cousins und Cousinen, die uns neugierig beobachteten und sich über Dinge freuten, die wir ihnen mitbrachten und die es in Pakistan damals nicht gab: Gummibärchen, deutsche Schokolade, Kassettenrekorder und Videospiele. Wir nahmen viele Geschenke mit für die Verwandten, und auch sie überhäuften uns mit Dingen: Meine Mutter bekam bunte Stoffe, aus denen sie sich Kleider nähen konnte, mein Vater einen Taschenrechner, meine Schwester Kleider und Puppen. Für mich fielen exotische Hörspielkassetten ab, auf Urdu, schräge Geschichten von Ungeheuern und Räubern, die von heldenhaften, ihren Eltern immer gehorchenden Jungen besiegt wurden. Es war Bollywood zum Hören. Ich freute mich über diese Sachen nur bedingt, ich fand die Geschichten realitätsfern und übertrieben emotional gesprochen, außerdem wusste ich, dass ich damit bei meinen Freunden in Hollern-Twielenfleth nicht punkten konnte.

Es gab schöne Momente, die großen Familienfeiern, für die sich alle herausputzten, die Kissenschlachten mit Cousins und Cousinen und deren Freunden, die Spiele draußen, die gemeinsamen Abende, an denen die Alten Geschichten aus vergangenen Zeiten erzählten.

Überwiegend fand ich die Besuche in Karatschi aber bedrückend. Alles war fremd und gewöhnungsbedürftig. Die Menschen, meine Verwandten eingeschlossen, waren so anders, so emotional, so gottergeben, ständig redeten sie von Religion. Es gab blutige Schlachtfeste. Die Hitze und der Gestank machten mich fertig.

Es war ein Jugendtraum von mir gewesen, als Korrespondent im Ausland zu arbeiten. Südasien gefiel mir, und gerne wollte ich auch aus Pakistan berichten und das Land besser kennenlernen. Mit den Terroranschlägen vom 11. September 2001 war Pakistan – wenn auch widerwillig – zum Anti-Terror-Partner des Westens geworden, mit der Folge, dass die Gewalt zunahm, weil Extremisten den pakistanischen Staat zum Feind erklärten. Es gab für Journalisten also viel zu schreiben. Aber auf keinen Fall wollte ich dort leben. Durch Rechercherereisen und Urlaubsaufenthalte hatte ich das Nachbarland Indien lieben gelernt. Meine Frau Janna und ich entschieden uns für Neu-Delhi als Wohnort. Man hatte mir eine Korrespondentenstelle dort angeboten. Ich sollte über den enormen gesellschaftlichen Wandel und den mal rasenden, dann wieder stockenden wirtschaftlichen Aufstieg Indiens schreiben. Ab und zu wollte ich nach Pakistan reisen, um von dort zu berichten. Alle deutschen Südasienkorrespondenten leben in Indien oder noch weiter weg, in Thailand, Singapur oder sogar Australien, kein einziger in Pakistan. Das ist zwar mit Blick auf die weltpolitische Bedeutung Pakistans nicht klug, aber nachvollziehbar.

Wir beschlossen, Ende April 2009 umzuziehen. Für Anfang Dezember 2008 planten wir einen Urlaub in Indien, um schon mal den Wohnungsmarkt in Neu-Delhi zu erkunden, Verwandte in der nordindischen Stadt Lucknow zu besuchen – ein Teil meiner Familie ist nach der Unabhängigkeit Indiens dort geblieben –, Bombay zu besichtigen und ein paar Tage am Strand von Goa zu verbringen.

Bombay, 26. November 2008, wenige Tage vor unserem Urlaubsbeginn. Zehn junge Männer in schwarzen T-Shirts und Cargohosen landen unbemerkt mit einem Boot in der Stadt an. Die Gruppe teilt sich auf, ein paar fahren per Taxi los, andere streifen zu Fuß durch die Stadt. Sie haben Kalaschnikows und andere Waffen in ihren Rucksäcken, außerdem Satellitentelefone, Stadtpläne, Mandeln, Schokolade, Wasser, Nahrung für mehrere Tage Kampf. Zwei Männer, darunter Ajmal Kasab, gehen zum Hauptbahnhof Chhatrapati Shivaji Terminus und eröffnen dort das Feuer. Mehr als fünfzig Menschen sterben hier. Andere greifen das beliebte Café Leopold an, ein Krankenhaus, ein jüdisches Zentrum und die beiden Luxushotels Oberoi und Taj Mahal.

Am nächsten Tag saß ich im Flugzeug nach Bombay, um von den Terroranschlägen zu berichten. Zuvor hatte ich das indische Generalkonsulat in Hamburg angerufen, das mir das Touristenvisum für meinen Urlaub ausgestellt hatte. »Ich muss früher als geplant nach Indien. Außerdem reise ich nun doch aus beruflichen Gründen, Sie wissen ja …«, erklärte ich dem indischen Beamten. »Geht das in Ordnung? Meine Frau kommt später nach, und dann machen wir wie geplant Urlaub.«

Der Mann überlegte, dann antwortete er: »Fliegen Sie! Und schreiben Sie darüber, was Indien angetan wird!«

Ich vertraute ihm. Eine schriftliche Bestätigung oder gar einen neuen Eintrag in meinen Pass bekam ich nicht. Ein folgenschwerer Fehler, wie sich herausstellen sollte.

Am Morgen des 28. November war ich in Bombay. Der Terror dauerte noch an, seit mehr als dreißig Stunden schon. Die Angreifer waren in der Stadt unterwegs und töteten an immer neuen Orten Menschen. Ich kam in einem unscheinbaren Gästehaus unter. Kaum hatte ich eingecheckt, wurde die Straße davor abgesperrt – einer der Terroristen war in diesem Viertel unterwegs und lieferte sich ein Gefecht mit der Polizei. Endlich war ich vor Ort, doch nun saß ich fest und konnte nicht mit der Arbeit beginnen. Als nach drei Stunden die Straße wieder freigegeben wurde, organisierte ich ein Taxi und fuhr all die Orte ab, an denen bislang Schießereien stattgefunden hatten. Zwei Tage lang sprach ich mit Verletzten, Angehörigen von Getöteten, Polizisten, Passanten, Soldaten, Rettungssanitätern. Zwischendurch setzte ich meine Texte nach Hamburg ab, über die Lage vor Ort, über Indiens hilflosen Umgang mit Terroristen.

Als ich am Hotel Taj Mahal ankam, begann plötzlich ein Schusswechsel zwischen Sicherheitskräften und Terroristen, die sich dort verbarrikadiert hatten. Wir Journalisten drückten uns an die Mauer des altehrwürdigen Hotels, manche warfen sich auf den Boden. Die Polizisten brüllten, in einigen Metern Entfernung trafen Schüsse den Pflasterstein. Wir wussten nicht, ob die Schüsse von den Sicherheitskräften oder von den Terroristen stammten. Irgendwann gab man uns das Signal, dass wir weglaufen und uns in Sicherheit bringen sollten.

Stunden später war der Terror von Bombay vorbei, mehr als einhundertsechzig Menschen waren tot. Die Regierung hatte von den einheimischen Medien Kritik einstecken müssen, weil sie kein Sondereinsatzkommando in Bombay zur Verfügung hatte, sondern es aus Neu-Delhi einfliegen und dazu erst umständlich ein Flugzeug organisieren musste. Der Kampf gegen die Terroristen hatte viel zu spät begonnen. Jetzt saßen die Elitesoldaten nach erledigter Arbeit in einem Bus, ein paar hundert Menschen jubelten ihnen zu. Die Soldaten lächelten und machten Victoryzeichen. Neun der zehn Angreifer waren erschossen worden, Ajmal Kasab in Polizeigewahrsam.

Kasab, ein Pakistaner, räumte gleich in der ersten Vernehmung ein, die Tat sei in Pakistan geplant worden. Alle seine Mitkämpfer stammten ebenfalls aus Pakistan. Schon bald war klar: Hinter dem Angriff stand die Terrororganisation Lashkar-i-Toiba, jene Gruppe, deren Chef Hafiz Saeed in Pakistan in Freiheit lebte und gelegentlich öffentlich Reden hielt und Journalisten empfing.

Der Terror von Bombay war der Beginn einer neuen Eiszeit zwischen den Erzfeinden Pakistan und Indien. Wie aus indischen Regierungskreisen zu hören war, gab es Überlegungen, einen Vergeltungsschlag gegen Pakistan zu führen. Nur mit internationalen Bemühungen seien indische Regierungspolitiker davon abgehalten worden.

Pakistan und Indien sind seit der Teilung des Subkontinents verfeindet. Die beiden Staaten haben drei Kriege gegeneinander geführt, zwei um die von beiden Seiten beanspruchte Provinz Kaschmir, einen um Ostpakistan, das nach der Niederlage Pakistans 1971 der unabhängige Staat Bangladesch wurde. Außerdem gab es mehrere Scharmützel an der Grenze, auf militärische Provokation folgte Gegenprovokation.

Zwei Länder wie zwei dickköpfige Kinder.

Ich geriet mitten zwischen die Fronten.

Im Januar besuchte ich die indische Botschaft in Berlin, um mich vorzustellen, meinen Umzug nach Indien anzukündigen und die Formalitäten für die Akkreditierung als Korrespondent in die Wege zu leiten. Ein freundlicher Mann aus der Presseabteilung begrüßte mich. Er gab mir ein paar Formulare, schenkte mir einen Bildband über Indien und erklärte, dass ich das meiste dann in Neu-Delhi erledigen müsse. »Vier Wochen vor Ihrer Abreise müssen Sie erst mal nur ein reguläres Visum für sich und Ihre Frau beantragen«, sagte er.

Ich fragte ihn, wann ich den Container mit unserem gesamten Hab und Gut – Möbel, Bücher, Kleidung – auf den Weg bringen könne.

»Den können Sie losschicken, wenn Sie das Visum beantragen. Also einen Monat vor Ihrem Umzug«, sagte er. »Damit Sie vor Ort nicht so lange auf ihn warten müssen.«

Anfang April reichte ich den Antrag für das Visum ein.

Eine Woche später fragte ich beim indischen Konsulat in Hamburg nach, wann wir unsere Pässe zurückbekämen.

»Zu gegebener Zeit«, antwortete man mir. »Der Antrag ist

nach Neu-Delhi geschickt worden. Sobald er dort genehmigt ist, hören Sie von uns.«

Ich hörte nichts.

Der Tag unserer geplanten Ausreise rückte näher. Wir hatten unsere Flüge gebucht. Dann kam ein Reisepass: der meiner Frau. Mit einem Touristenvisum. Von meinem keine Spur.

Zehn Tage vorher fragte ich wieder nach.

»Es dauert noch, machen Sie sich keine Gedanken«, sagte man mir.

»Ich wollte aber am 29. April fliegen«, sagte ich.

»Tja, dann müssen Sie vielleicht Ihren Flug verschieben. Aber keine Sorge, es ist bald so weit.«

Dann kam das Umzugsunternehmen, räumte unsere Wohnung in Hamburg leer und brachte den Container auf den Weg nach Indien. Wir hatten noch einen Moment lang überlegt, die Verschiffung wegen des fehlenden Visums zu verschieben, aber dann redeten wir uns ein, es werde schon alles klappen. Der Inhalt unserer Wohnung verschwand Richtung Indien.

Auch am 29. April war mein Pass nicht da. Am Tag zuvor hatten wir unsere Flüge storniert. Jetzt zogen wir zu meinen Schwiegereltern.

In den Wochen darauf geschah nichts. Wieder und wieder wurde ich von der Botschaft und dem Konsulat vertröstet. Man habe noch keine Antwort aus Neu-Delhi, das dauere seine Zeit, schließlich müssten »mehrere Stellen ihre Zustimmung geben«, das Außenministerium, das Innenministerium und andere Behörden.

Mai, Juni, nichts passierte.

Mathias Müller von Blumencron, damals Chefredakteur des SPIEGEL, traf den neuen indischen Botschafter in Berlin und bat um Unterstützung. Der versprach, sich um die Sache zu kümmern. Von ihm hörten wir nie wieder etwas.

Wir bewegten Leute im Außenministerium, die wiederum Leute in der deutschen Botschaft in Neu-Delhi beauftragten, beim indischen Außenministerium vorzusprechen. Meine Chefredaktion erhielt eine inoffizielle, enttäuschende, aber endlich mal etwas verbindlichere Antwort: Ich hätte keine Chance, als Korrespondent in Indien akkreditiert zu werden. Ein Grund wurde nicht genannt, aber alle nahmen an, es habe mit meinen pakistanischen Wurzeln zu tun. Schließlich waren meine Großeltern mütterlicherseits wie väterlicherseits 1947 von Indien in den neuen Staat Pakistan ausgewandert. Dass ich noch Verwandtschaft in Indien hatte, interessierte dort offensichtlich niemanden. Einmal Pakistaner, immer Pakistaner. Da nützt auch ein deutscher Pass nichts.

Von indischen Journalisten in Neu-Delhi hörte ich, manche Beamte in den zuständigen Ministerien seien verärgert über meine »bösartige Berichterstattung«. In meinen Artikeln aus Bombay hatte ich beschrieben, wie schlecht die Regierung auf Terror vorbereitet war.

Die Organisation Reporter ohne Grenzen schaltete sich ein und verlangte per Pressemitteilung, mir unverzüglich eine Einreiseerlaubnis zu erteilen. »Wir sind entsetzt, dass die indischen Behörden einem Mitarbeiter eines angesehenen Mediums ein weiteres Mal ein Pressevisum verweigern«, kritisierte die Organisation. Dutzende andere Journalisten hätten dieses Problem auch, fand sie heraus. »Die [indische] Regierung muss diese archaische Visumspraxis, mit der einigen Korrespondenten der Besuch des Landes verwehrt wird, aufgeben«, lautete der Appell.

Nun sah sich das indische Außenministerium, das bisher beharrlich geschwiegen hatte, zu einer Stellungnahme genötigt. Ich hätte Visumsbestimmungen missachtet und sei mit einem Touristenvisum eingereist. Dabei hatte ich im Konsulat in Hamburg doch extra nachgehakt. Aber davon wollte jetzt natürlich niemand etwas wissen.

Es war eine belastende Zeit für uns: Wir hatten keine eigene Wohnung mehr, Janna hatte ihren Job gekündigt, unsere Sachen waren inzwischen in Indien angekommen und standen dort im Hafen von Bombay in der feuchten Monsunhitze.

Ich empfand die Situation als besonders absurd: Meine Familie hatte schon einmal erfahren, wie es ist, wenn Behörden eines Landes einen nicht willkommen heißen. Sechzehn Jahre lang hatten meine Eltern dafür gestritten, deutsche Staatsbürger zu werden. Es war ein langer, aufreibender Kampf, den sie am Ende mit Hilfe vieler Freunde gewannen. Als junger Erwachsener hatte ich mir gesagt: Ich werde nicht wie sie dafür kämpfen, in einem bestimmen Land leben zu dürfen. Es gibt mehr als einhundertneunzig Staaten, wenn der eine mich nicht will, sind da noch genügend andere.

Nun war ich völlig unerwartet in dieser Situation: Indien wollte mich nicht, und irgendwann, es war inzwischen Mitte Juli, wollte ich Indien nicht mehr. War das nicht eine Ironie der Geschichte? Erst musste meine Familie darum ringen, in Deutschland akzeptiert zu werden, und dann wies mich das Herkunftsland meiner Eltern zurück.

Mit Janna sprach ich darüber, was wir machen sollten. Von Hamburg hatten wir uns innerlich schon verabschiedet. Wieder eine Wohnung dort zu suchen und einfach weiterzumachen wie bisher, das kam für uns beide nicht in Frage.

»Kannst du dir vorstellen, nach Pakistan zu ziehen?« Sie antwortete, ohne zu zögern. »Ja, klar. Wir können es ja zumindest mal versuchen.« Im März 2008 war sie zum ersten Mal mit mir dort gewesen, wir hatten Urlaub gemacht bei Verwandten in Karatschi, außerdem eine Reise nach Islamabad unternommen, in die Hauptstadt. Das würde womöglich unser neuer Standort werden.

Ich sprach also mit der Chefredaktion über ein Ausweichen nach Pakistan. Für das Land benötigte ich kein Visum, denn als ehemaliger pakistanischer Staatsbürger – ich war erst mit sechzehn Jahren Deutscher geworden, obwohl ich in Deutschland geboren bin – war ich im Besitz einer »Pakistan Origin Card«, die mich von der Visumspflicht befreite. Und Janna war für ein Familienbesuchsvisum berechtigt.

»Bist du dir sicher?«, fragten sie. »Macht deine Frau mit?«

Pakistan galt spätestens seit der Ermordung von Daniel Pearl für westliche Journalisten als gefährliches Pflaster. Am 23. Januar 2002 war Pearl, Reporter beim ›Wall Street Journal‹, in Karatschi auf dem Weg zu einem Treffen mit einem islamischen Geistlichen entführt worden. Seine Redaktion erhielt eine Woche später ein Foto per E-Mail, das ihn auf dem Boden sitzend zeigte, die Hände in Ketten, jemand drückte seinen Kopf nach unten und hielt eine Pistole an seinen Hinterkopf. Die Entführer verlangten die Freilassung pakistanischer Gefangener in Guantanamo, außerdem die Auslieferung von F-16-Kampfjets, die Pakistan in den Achtzigern von den USA gekauft, aber nie erhalten hatte. Sollten die Forderungen nicht erfüllt werden, werde Pearl innerhalb von vierundzwanzig Stunden sterben, drohten die Entführer.

Sie wurden nicht erfüllt.

Am 21. Februar 2002 ging beim US-Konsulat in Karatschi ein dreieinhalb Minuten langes Video ein. Darin erzählt Pearl zu Beginn von seiner jüdischen Herkunft. Dann wiederholt er die Forderungen seiner Geiselnehmer. Der Film bricht ab, anschließend sieht man Pearl mit nacktem Oberkörper leblos am Boden liegen, mit einer Wunde an der Brust. Ein Geiselnehmer tritt an ihn heran, trennt seinen Kopf ab und hält ihn in die Kamera. Ermittler vermuten, dass Pearl zu diesem Zeitpunkt längst tot war, dass der Kopf also nur abgeschnitten wurde, weil die Täter besonders erbarmungslos erscheinen wollten.

Jahre später prahlte der Guantanamo-Häftling Khalid Sheikh Mohammed, Chefplaner der Anschläge vom 11. September und ehemalige Nummer drei von al-Qaida, der Mann in dem Video zu sein. »Mit meiner gesegneten rechten Hand habe ich den Kopf des amerikanischen Juden Daniel Pearl in Karatschi in Pakistan abgeschlagen«, steht im Vernehmungsprotokoll. »Wer eine Bestätigung erhalten will, für den gibt es Bilder von mir im Internet, wie ich den Kopf halte.« Ermittler verglichen Mohammeds Hand mit der in dem Video und stellten anhand der Venen fest, dass es sich um dieselbe Person handeln müsse. Im März 2003 wurde Mohammed in Rawalpindi, jener Stadt, in der die pakistanische Armee ihr Hauptquartier hat, verhaftet und an die Amerikaner ausgeliefert.

Meine Frau und ich buchten unsere Flüge nach Islamabad und erzählten unseren Eltern, dass wir nach Pakistan ziehen würden. Sie reagierten ausgesprochen gelassen. Ja, das hätten sie geahnt, dass das unsere Alternative ist, sagten sie. Mit Freunden sprachen wir kaum darüber, wir wollten keine Bedenken und Warnungen hören. Wir waren schon unsicher genug.

Ein paar Tage später standen wir in Frankfurt am Flughafen, jeder von uns mit einem Koffer in der Hand – das war alles, was wir noch besaßen. Alles andere saß im Container in Indien fest. Im Juli 2009 machten wir Islamabad zu unserer neuen Heimat.

IN DER FESTUNG

Warum sah man nur Männer am Benazir Bhutto International Airport? Eine Masse von Gestalten in braunen, grauen, weißen Gewändern. Hunderte drängten sich vor dem Ausgang und warteten auf die Ankunft ihrer Familienangehörigen, ihrer Freunde, ihrer Dorfältesten. Bei manchen hatte ich das Gefühl, sie waren einfach nur so da, zum Zeitvertreib. Männer mit langen Bärten und wollenen Paschtunenmützen, obwohl es über dreißig Grad heiß war. Manche kauten Paan, die Mundwinkel rot von Speichel. Sie guckten neugierig, ich hatte den Eindruck, sie starrten vor allem uns an, den braunen Mann und die weiße Frau.

Ein unmögliches Paar.

Auf uns wartete an diesem schwülen Morgen Sajid. Wir hatten kaum noch sein Gesicht vor Augen, den Taxifahrer hatten wir ein Jahr zuvor bei einem Besuch in Islamabad kennengelernt, kurz nach der Ermordung von Benazir Bhutto in der Nachbarstadt Rawalpindi. Sajid, Anfang dreißig, kam aus einem Dorf außerhalb von Islamabad, hatte Pakistan noch nie verlassen und sich, während er uns zu den wenigen Sehenswürdigkeiten der Hauptstadt fuhr, neugierig nach Deutschland erkundigt. Er hatte viele Fragen, erzählte aber auch von sich, vom schwierigen Leben in Pakistan, von der Schönheit seines Landes und von den Nöten und Zwängen seiner Gesellschaft. Wir mochten uns auf Anhieb.

Jetzt, da wir nach Islamabad zogen, hatte ich mich an ihn erinnert, seine Nummer aus einem meiner Notizbücher rausgesucht, und ihn von Deutschland aus angerufen und gebeten, uns vom Flughafen abzuholen.

Er erinnerte sich noch an uns. »Ja, ja, ja, der Pakistaner mit der deutschen Frau! Natürlich!« Man hörte sein Erstaunen am Telefon, dass wir, die reichen Leute aus dem Westen, ihn, den armen Taxifahrer aus der pakistanischen Provinz Punjab, nach einem Jahr anriefen. Aus Deutschland! Wo es doch unzählige Taxis gab am Flughafen. Er freute sich und versprach, da zu sein.

Aber nun war er nirgendwo zu sehen, dieser Mann, von dem ich noch erinnerte, dass er hager und einen halben Kopf größer war als ich und einen Schnauzbart trug. Ich rief ihn an und erfuhr, dass er schon seit einer Stunde auf uns wartete, aber die Sicherheitsleute ließen die gelben und schwarzen Suzuki-Taxis nicht vorfahren, nur die weißen Funktaxis, deshalb parkte er draußen, vor dem Flughafen. »Mit einem weißen Toyota Corolla steht einem die Welt offen. Mit einem gelben Suzuki Mehran ist sie verschlossen«, sagte er. »Kommen Sie zum Ausgang des Flughafengeländes, da bin ich!«

Ein Mann in blauer Uniform drückte mir ein Flugblatt in die Hand. »Warnung vor Entführungen und Überfällen« stand oben auf Englisch, unten auf Urdu. In kurzen Sätzen wurde darauf hingewiesen, dass in letzter Zeit falsche Taxifahrer ahnungslose Ankömmlinge in ihr Auto lockten, entführten und sie erst wieder freiließen, nachdem sie ihre Taschen, Koffer und Geldbörsen geplündert hatten. Außerdem sei es auf dem Weg vom Flughafen in die Innenstadt vermehrt zu Überfällen gekommen, meist an den Straßenkreuzungen, weshalb man die Autotüren verschließen solle.

Das fängt ja gut an, dachte ich. Ich ließ den Zettel unauffällig liegen, damit meine Frau nichts davon mitbekam.

»Taxi, Sir?«

»Sir, Taxi?«

»Taxi?«

Viele Male »Nein, danke«, dann einfach nur noch ignorieren.

»Very good taxi, very comfortable, Sir!«

»Very good price for you, Sir.«

»No expensive.«

Wir schoben unseren Gepäckwagen mit den zwei großen Koffern an den fragenden Männern vorbei, stürzten uns ins Gewühl, über holpriges Pflaster, manövrierten an Schlaglöchern vorbei, Richtung Ausfahrt. Es dauerte, weil mal der Gepäckwagen in einem Schlagloch stecken blieb, mal sich ein verkrüppelter Bettler davorwarf und wir ihm mühsam ausweichen mussten. Ein Polizist schlug mit seinem Stock auf den armen Mann ein und befahl ihm, er solle gefälligst vom Flughafengelände verschwinden. Der Bettler kroch auf allen Vieren hinter uns her, Richtung Ausgang, an den Füßen und an den Händen brüchige Badelatschen.

Dort stand Sajid, er erkannte uns und winkte: »Welcome to Pakistan!« Vor Janna deutete er eine Verbeugung an. Mich umarmte er und reichte mir anschließend die Hand, so, wie Männer in Pakistan sich begrüßen.

Er hievte die schweren Koffer auf den Gepäckträger auf dem Dach seines Wägelchens, alle zwei. Aus dem Kofferraum, den ein Gastank ausfüllte, kramte er ein dünnes, faseriges Seil hervor, mit dem er das Gepäck festband. Ich dachte: Das geht nicht gut. Unser Container steckte schon in Indien fest, im Hafen von Bombay. Die indischen Zollbeamten weigerten sich, ihn freizugeben. Nun würden wir womöglich auch noch das Wenige, das uns geblieben war, verlieren. Wir hatten uns schon seit einigen Wochen eingeredet, dass es ja nur Materielles sei, und deshalb sei es nicht so schlimm. Aber immerhin war es fast alles, was wir besaßen.

Als hätte er meine Gedanken gelesen, grinste Sajid und sagte:

»Keine Sorge, Sir, ich weiß, was ich tue. Keiner der Koffer wird runterfallen, Inschallah.«

Islamabad ist eine künstliche Stadt. Sie ist noch sehr jung, in den Sechzigerjahren im Bauhausstil als neue Hauptstadt von Pakistan erbaut. General Muhammed Ayub Khan, der sich 1958, elf Jahre nach Staatsgründung, an die Macht geputscht hatte und damit sozusagen die militärdiktatorische Tradition Pakistans begann, hatte aus Sorge vor einem indischen Angriff den Regierungssitz 1961 von Karatschi nach Rawalpindi verlegt. Außerdem wollte er den wirtschaftlich schwachen Norden fördern und gab deshalb den Bau einer neuen Hauptstadt in Auftrag, direkt an Rawalpindi angrenzend: Islamabad, eine Stadt, an der der Islam einen Ort findet. 1967 wurde Islamabad neue Hauptstadt.

Vorher gab es dort, an den Ausläufern des Himalaja, nur ein paar Dörfer. Eines hatte man versucht zu erhalten, noch heute kann man es im nördlichen Islamabad, direkt am Fuße der Berge, besichtigen: Saidpur Village. Gelungen ist das eher wenig. Saidpur Village ist heute ein Ort für reiche Besucher, mit teuren Restaurants, die, so mutmaßen viele, in Wahrheit Geldwaschanlagen für Politiker und Generäle seien. Hinter dieser Luxusfassade wohnen die armen Einheimischen, darunter viele Flüchtlinge aus Afghanistan. Rauschende Partys und verstörendes Elend liegen in Pakistan oft nur wenige Meter auseinander.

Der griechische Städteplaner Konstantinos Apostolos Doxiadis entwarf Islamabad am Reißbrett. Die rechtwinkligen Straßen haben keine Namen, sondern Nummern. Die Stadtviertel sind wie Quadrate auf einem Schachbrett angelegt, jedes etwa zwei mal zwei Kilometer groß. Auch sie haben keine Namen, sondern tragen eine Bezeichnung aus einem Buchstaben und einer Zahl, wie auf einem Schachbrett eben. Jedes Quadrat ist in vier Felder aufgeteilt, die zusammen einen Stadtteil ergeben. F-7 besteht zum Beispiel aus F-7/1, F-7/2, F-7/3 und F-7/4. Jeder Stadtteil hat einen kleinen Markt, also sein eigenes Zentrum, mit Geschäften, Banken, vielleicht ein paar Restaurants und Cafés. Seltsamerweise fehlen die Buchstaben A bis D. Im Norden, am Fuße der etwa tausend Meter hohen Margalla-Hills, den ersten Erhebungen des Himalaja, liegt der besonders teure E-Sektor, südlich davon der F-Sektor und so weiter, bis zum Sektor I. Einen Stadtkern hat Islamabad nicht. Das Regierungs- und Botschaftsviertel liegt am Ostrand der Stadt. Wer dorthin will, muss mehrere Kontrollposten passieren. Das Botschaftsviertel, die Diplomatic Enclave, ist noch einmal zusätzlich gesichert und von hohen Mauern umgeben. Jede Botschaft hat zudem eigene Schutzvorkehrungen, manche Schutzwälle aus Containern, andere Wände aus Sandsäcken. Es sind Festungen innerhalb einer Festung. Die meisten Länder haben ihre Vertretungen in der Enklave. Nur die Botschaften armer Staaten wie Libyen und Turkmenistan oder Länder, die es verschlafen haben, sich rechtzeitig ein Grundstück in der Enklave zu sichern, sind in anderen, weniger gesicherten und weniger prestigeträchtigen Stadtteilen verstreut. Seltsamerweise gibt es im Botschaftsviertel auch Wohnungen. Wer in diesen Stadtteil will, benötigt eine Einladung oder einen Ausweis, den man nur als Diplomat oder als Bewohner erhält. Einfach so kommt man nicht hinein.

Die Häuser in den als besonders sicher geltenden Stadtteilen F-6, F-7, F-8 und E-7, wo die meisten Ausländer leben – Diplomaten, Entwicklungshelfer, Journalisten, Geheimdienstmitarbeiter, Geschäftsleute, obskure Gestalten – sind weitläufig, oft strahlend weiß verputzt, meist mit Garten oder Dachterrasse und Blick auf die Berge.

Die Stadt ist grün, ordentlich und sauber, das Gegenteil von Pakistan. Motorrikschas, in anderen Städten üblich, sind hier verboten. Man sieht selten Eselskarren und so gut wie nie Kamele auf den Straßen, es wird kaum gehupt. Islamabad ist konstruierte Wirklichkeit. Staatsgäste, die zu Besuch in der Hauptstadt verweilen, bekommen von Pakistan nicht viel mit. Pakistan, lautet eine oft zitierte Redensart, sei eine halbe Stunde Autofahrt von Islamabad entfernt. Ein paar Kilometer weiter beginnt nämlich Rawalpindi, das brodelnde Chaos. Ich kenne Ausländer, die Islamabad trist finden, nicht orientalisch genug, zu künstlich, zu leblos. Aber dafür ist hier die Luft sauber, hier lässt es sich gut leben. Die neue Stadt hat alte Bäume geerbt, in deren Schatten wohl schon vor Hunderten Jahren Menschen gelegen haben. Überall verschönern Bougainvilleen in allen Farben die Mauern und Hauswände, von denen der Monsun die Farbe abblättern, den Putz abbröckeln lässt.

Ich hatte ein Zimmer in einem Gästehaus reserviert, in dem wir so lange bleiben wollten, bis wir eine permanente Bleibe gefunden hatten. Sajid fuhr uns dorthin, über den Islamabad Express-Way in die Innenstadt, vorbei an den mehrere Meter hohen Wörtern»Einheit, Glaube, Disziplin«, die auf einem Hügel jedem Ankömmling die Losung des Staates Pakistan mit auf den Weg geben. Es scheint so etwas wie ein Wunsch zu sein, eine Hoffnung, denn mit der Einheit Pakistans ist es nicht weit her, mit der Disziplin auch nicht, und der Glaube ist, nun ja, Teil der Probleme, die das Land hat. Wir fuhren vorbei an einem Raketenmodell, das den Weg zu einer Waffenfabrik anzeigt, und an einem Gebilde, das jenen Berg darstellen soll, in dem Pakistan 1998 fünf Atomsprengköpfe gezündet hat, als Reaktion auf indische Atomtests. Die Pakistaner sind furchtbar stolz darauf, Atommacht zu sein.

Meine Frau saß wortlos neben mir im Taxi. Wir beide waren froh, dass es endlich voranging. Die monatelange, letztlich vergebliche Warterei auf meine Akkreditierung in Indien hatte uns erschöpft. Schweigend schauten wir auf die Straße, wo die Menschen am frühen Morgen auf dem Weg zur Arbeit waren. Die ersten Händler machten schon Geschäfte und boten Kokosnüsse, Maiskolben, Spielzeug an.

Sajid hielt vor dem Gästehaus und folgte mir zur Rezeption. Meine Frau blieb im Auto sitzen.

»Asalam aleikum, ich habe hier ein Zimmer für zwei Personen gebucht«, sagte ich auf Urdu dem Mann, der gelangweilt hinter dem Tresen saß und auf einem Stift kaute. Er trug einen hellblauen Shalwar Kameez – knielanges Hemd und Pluderhose – mit Flecken auf dem Bauch, in seinem Schnurrbart hingen noch Essensreste. Er zog ein dickes, vergilbtes Buch unter einem Stapel Papier hervor, und noch während er darin blätterte und so tat, als suchte er darin meine Reservierung, sagte er: »Kein Zimmer frei.«

»Wie bitte?«

»Es gibt keine freien Zimmer.«

»Doch, ganz sicher, ich habe doch extra reserviert. Schauen Sie, ich habe sogar die Buchungsbestätigung.« Aus einer Tasche zog ich eine zerknitterte E-Mail und hielt sie dem Mann hin.

Er machte sich nicht einmal die Mühe, einen Blick drauf zu werfen.

Sajid, der bisher hinter mir gestanden hatte, übernahm nun die Diskussion mit dem Mann auf Pothohari, der lokalen Sprache, die man in Islamabad und Umgebung, im nördlichen Teil der Provinz Punjab, spricht. Die beiden wechselten ein paar hitzige Worte, die ich nicht verstand, dann schob mich Sajid nach draußen.

»Die haben wirklich kein Zimmer frei«, sagte er.

»Aber warum haben sie keins für uns reserviert?«

»In Islamabad findet gerade eine Parteiversammlung statt,

und es sind mehr Leute gekommen als erwartet. Die haben das gesamte Gästehaus belegt.« Er schaute mich mitleidig an. »Vielleicht haben die Politiker ein paar Rupien mehr geboten als Sie? Willkommen in Pakistan«, sagte er und lachte. »Wir finden schon was!«

Nach mehreren Versuchen und einer unfreiwilligen Rundfahrt durch Islamabad entdeckten wir schließlich ein freies Zimmer. Na, das war mal ein guter Anfang!

Vom Suchen und Beziehen einer Wohnung

Wie lebt man in einem Land, von dem die Welt glaubt, sein Name stehe für die Bedrohung des Weltfriedens? Wie schützt man sich, wie richtet man sich ein, welche Vorkehrungen trifft man?

Der Himmel schickte uns Irshad, einen Mann, der nicht nur Makler war, sondern auch Autovermieter, Handwerkervermittler und Helfer in allen Notlagen. Über mehrere Ecken wurde er uns empfohlen. Zwei andere Makler waren zu den verabredeten Terminen einfach nicht aufgetaucht und hatten sich auch nicht wieder gemeldet. Irshad war unsere letzte Hoffnung.

Er holte uns mit seinem Auto ab und erklärte, er wolle uns erst einmal drei, vier Häuser zeigen, und wir sollten kommentieren, wie wir sie fänden. Daran könne er ermessen, was wir suchten. Wir hielten das für eine gute Idee. Am Ende schauten wir uns vierzig Häuser in drei Tagen an. Die Mieten waren deutlich höher, als wir erwartet hatten. Eine Dreizimmerwohnung in den beliebteren Stadtteilen begann bei tausend Dollar, ohne Nebenkosten. Für ein Haus zahlte man mindestens das Doppelte, wenn nicht das Dreifache. Natürlich gab es auch andere Wohnungen, am Stadtrand, für vielleicht dreihundert Dollar im Monat und weniger. Dort lebten vor allem pakistanische Familien, oft drei Generationen, manchmal bis zu zwanzig Menschen auf vielleicht sechzig Quadratmetern.

Wohnraum ist knapp. Man lebt, isst und schläft im selben Raum, dicht aneinandergedrängt, und empfindet das nicht unbedingt als Übel, im Gegenteil: so ist Familie. Ein Leben wie die Westler, alleine oder zu zweit in einer großen Wohnung, das ist aus pakistanischer Sicht ein einsames, trostloses Leben.

In den zentraleren, reicheren Stadtteilen sehen viele Häuser aus wie Festungen. Mauern umgeben die Vorgärten, und auf manche sind zum Schutz vor Einbrechern Glasscherben gesteckt. Vor allem Häuser, in denen US-Diplomaten und Mitarbeiter der Vereinten Nationen leben, erkennt man sofort: Eine hohe Mauer umschließt das gesamte Grundstück, darauf Stacheldraht, hinter der Mauer ein erhöhtes Wachhäuschen, in dem tagsüber ein, nachts oft zwei ältere, mit einem Gewehr bewaffnete Männer von einem privaten pakistanischen Sicherheitsdienst hocken und das Geschehen jenseits der Mauer beobachten, außerdem vergitterte Fenster und Türen. Man könnte auch gleich ein großes Schild am Einfahrtstor anbringen: »Hier lebt ein potenzielles Anschlagsziel.«

Irshad erzählte, amerikanische Diplomaten – und davon gab es viele, inklusive einer Menge zweifelhafter, bulliger, kahlgeschorener Gestalten, man munkelte, das seien Geheimdienstleute und Söldner – hätten nicht nur die Auflage, in freistehenden Häusern zu wohnen und sich das Haus mit niemandem zu teilen, sondern müssten auch einen safe room einrichten, einen von innen verriegelbaren Raum mit möglichst gepanzerter Tür, einer Telefonleitung, Sauerstoffflaschen und Lebensmitteln für ein paar Tage, um sich dort im Fall eines Angriffs zu verschanzen und auf Rettung zu warten.

Wenn tatsächlich etwas passierte, war so ein Raum ziemlich sinnvoll. Aber meistens passierte nichts, und daher wirkten solche Vorschriften albern. Wir merkten schnell, dass es schwierig war, das richtige Maß an Sicherheitsvorkehrungen zu finden. In einigen ziemlich teuren Häusern, die wir besichtigten, wurden uns solche safe rooms gezeigt. Den Gedanken, dass dort vielleicht irgendwann einmal Menschen angstvoll ausharren und auf Hilfe hoffen würden, fand ich unheimlich.

Als Journalist war ich, im Gegensatz zu Diplomaten und Entwicklungshelfern, nicht an Vorgaben gebunden. Meine Redaktion vertrat den Standpunkt, ich könne die Lage selbst am besten einschätzen, was sollte sich da jemand aus Hamburg einmischen. Meine Frau und ich konnten unsere Bleibe frei wählen, ohne sie uns von irgendwem genehmigen zu lassen. Wir trafen etliche deutsche Diplomaten und Entwicklungshelfer, die sich nach einer Überprüfung der ausgewählten Wohnung von einem Sicherheitsbeamten der Botschaft erneut auf Suche begeben mussten, weil sie angeblich nicht den Sicherheitsanforderungen entsprach.

Vier Tage nach unserer Ankunft in Pakistan entschieden wir uns, die obere Etage eines Hauses in einer Sackgasse zu mieten, eine helle Wohnung mit Gästezimmer und einem Raum, den ich als Büro einrichten konnte. Und das Beste: Die Wohnung war möbliert, wenn auch nicht nach unserem Geschmack. Es gab Schnörkel, Pomp und viel dunkles Holz. Der Container mit unseren Sachen hing auf unabsehbare Zeit in Indien fest, doch ich war nicht bereit, unsere Habe verloren zu geben. Wir waren müde von unserer monatelangen Odyssee.

Der Mietvertrag machte mir jedoch ein wenig Sorgen. »Sollte das Gebäude durch Feuer, Erdbeben, Sturm, Flut, Krieg, jegliche Form von militärischer Gewalt oder durch einen Mob teilweise oder gänzlich zerstört werden, endet der Mietvertrag auf Wunsch des Mieters innerhalb von zwanzig Tagen«, stand da. Irshad sah mein Gesicht, als ich diese Passage las. »Keine Sorge, das ist eine sichere Gegend«, sagte er.»Und der Vertrag ist ein Standardvertrag.«

Direkt neben dem Haus begann ein kleiner Wald, den die Wachmänner der Nachbarn »Dschungel« nannten. Ein Zaun umschloss das Grundstück. Es gab weder Stacheldraht noch ein Wachhäuschen. In der unteren Etage hatte der Hauseigentümer, ein pakistanischer Arzt, seine Wohnung, aber da er mit seiner Familie inzwischen in London lebte, hatten wir das Haus für uns alleine.

Wir wollten einen Transporter mieten, um unsere Koffer und die Sachen, die wir inzwischen gekauft hatten – Bettzeug, Handtücher, ein paar Elektrogeräte –, in die Wohnung zu bringen. Sajid war mit uns zu Märkten und Läden gefahren.»Wozu einen Transporter?«, fragte er nun.»Das passt alles in mein Auto. Und wenn nicht, fahren wir eben zwei oder drei Mal.« Er schnürte die Koffer wieder aufs Dach, stopfte alle möglichen Tüten und Kartons auf den Beifahrersitz und zwischen uns, und so zogen wir im winzigen Suzuki in unsere neue Wohnung.

So hübsch unser gelb gestrichenes Haus mit den weißen Säulen auf den ersten Blick auch aussah und so geräumig es war, so mangelhaft war die Bausubstanz. Freunde hatten uns schon früh gewarnt, dass eine der wesentlichen Freizeitbeschäftigungen die Suche nach guten Handwerkern sein würde. Wir merkten rasch: Sie hatten recht. Zwischen Fenster und Rahmen klafften manchmal, wenn sich das für Fensterrahmen völlig ungeeignete Rosenholz zusammenzog, fingerbreite Spalten. Kam ein Sandsturm, war alles in der Wohnung, von der Bettdecke bis zum Buch, von einer feinen Staubschicht bedeckt. Dann wieder dehnte das Holz sich aus, Türen und Fenster klemmten plötzlich und ließen sich nicht mehr öffnen oder schließen. Da das Haus nicht isoliert war, stieg die Zimmertemperatur im Sommer auf über vierzig Grad, im Winter sank sie auf fünf Grad. Kühlen funktionierte nur leidlich, da der Strom ständig ausfiel. Der altersschwache Generator brachte gerade mal genug Leistung für eine Klimaanlage auf, oft versagte er. Mit Gas heizen ging besser. Während in anderen Stadtteilen auch das Gas regelmäßig knapp wurde, hatten wir keine Probleme damit. Allerdings heizten wir sinnlos gegen die Kälte an, die Wärme entwich durch die Ritzen und Poren unserer Wohnung.

Unsere Türen mussten neu gestrichen werden, weil die Farbe schon abblätterte. Wir baten Irshad, einen Maler zu schicken. Zwei Männer und ein Junge, vielleicht vierzehn oder fünfzehn Jahre alt, tauchten auf. Sie hatten Farbe dabei, ein paar Pinsel und Terpentin, um damit die alte Farbe vom Holz zu wischen. Ich rief Irshad an und fragte sicherheitshalber nach, ob das wirklich die von ihm geschickten Maler waren.

»Da ist auch ein Junge, na ja, fast noch ein Kind«, sagte ich.

»Ja, das sind die Maler«, antwortete Irshad.

Die Männer begannen, die alte Farbschicht abzukratzen und abzuschleifen und an manchen Stellen gleich neue Farbe aufzutragen. Das Weiß spritzte durch die Wohnung und auf die gerade frisch geschliffenen Steinfliesen.

»Halt!«, rief ich. »Die Farbe tropft auf den Boden. Warum legt ihr keine Zeitung drauf?«

Die Männer schauten mich fragend an. Ich gab ihnen einen Stapel Altpapier. Einer der Männer legte genau eine Zeitungsseite vor die Tür. Dann machte er weiter. Wieder spritzte die Farbe durch die Wohnung. Die Zeitungsseite blieb von Farbtropfen verschont.

Dann sah ich, wie der Junge einen Wattebausch mit nackter Hand in den Terpentintopf tauchte, um damit die Tür abzuwischen.

»Moment, ich hole Arbeitshandschuhe«, sagte ich. »Terpentin ist giftig, das ist ziemlich schädlich für deine Haut.«

Er schüttelte den Kopf und sagte:»Ich mache das immer so. Schon seit Jahren. Das macht mir nichts aus. Guck!« Er streckte mir die Hand hin. Sie sah aus wie die Hand eines alten Mannes. Ich brachte ihm trotzdem Handschuhe, aber er rührte sie nicht an.

Meine Frau und ich sagten nichts mehr.

Als die Maler nach ein paar Stunden fertig waren und ihre Pinsel und Farbtöpfe zusammenräumten, sagte ich:»Schaut doch mal, da ist überall Farbe auf dem Boden! Deshalb wäre es sinnvoll, wenn man vorher Zeitungspapier ausbreitet.«

Einer der Maler griff die Zeitungsseite, die da noch lag, knüllte sie zu einem Ball und wischte damit ein paar Mal über die Fliesen. Jetzt waren die Farbkleckse auch noch auf weiter Fläche verschmiert, aber der Maler fand, dass der Boden nun sauber genug war. Die Handwerker gingen. Und wir schrubbten den Rest des Tages, um die Farbe von den Fliesen zu kriegen.

So wie mit den Malern war es leider auch mit den anderen Handwerkern. Das Fernsehkabel, das der Elektriker legte, war viel zu lang. Anstatt es zu kürzen, rollte er es auf und nagelte das Bündel kurzerhand an die Wand. Ich stand sprachlos daneben und bat Irshad am nächsten Tag, einen anderen Elektriker zu schicken, der die Arbeit ordentlich machen könnte. Glücklicherweise fand er jemanden, der unser Problem verstand.

Einmal verlor unser Generator Öl. Wir bestellten einen Mechaniker ein, der an dem Gerät herumschraubte und uns nach einer Stunde stolz verkündete:»Problem gelöst!« Was genau das Problem war, wollte er uns aber nicht sagen. Am Tag darauf bildete sich wieder eine Öllache unter dem Generator. Wir riefen den Mechaniker erneut. Wieder schraubte er herum und erklärte, er habe den Fehler nun behoben. Am dritten Tag verlor das verdammte Ding wieder Öl. Ich weiß nicht, warum ich wieder denselben Mechaniker rief, anstatt gleich jemand Fähigeren zu suchen, vermutlich ahnte ich, dass es schwierig werden würde, jemanden zu finden.

Diesmal stellte der Mechaniker sich vor den Generator und sagte:»Da ist gar kein Öl! Das Gerät ist in Ordnung.«

»Aber am Boden ist doch Öl.«

»Nein, da ist nichts.«

»Aber das ist doch eine Öllache!«

»Kein Problem. Das Gerät funktioniert wunderbar. Inschallah wird das auch so bleiben!«

Er startete den Generator. Der Motor hustete und röchelte, aber er funktionierte – und verlor Öl. Irgendwann würde er kaputtgehen, wenn man das Problem nicht beseitigte.

Der Mechaniker handelte nach dem in Pakistan weit verbreiteten Gebot: Wo ich das Problem nicht sehe, kann auch kein Problem sein. Schließlich stopfte er ein Stück Tuch in irgendein Rohr:»Da tropft ganz sicher kein Öl mehr. Sollte da je ein Leck gewesen sein, ist es jetzt beseitigt!«

Dann verschwand er.

Der Strom fiel am nächsten Tag wieder für mehrere Stunden aus, und wir mussten den Generator starten, um wenigstens eine Klimaanlage betreiben zu können. Eine halbe Stunde später explodierte er.

Sajid brachte es auf den Punkt:»Wir Pakistaner wissen Qualität nicht zu schätzen, egal bei welcher Sache.« Er konnte mir aber auch nicht sagen, warum das so war. Vielleicht weil es eine arme Gesellschaft war? Aber das verwarf ich, denn Qualität kostet nicht immer mehr. Lag es an der mangelnden Bildung? Aber brauchte es wirklich Bildung, um Qualität zu schätzen? Oder hatte es mit der eher fatalistischen Mentalität zu tun, geprägt vom Islam, wonach das Diesseits eh irrelevant ist und die Menschen im Jenseits das Paradies – oder im ungünstigeren Fall die Hölle – erwartet?

Man konnte es natürlich auch positiv sehen: Pakistaner sind Weltmeister im Improvisieren. Ich las gelegentlich in Artikeln und Büchern von ausländischen Reportern, die das Land für ein paar Tage oder Wochen besucht hatten, wie begeistert sie waren von der Fähigkeit der Pakistaner, irgendwie alles hinzukriegen. Bestimmt würden sie das anders sehen, wenn ihr ganzes Leben zu einer Improvisation würde, wenn zum Beispiel nach der dritten Reparatur innerhalb von drei Tagen der Generator schließlich doch explodierte.

Der Anschlag

Zu unserer Wohnung gehörte eine Dachterrasse, von der aus wir die Ausläufer des Himalaja sehen konnten. Dort saß ich nun und las in Unterlagen. Es war Anfang Dezember, wir lebten seit viereinhalb Monaten in Pakistan. Die Wintersonne war tagsüber so warm, dass man ohne Jacke draußen sitzen konnte. Nur drinnen im Haus war es empfindlich kalt, dort musste man die Gasheizung einschalten.

Ein paar hundert Meter Luftlinie entfernt näherte sich ein Jugendlicher von vielleicht sechzehn Jahren dem Eingang zum Marinehauptquartier. Das Marineviertel ist ein eigener Stadtteil, Marinesoldaten versehen hier nicht nur ihren Dienst, Offiziere und Unteroffiziere leben hier auch mit ihren Familien in, je nach Dienstgrad, zum Teil luxuriösen Häusern.

Der Junge ging auf die Wachsoldaten zu, als wollte er sich ausweisen. Als einer von ihnen ihn aufforderte, seine Jacke auszuziehen, sagte der Junge laut und deutlich: »Allahu Akbar!«, »Gott ist groß!«. Dann zündete er seine Sprengstoffweste.

Ich hörte auf der Terrasse einen lauten Knall. Die Fensterscheiben im Wohnzimmer wackelten bedenklich. Sie waren nicht mit blast film, einer speziellen Folie, beklebt, die davor schützt, dass das Glas bei einer Explosion splittert. In Diplomatenhäusern war so eine Folie Pflicht.

In den Nachrichten hieß es eine halbe Stunde später, die Taliban hätten erneut gegen die Streitkräfte zugeschlagen, ein Terrorist habe das Marinehauptquartier angegriffen. Der Selbstmordattentäter habe einen Wachsoldaten mit in den Tod gerissen. Bei dem Angreifer handele es sich um einen noch sehr jungen Mann, man habe seinen Kopf in einigen Metern Entfernung gefunden und schätze, dass er noch nicht volljährig war.

Die pakistanischen Taliban hatten im Oktober eine neue Offensive gegen den Staat angekündigt, aber schon in den Monaten zuvor hatte es im ganzen Land aufsehenerregende Anschläge gegeben. So nah wie dieser Selbstmordattentäter war der Terror uns aber noch nicht gekommen. Wir waren ausgerechnet zu einer der blutigsten Zeiten in der Geschichte Pakistans dorthin gezogen. Jeden Tag neue Anschläge.

Ich berichtete über diese Ereignisse und hatte von Anfang an eine Menge zu tun. Gleichzeitig war mir klar, dass jeder Artikel, den ich schrieb, bei Familie und Freunden in Deutschland Angst schürte. Und es war schwierig zu erklären, dass wir uns in der relativen Sicherheit unserer Wohnung, unseres Viertels, unseres wachsenden Freundeskreises wohlfühlten, uns gleichzeitig aber manchmal fragten: Was machen wir hier in Pakistan? Wollen wir hier wirklich leben?

Das fragte uns auch Anwar Mansuri, ein Freund aus Islamabad. Anwar hatte viele Jahre für die Deutsche Presse-Agentur gearbeitet und aus der pakistanischen Hauptstadt berichtet. Nun war er im Ruhestand und versuchte, seine erwachsenen Kinder ins Ausland zu schicken. »Alle wollen weg, aber du kommst zurück nach Pakistan«, sagte er ungläubig und lachte. Es schwang eine Warnung darin mit. Anwar hielt es für keine gute Idee, in Pakistan zu bleiben, wenn man die Möglichkeit hatte, woanders zu leben.

Diese Frage hörte ich häufig von Pakistanern: Warum kommst du hierher, wo doch alle weg wollen? Sie verstanden nicht, dass es für mich kein Zurückkommen war, denn ich hatte ja, abgesehen von einer Episode als Kleinkind, nicht in Pakistan gelebt. Außerdem hatten Janna und ich überhaupt nicht vor, allzu lange in Pakistan zu bleiben. Ein Jahr erst mal. Wir hatten jederzeit die Möglichkeit, unsere Sachen zu packen und wieder abzureisen – notfalls wieder nur mit ein paar Koffern. Wir besaßen ja nicht mehr viel.

Anwar hatte mich davor gewarnt, den Container, der immer noch in Indien festgehalten wurde, nach Pakistan verschiffen zu lassen.»Ein Container, der aus Indien kommt? Das klappt nie! Die pakistanischen Zollbeamten werden ihn nicht durchlassen. Oder wenn, dann nur mit einer Menge Schmiergeld.« Das Verhältnis zwischen Indien und Pakistan war nach den Terroranschlägen in Bombay wieder auf einem Tiefpunkt. Jeder Warenverkehr, jede Reise, jede menschliche Beziehung zwischen diesen beiden Ländern wurde von den Behörden auf beiden Seiten schwer gemacht.

Ich dachte an die Bundesrepublik und an die DDR, an dieses seltsame Konstrukt eines geteilten Deutschlands, daran, dass jahrzehntelang Politiker darüber bestimmt hatten, dass Familien getrennt waren. Müsste man nicht viel häufiger Politikern ihre Grenzen zeigen?

Anwars Familie stammte wie die meines Vaters aus Lucknow, und auch er war als Kind mit seinen Eltern und Geschwistern 1947 in den neuen Staat Pakistan ausgewandert. Mein Vater war 2007, sechzig Jahre nach seinem Wegzug, noch einmal in Lucknow gewesen und hatte Verwandte besucht, die immer noch in dem Haus lebten, in dem er seine Kindheitsjahre verbracht hatte. Anwar dagegen hatte Lucknow nie wiedergesehen. Wann immer er über seinen Geburtsort, seine Heimatstadt sprach, wirkte er traurig. Durch die Teilung in Indien und Pakistan und durch die nur schwer überwindbare Grenze war ihm, wie Millionen anderen Menschen, ein Teil seines Lebens weggenommen worden. Anwar wusste, dass er kein Visum für Indien erhalten würde.

Wir entschieden also, dass der Container, sollten wir ihn je wiederbekommen, von Indien zurück nach Deutschland gehen sollte. Dort würden wir unsere Sachen einlagern. Mich ärgerte die Vorstellung, dass wir unser Hab und Gut vielleicht verlieren würden – und zwar nicht, weil eine Naturgewalt den Container vom Schiff gespült hatte, was ich noch hätte akzeptieren können, sondern weil irgendwelche Beamte in Indien es so wollten. Vor allem der Gedanke an den Verlust meiner Bücher betrübte mich. Ausgerechnet das Land, das sich gerne »weltgrößte Demokratie« nennt, verweigerte mir die Einreise. Und mir wurde klar, dass sie nun, nach unserer Entscheidung für Pakistan, noch schwieriger, wenn nicht gar auf Jahre unmöglich werden würde. Was für ein Unsinn Grenzen doch sind!

Das Personal

Janna und ich waren uns einig, dass wir keine Hausangestellten wollten. Hausbedienstete zu haben, ist in Pakistan normal. Die Wohlhabenden beschäftigen die Armen, so war das in Britisch-Indien, so war das im 1947 gegründeten Staat Pakistan, so ist das heute.

Wir fanden die Vorstellung befremdlich, jemanden in der Wohnung zu haben, der einem die Sachen hinterherträgt. Der wenig Geld dafür bekommt, für uns zu kochen, zu putzen, Hemden zu bügeln und die Gartenarbeit zu erledigen. Und der auch noch »Madam« und »Sir« zu uns sagt. Wir wollten keine Diener.

Aber kaum waren wir eingezogen, klingelten immer wieder fremde Menschen an unserer Tür.

»Haben Sie einen Job zu vergeben?«, fragte eine Frau, die einen Reisigbesen dabeihatte. Noch bevor ich antworten konnte, drängte sie an mir vorbei in die Wohnung, schwang ihren Besen und fragte anschließend durch die Staubwolke:»Und?« Sie erwartete, dass wir sie lobten und sofort einstellten.

Ich merkte, wie ich unfreiwillig in die Rolle des Arbeitgebers rutschte. Ich sagte diplomatisch:»Wir melden uns.« Da sie von nun an regelmäßig anrief und nachfragte, ob wir uns denn entschieden hätten, sagte ich ihr nach ein paar Tagen ab.

Von westlichen Freunden hörten wir, wie angenehm es sei, einen Koch und eine Haushälterin zu haben. Pakistanische Freunde erklärten uns, dass wir doch auch eine Verpflichtung hätten, Arbeitsplätze zu schaffen.

Über mehrere Ecken wurde uns Arshad empfohlen, ein kräftiger, verschmitzter Typ mit Schnurrbart und freundlichen Augen. Er war ungefähr Mitte dreißig, so genau wusste er das selbst nicht. Um die Schulpflicht schert sich niemand in Pakistan, eine Rente gibt es auch nicht, warum also soll das Alter von Belang sein. Zum Vorstellungsgespräch trug er eine feine Stoffhose, dazu glänzende schwarze Schuhe und ein Hemd mit Bügelfalte in den Ärmeln. Man sah: Er hatte sich herausgeputzt. Nun saß er auf unserer Couch. Er war mit seinem Freund Javed gekommen, der für die deutsche Botschaft arbeitete und besser Englisch sprach als er selbst. Arshad ließ deshalb Javed für sich reden.

»Arshad hat als Küchenhilfe im Club der Vereinten Nationen gearbeitet«, sagte Javed. Der Club war ein Treffpunkt für Diplomaten und ihre Gäste, dort konnte man essen und legal Alkohol konsumieren.»Er kann auch putzen und liebt es zu bügeln.«

Arshad saß daneben, nickte freundlich und schwieg.

Er zog ein paar Zettel in Klarsichthüllen aus einer Plastiktüte hervor. Es waren Zeugnisse, die ihm frühere Arbeitgeber ausgestellt hatten. Er sei »sehr zuverlässig«, stand da, koche »sowohl westliche als auch pakistanische Gerichte« und sei »lernwillig«.

Ich fragte ihn auf Urdu, ob er auch Englisch spreche.

»Little little, Sir«, antwortete er mit seiner rauen Stimme und lächelte.

»Und wie lange hast du im Gefängnis gesessen?«

Das hatte ich von meinem Großvater gelernt, der im Laufe seines Lebens viele Hausangestellte beschäftigt hatte: Frage nie, ob jemand schon eine Haftstrafe abgesessen hat, sondern gleich, wie lange.

Arshad lachte und schüttelte den Kopf.

Wir kannten die Gespräche unter wohlhabenden Ausländern aus Amerika und Europa über ihr Hauspersonal in Ländern wie Pakistan und Indien, darüber, dass es unzuverlässig und unverschämt sei, dass es zu spät, gelegentlich auch gar nicht zur Arbeit komme und dass es manchmal stehle. Uns kam es vor wie die Nörgelei derer, die es gut hatten, über die, die nichts besaßen. Nun waren wir selbst in dieser Situation: Wir wollten niemanden beschäftigen, der sich als unzuverlässig herausstellte.

»Warum hat dir dein letzter Arbeitgeber gekündigt?«, fragte meine Frau.

Arshad seufzte. »Die Vereinten Nationen haben ihren Club geschlossen, Madam. Aus Sicherheitsgründen, weil der Terror zunimmt.«

Wir bedankten uns für den Besuch und sagten Arshad und Javed, wir würden bald anrufen.

»Meinst du wirklich, wir sollten jemanden einstellen?«, fragte Janna mich, als sie weg waren. »Und wenn ja, dann ihn?«

Wir überlegten. »Eine seltsame Vorstellung ist das schon«, sagte ich. »Aber lass es uns doch einfach versuchen. Wir vereinbaren erst einmal eine Probezeit.«

Wie würde es sein, ständig eine fremde Person um sich zu

haben, und damit nicht die Privatsphäre genießen zu können, die man zu Hause eigentlich gewöhnt ist? Janna, die wusste, dass ich viel auf Reisen und sie oft allein sein würde, hatte eher an eine Frau als Haushaltshilfe und Köchin gedacht, nicht an einen Mann in meinem Alter. Wir waren uns einig, dass wir niemanden wollten, der aus einer weit entfernten Region kam und bei uns wohnen würde. Arshad lebte in einem nahe gelegenen Stadtteil, nur zehn Minuten Fußweg von uns entfernt. Er würde jeden Morgen zu uns kommen und am Nachmittag wieder gehen, zurück zu seiner Familie. Er hatte uns erzählt, dass er vier Kinder hatte. Wir würden also einem Familienvater Arbeit geben.

Nach ein paar Tagen Bedenkzeit rief ich ihn an und sagte ihm zu.

»Okay, Sir, ich komme morgen um sieben!«, versprach er.

Am nächsten Morgen hörten wir schon um sechs Uhr Krach auf der Terrasse. Jemand räumte die Gartenmöbel hin und her und fegte den Boden. Arshad war früher gekommen, um ja pünktlich zu sein. Er wollte einen guten Eindruck machen.

Arshad kochte tatsächlich sowohl westliches als auch südasiatisches Essen, wie es in seinen Zeugnissen stand. Nie zuvor hatte ich so gut gebügelte Hemden wie jetzt getragen, er putzte das Haus und war eine große Hilfe, wenn es darum ging, mal wieder unfähige oder störrische Handwerker zu beaufsichtigen. Er machte hervorragende Pfannkuchen zum Frühstück und den weltbesten Milchtee mit Kardamom und frischem Ingwer.

»Arshad, nenn mich bitte nicht Sir.«

»Okay, Sir.«

Er liebte die Bezeichnung »Sir« so sehr, dass er bald auch Janna nicht mehr mit »Madam«, sondern mit »Sir« anredete. Allerdings nicht, ohne sie vorher leicht verlegen um Erlaubnis gebeten zu haben.

Ich sprach Urdu mit ihm und duzte ihn. Er siezte mich. Wir kannten Leute, die ihre Hausangestellten zum Du aufforderten. Es funktionierte nie. Entweder nahmen die Bediensteten das Angebot nicht an oder es gab irgendwann ein Autoritätsproblem. Die Duz-Mentalität passt nicht in eine Gesellschaft, die streng hierarchisch ist. Wenn ich Arshad siezte, bereitete ihm das Unbehagen. Er dachte dann, ich würde mich über ihn lustig machen.

Wir mussten uns an diese Hierarchien gewöhnen. Aber es fiel einem leicht, wenn es um Punkt zehn Uhr an der Bürotür klopfte und Arshad fragte:»Tea, Sir?« Wenn man nicht kochen, nicht putzen, kein Geschirr spülen musste. Wie lange hatte ich schon kein Hemd mehr gebügelt? Der Garten war groß und immer gepflegt. Und wenn keine Zeit für Einkäufe war, wurde selbst das erledigt. Es war ein angenehmes Leben, und auch Arshad fühlte sich wohl.»Ich gehöre doch zur Familie«, sagte er schon nach wenigen Wochen.

Arshads Loyalität uns gegenüber war unfassbar groß. Einmal kam er eine halbe Stunde zu spät zur Arbeit. Er klopfte an unsere Schlafzimmertür, was er sonst nie tat. Seine Augen waren rot geweint. Er war nur gekommen, um zu fragen, ob er wieder nach Hause gehen dürfe.»Meine Mutter ist heute Nacht gestorben.«

Auch wenn er mir versicherte, es gehe ihm gut bei uns, hatte er doch ein trauriges Leben. Er sah es, wie so viele Menschen in Pakistan, als eine Abfolge von Pflichten, die es zu erledigen galt.

»Er ist Christ, nicht wahr?«, fragte mich Sajid ein paar Tage, nachdem Arshad begonnen hatte, bei uns zu arbeiten.

»Ja? Woher weißt du das?«

»Sein Gesicht. Er sieht aus wie ein Christ.«

Ich war überrascht, denn ich hatte Arshad nie nach seiner Religion gefragt, und im Gegensatz zu Pakistanern, die ihr Hauspersonal sorgfältig nach ihrem Glauben auswählen, war es uns völlig egal. Sein Name ist in Pakistan auch unter der mehrheitlich muslimischen Bevölkerung üblich.

»Ich weiß es nicht. Ich habe nie mit ihm darüber gesprochen.«

»Doch, ganz sicher ist er Christ.«

»Ist das etwa ein Problem für dich?«

»Nein, überhaupt nicht. Ich stelle das nur fest.«

Ich nahm mir vor, Arshad bei Gelegenheit mal darauf anzusprechen. Aber dann erzählte er mir eines Tages von sich aus, wie schwierig sein Leben in der Christian Colony sei.

»Was ist denn die Christian Colony?«

»Das Viertel, in dem ich lebe.«

»Da wohnen ausschließlich Christen?«

»Ja.«

»Kein einziger Muslim?«

»Kein Muslim würde je dort leben wollen.«

»Warum?«

»Weil es ein christliches Viertel ist.«

Er schaute mich irritiert an, verwundert darüber, dass ich etwas so Einfaches nicht verstand.

Als ich das nächste Mal an dem Viertel vorbeifuhr, beobachtete ich es genau. Erst da wurde mir klar, was es war: ein Armenviertel in einem reichen Stadtteil. Ein Christen-Getto.

»Die Stadt will, dass wir von hier verschwinden«, erzählte Arshad. »Sie will die Grundstücke teuer an die Reichen verkaufen, damit die ihre Villen dort hinbauen können. Uns bietet man nur lächerliche Beträge an und verspricht uns neue Wohnungen irgendwo da draußen am Stadtrand. Aber wir Christen sind oft die Hausangestellten der Ausländer, wie sollen wir jeden Tag von so weit hierherkommen?«

Außerdem war da immer die Angst vor Anschlägen. Es hatte schon einige Pogrome gegen Christen in Pakistan gegeben.

»Wir sind eine Minderheit, und wenn etwas schiefläuft in diesem Land, gibt man schnell uns die Schuld.«

Immerhin lebte Arshad bei seiner Familie, bei seiner Frau und seinen vier Kindern, anders als der Chowkidar Nazir, der Hausmeister, den unser Vermieter angestellt hatte und der unten im servant's quarter, einer Art Garage, wohnte. Er war ein strenggläubiger, langbärtiger Muslim und stammte aus Kaschmir, seine sechs Kinder sah er nur alle paar Monate, wenn er sechs Stunden mit einem Bus nach Hause fuhr. Und das für umgerechnet nicht einmal hundert Euro Monatsgehalt. Was war das für ein Leben?

Arshad verdiente mehr als das Doppelte und damit weit mehr als den Mindestlohn, der bei gut siebzig Euro im Monat liegt. Viele Menschen bekamen aber nicht einmal das, weil die Arbeitgeber Kosten für Verpflegung und Unterkunft abzogen.

Natürlich kann man es so sehen: Diese Leute haben Arbeit und verdienen für pakistanische Verhältnisse ganz ordentlich, in einem Land, in dem nach Angaben der Weltbank mehr als hundert Millionen Menschen mit weniger als zwei Dollar am Tag auskommen müssen. Das ist jeder zweite Einwohner. Sie haben einen Job, obwohl sie keine reguläre Ausbildung haben. Arshad konnte nicht einmal lesen und schreiben. Ich bot ihm oft an, ihm den Unterricht zu finanzieren, aber er wollte es nicht. Ich konnte ihn nicht zum Lernen zwingen, er war ein erwachsener Mann.

»Ich komme auch ohne Buchstaben gut durchs Leben, Sir«, sagte er.

Es gibt keinen Arbeitsvertrag, keine Altersabsicherung, keinen Kündigungsschutz, keine Krankenversicherung. Der Staat versagt auf ganzer Breite. Und die Gesellschaft versagt, weil sie keine Veränderung einfordert, sondern diese Ordnung als gottgegeben hinnimmt.

Warum begehrt niemand auf?

Wir bezahlten die Rechnungen, wenn Arshad oder jemand aus seiner Familie zum Arzt musste. Aber was, wenn jemand schwer erkrankt und eine viele Tausend Euro teure Behandlung braucht? Eine Krankheit wie Krebs bedeutet für die meisten Menschen ein sicheres Todesurteil. Wer kann sich schon eine Chemotherapie oder eine Operation leisten?

In unserer Nachbarschaft starb ein Kind an einer Blinddarmentzündung. Die Eltern – sie Haushälterin, er Fahrer – hatten gerade ihre Jobs verloren und deshalb kein Geld für einen Arzt. Wir erfuhren erst nach dem Tod des Jungen davon. Es ist nicht leicht, damit umzugehen. Die Menschen sagten: Es war Gottes Wille. Religion hilft manchen, das Unerträgliche zu ertragen.

Das schlechte Gewissen wurde zu unserem Begleiter. Man hatte die Armut, das niedrige Lohnniveau ständig vor Augen und profitierte auch noch davon. Anders als in Deutschland, wo man so leicht verdrängen kann, dass das Mobiltelefon, die Kleidung, das Möbelstück ja auch von unterbezahlten Arbeitskräften in China, Bangladesch, Thailand hergestellt werden. Ginge es überall so sozialversichert zu wie in Deutschland, könnten wir uns vieles nicht mehr leisten. Aber die Welt wäre sehr viel gerechter. Wir Reichen leben eben doch auf Kosten der Armen.

Leben mit dem Terror

An die ständige Terrorbedrohung konnten wir uns nicht gewöhnen, vielleicht auch, weil uns nicht bewusst war, wie konkret sie eigentlich war. Überall auf den Straßen gab es Kontrollen: grimmig dreinblickende Polizisten an Stellen, an denen man um drei, vier Betonklötze im Slalom fahren musste. Daneben ein Häuschen aus Sandsäcken, dahinter ein Polizist mit einem Maschinengewehr, gerichtet auf uns, die Autofahrer.

»Euer Haus ist kein Stück sicher«, warnte uns ein Freund, der bei der deutschen Botschaft arbeitete. Er deutete auf den Wald, ein perfektes Versteck für Angreifer. »Ihr solltet euch überlegen, einen Sicherheitsdienst zu engagieren«, empfahl er. Er zeigte auf das Nachbarhaus, in dem US-Diplomaten lebten. Das Gebäude, eigentlich ganz hübsch, sah durch den Stacheldraht und die vergitterten und abgedunkelten Fenster aus wie ein Foltergefängnis. Hässlich, aber sicher.

Uns war das egal. So will man ja nicht leben als Gast in einem fremden Land, als wolle man sich abschotten, als habe man Angst. Man kommt ja, weil man Interesse hat am Neuen, weil man offen und zugewandt sein will, nicht unhöflich und abweisend. Wir wollten nicht in einem Käfig leben, sondern so unauffällig wie möglich. Wir entschieden uns gegen Wachleute. Wir glaubten, dass für uns nur so ein Leben möglich war, ohne früher oder später vom Wahnsinn ergriffen zu werden, ohne ständig in Panik zu verfallen bei jedem kleinsten unbekannten Geräusch. Ob wir leichtsinnig waren und unsere arglose Haltung bereuen sollten, war ein Risiko, das wir in Kauf nahmen.

Ein anderer Freund riet, ich solle mir ein Gewehr, wenigstens eine Pistole besorgen. »Ihr müsst euch doch verteidigen können!« Ich stellte mir vor, wie bewaffnete Extremisten an unserem Zaun rütteln und unser Haus stürmen wollten. Ich greife zu dem Gewehr, das geladen und gesichert neben der Eingangstür steht, und feuere auf die Angreifer. Ich schlage sie heldenhaft in die Flucht oder erschieße sie sogar. Seltsame Vorstellung. Natürlich wollten wir keine Waffe im Haus!

Aber trotzdem lag einem der Terror auf der Seele, jeden Tag Anschläge, jeden Tag Tote, aber was uns im Alltag stärker betraf als diese Taten, mit denen ich mich zwangsläufig befasste, weil ich über sie schrieb, war die selbstzerstörerische Kraft, die der Terror entfesselte. Die trostlosen Hochsicherheitrakte, in die

die Menschen ihre Häuser verwandelten, die hohen Mauern, die Checkpoints auf den Straßen, Kontrollen wie am Flughafen vor Hotels, Krankenhäusern und Banken, selbst vor dem einzigen McDonald's in Islamabad – das nahm dem Leben die Leichtigkeit. Da konnte man sich noch so oft einreden: In einer deutschen Kleinstadt kann einem auch was passieren, da kann man von einem Auto überfahren oder vom Blitz erschlagen werden. Wir standen vor dem Problem, mit dem schon die große Politik überfordert war: Wie geht man mit Terror um? Begegnet man ihm, indem man aufrüstet? Flüchtet man besser vor ihm? Oder versucht man, ihn so gut wie möglich zu ignorieren?

Botschaften und internationale Organisationen beschäftigen ganze Sicherheitsabteilungen damit, die Lage zu analysieren. Sie tragen zu der allgemeinen Verunsicherung bei, indem sie ständig Warnungen per Textnachricht an ihre Mitarbeiter schicken. »Hinweise auf Selbstmordattentäter in weißem Toyota Corolla«, stand da. Oder: »Erhöhte Anschlagsgefahr auf Märkte nach Freitagsgebet!« Informationsschnipsel, die eifrig geteilt wurden unter den Ausländern in Islamabad. Woher diese Informationen stammten und wie stichhaltig sie waren, wusste man nicht, und es blieb einem selbst überlassen, welche Konsequenzen man daraus zog. Was sollte man auch tun? Gefühlt jedes dritte Auto in Pakistan ist ein weißer Toyota Corolla. Sollte man sich also zu Hause einsperren? Oder gleich die Stadt, besser noch: das Land verlassen?

Es gibt Botschaften wie die deutsche, die solche Warnungen nur sehr zurückhaltend verschicken. »Aber wenn was passiert, heißt es natürlich: Warum haben Sie keine Warnung herausgegeben?«, beschwerte sich einmal der für die Sicherheit zuständige Diplomat. »Es ist ein Dilemma: Wenn wir warnen und nichts passiert, wird uns vorgeworfen, wir würden die Menschen unnötig verunsichern. Wenn wir keine Warnung rausgeben, und es geschieht etwas, waren wir ahnungslos und haben die Lage verharmlost.«

Andere Botschaften wie die dänische, vor der im Juni 2008 al-Qaida eine Autobombe zündete und sechs Menschen tötete, um die Mohammed-Karikaturen in der dänischen Zeitung ›Jyllands-Posten‹ zu rächen, verschicken lieber eine Warnung zu viel. Die anderen Skandinavier machen es auch, aus Angst, mit den Dänen in einen Topf geworfen zu werden, ebenso die Niederländer, die wegen mehrerer islamophober Politiker in der Heimat mit Ärger in Ländern wie Pakistan rechnen. Amerikaner und Briten leben so abgeschirmt in ihren hochgesicherten Bastionen, dass man von ihnen kaum etwas mitbekommt. Ihnen ist der Besuch vieler Märkte, Restaurants und Stadtteile verboten. Wenn sie jemanden besuchen, zu einer Feier oder auch nur zum Einkaufen gehen wollen, müssen sie es vorher bei ihren Sicherheitsleuten anmelden. Sie müssen auf jeden Fall gepanzerte Autos nutzen.

Wie viel Lebenswirklichkeit bekommen solche Diplomaten eigentlich von dem Land mit, in dem sie leben?

DIE SCHWERE GEBURT EINES LANDES

Pakistan empfing mich mit offenen Armen. Für meine Akkreditierung als Korrespondent bekam ich sofort einen Termin im Informationsministerium. Der Direktor für die Abteilung »Ausländische Presse« nahm sich persönlich Zeit für mich, bestellte Samosas, gefüllte Teigtaschen, und Tee. Dieser süße, milchige Tee ist der Treibstoff Pakistans. Man trinkt ihn zu jeder Tages- und Nachtzeit, und je mehr Tassen Tee, desto besser das Gespräch. Ständig schwirrten schweigsame Bedienstete um ihn herum, reichten Mappen rein, legten Briefe zur Unterschrift vor oder gaben ihm Zettel mit Botschaften, wer angerufen hatte und wer einen Rückruf wünschte.

Wir tauschten Höflichkeiten aus. Er fragte, aus welchem Teil Pakistans meine Familie stamme, wie es meiner Frau im Land der Vorfahren ihres Mannes gefalle und ob wir irgendwelche Probleme hätten, bei deren Lösung er behilflich sein könnte. Wir tranken unseren Tee, dann schickte er mich in das deprimierende, nur von flackerndem Neonlicht erhellte und dürftig eingerichtete Büro eines seiner Beamten.

Ich füllte einen Haufen Formulare aus, gab mehrere Passbilder ab und ein Schreiben meiner Redaktion, in dem mir mein Korrespondentenstatus bestätigt wurde. Alles wurde in einen Ordner geheftet und auf einen mannshohen Stapel gelegt. Das Ministerium arbeitete anscheinend nicht mit Computern, jedenfalls war in den Amtsräumen nichts von moderner Technik zu sehen.

Der Beamte, ein übergewichtiger Typ mit einem Schnurrbart wie ein Walross und geölten Haaren, die seitengescheitelt am Kopf klebten, war ungewöhnlich zuvorkommend. Einen schwarzen Füllhalter, eine Montblanc-Fälschung, hielt er wie eine Zigarre zwischen Zeige- und Mittelfinger, am Ringfinger schlotterte ein zu großer Siegelring. Zu seiner auf den ersten Blick imposanten Erscheinung passte seine zu hohe, zu weiche Stimme nicht. Er hegte keinerlei Absicht, mich seine Macht spüren zu lassen. Man wusste schon über mich Bescheid: Pakistanische Zeitungen hatten die Pressemitteilung von Reporter ohne Grenzen aufgegriffen und ausführlich über meine Zurückweisung durch Indien berichtet. Man gab mir zu erkennen: Wer von Indien abgelehnt wird, kann nur ein guter Mann, ein Freund Pakistans sein.

»Die nennen sich Demokratie, aber so weit ist es mit deren Demokratie nicht her«, sagte der Beamte.

Ich nickte stumm. Er hatte ja nicht unrecht, aber ich wollte mich nicht zum Komplizen der pakistanischen Regierung gegen Indien machen lassen.

»Seltsam, dass alle Welt so eine Schwäche für Indien hat, uns aber als Terrorstaat sieht«, sagte er und blickte mich nun auffordernd an. Er erwartete, dass ich Stellung bezog.

Ich schwieg.

»Wie sehen Sie das, Kazim Sahib? Warum, glauben Sie, ist das so?«

Ich dachte über eine ausweichende Antwort nach. Aber bevor ich auch nur die Chance hatte, etwas zu sagen, antwortete er selbst.

»Ich sag es Ihnen: Es ist ihr esoterischer Kram! Yoga und Ayurveda, die ganzen Gurus und all dieses Zeug. Darauf fahren die Leute im Westen ab! Haben Sie gesehen, was für Tanten da nach Indien reisen und Wochen im Ashram verbringen? Die sollten ihre Enkelkinder zu Hause hüten, aber was machen sie? Sie singen ›Harekrishna, Harekrishna‹ und versuchen, sich selbst zu finden. Stellen Sie sich das mal vor: sich selbst finden! Wie kann man sich selbst finden? Unglaublich! Ich habe es in einer Fernsehdokumentation gesehen. Und ich habe es mir von Freunden erzählen lassen, die mal in Indien waren.« Er schüttelte den Kopf.»Wahnsinn ist das. Die sind doch verrückt. Und die Inder wissen genau, wie sie sich vermarkten müssen. Die schalten weltweit Anzeigen und werben für sich. ›Unglaubliches Indien! Tolles Indien! Reisen Sie nach Indien! Wir sind die weltgrößte Demokratie!‹ So ein Unsinn. Und die Leute im Westen sind so blöd und fallen drauf rein. Fahren nach Bombay und an die Strände von Goa und Kerala und glauben, sie hätten Indien gesehen. Die ganze Armut bei denen ist noch lange nicht verschwunden, und sie ist tausend Mal schlimmer als bei uns. Trotzdem reden alle nur noch vom Boom in Indien. Alle investieren dort, alle buhlen um die Gunst der Inder. Ihre Atompolitik, ihre Aggressionen, ihre Arroganz? Wird ignoriert.«

Er musterte mich, um zu sehen, wie ich reagierte. Drosch er so auf Touristen aus dem Westen ein, weil er mich für einen Pakistaner hielt? Oder wollte er mich provozieren?

»Ich bin froh, dass Pakistan so ein Musterbeispiel an Demokratie ist, eine Stimme der Vernunft in einer ansonsten chaotischen Region«, antwortete ich.

Wieder beäugte er mich. Auf seiner Stirn sah ich nun, wie Schweißtropfen langsam herabperlten und von den buschigen Augenbrauen aufgesogen wurden. Der Ventilator wirbelte die heiße Luft im Raum herum, was überhaupt keine Linderung verschaffte. Sein Oberkörper begann, in dem breiten Kunstledersessel zu beben. Er brach in Lachen aus. Aus beiden Augen liefen Tränen.

»Sehr gut, mein Lieber, sehr gut! Ja, eine tolle Demokratie sind wir! Mit diesen Idioten an der Spitze, alles eine korrupte

Bande!« Er keuchte, sein Gesicht war rot angelaufen. Er brauchte eine Minute, um sich wieder zu fangen. »Na ja, was soll's.« Er hatte meine Ironie verstanden, ich war erleichtert. Denn ich war mir alles andere als sicher gewesen, dass es gut laufen würde. Immerhin war Pakistan meine zweite Wahl, und das Verhältnis der Regierung zu Journalisten im Allgemeinen und zum SPIEGEL im Besonderen war nicht sonderlich herzlich. Nach dem Ärger mit Indien wollte ich es mir nicht auch noch mit Pakistan verscherzen, zumindest nicht gleich am Anfang.

Für den SPIEGEL hatte zuletzt in den Siebzigerjahren ein Korrespondent mit Wohnsitz in Pakistan gearbeitet: Karl Robert Pfeffer. Er sprach fließend Urdu und war mit einer Pakistanerin verheiratet. Aber dem empfindlichen, um nicht zu sagen: kritikunfähigen Präsidenten Zulfikar Ali Bhutto war er zu unbotmäßig.

Dabei hatte Bhutto, Vater der späteren Premierministerin Benazir Bhutto, dem Volk im Dezember 1971, kurz nach seinem Amtsantritt nach Jahren der Militärdiktatur, vollmundig angekündigt: »Lasst uns die Vergangenheit begraben und ein neues Kapitel aufschlagen!« Er versprach Presse- und Meinungsfreiheit, außerdem »Brot, Kleidung, Häuser« für jeden Pakistaner und den Offizieren die »beste Kampfmaschine in Asien«. Jetzt wies er seine Regierung an, den »Vorsitzenden Bhutto« zu loben und zu preisen. Kritik an Bhutto war natürlich nicht Bestandteil von Pressefreiheit und deshalb verboten.

Das pakistanische Außenministerium bestellte den Geschäftsführer der Bonner Vertretung an einem Freitagabend im September 1972 ein, um ihm mitzuteilen, dass Pfeffer das Land verlassen müsse. Nach dem Geschmack der Regierung war der Journalist viel zu tief vorgedrungen in die Machtzirkel Pakistans und hatte auch noch kritisch über sie berichtet. Der Diplomat protestierte, er versuchte, dem pakistanischen Staatssekretär, der ihm gegenübersaß, zu erklären, dass der SPIEGEL »mindestens ebenso unbotmäßig über die deutsche Regierung« schreibe. Aber man ließ ihn wissen, dass die Entscheidung des Präsidenten unabänderlich sei. Bhutto hatte Pfeffer im April noch zu einem Interview empfangen und ihm damit eine seltene Gunst erwiesen, in der Hoffnung, dass der Korrespondent fortan nur noch freundlich über ihn berichten würde. Doch der ließ sich nicht beirren.

Am nächsten Morgen, einem Samstag, suchten zwei Polizisten Pfeffer auf und überreichten ihm ein Schreiben:»Die Regierung von Pakistan beliebt anzuordnen, dass Karl Robert Pfeffer, Korrespondent des deutschen Nachrichtenmagazins SPIEGRAL [sic], sich nicht länger in Pakistan aufhalten darf.« Unterschrieben war der Brief vom Chef der Ausländerpolizei im Innenministerium. Im Laufe des Tages hörte Pfeffer in den stündlich wiederholten Nachrichten im Radio, er habe das Land»wegen böswilliger und ungenauer Berichterstattung« bis zum Montagmorgen um zehn Uhr zu verlassen. Woran genau Bhutto Anstoß genommen hatte, blieb unklar.

Damit traf es einen ausländischen Journalisten, nachdem die Regierung es zunächst auf die Inlandspresse abgesehen hatte. Die Zeitung ›Sindagi‹ (Leben) hatte den Wahlspruch Bhuttos »Brot, Kleidung, Häuser« aufgegriffen und schrieb nach Arbeiterdemonstrationen in Karatschi:»Statt Brot fressen wir Kugeln aus den Waffen der Polizei. Statt Kleidung kriegen wir Leichentücher. Statt in Häuser kommen wir in Gräber.« Bhutto ließ kurzerhand die Zeitung verbieten.

Bhutto, der sich als Vertreter der Recht- und Besitzlosen sah und eine radikale Verstaatlichungspolitik verfolgte, biederte sich bei den Armen an. Im Radio donnerte er:»Die Industriellen sind Schwesternficker!« Eine Wochenzeitung druckte diese Worte unter der Überschrift »Inzest im Äther«. Der Chefredakteur musste daraufhin für zwei Jahre ins Gefängnis und obendrein zweihunderttausend Rupien Strafe zahlen, damals umgerechnet etwas mehr als hunderttausend Mark. Außerdem wurde er mit einem lebenslangen Berufsverbot belegt. Die Wochenzeitung wurde geschlossen.

Über Bhutto wurde fortan nur noch mit Vorsicht geschrieben. Als er einmal im Parlament die Opposition als »Kinder von Schweinen« beschimpfte, eine schwere Beleidigung im muslimischen Pakistan, in dem die Tiere als unrein gelten, wagte es niemand, darüber zu berichten.

Gerne hätte ich meinen Vorgänger über seine Erfahrungen in Pakistan befragt, aber ich erfuhr, dass ihn Ende der Siebziger, da war er nicht mehr beim SPIEGEL, in Beirut palästinensische Terroristen erschossen hatten.

Auch vierzig Jahre später hat sich in Pakistan nicht viel verändert, was den Umgang mit Journalisten angeht. Ausländische Korrespondenten werden beobachtet, ihre Artikel ausgewertet. Wer zu kritisch berichtet, insbesondere über das mächtige Militär, kann Probleme bekommen bis hin zur Ausweisung. Einheimische Journalisten landen in Gefängnissen, werden gefoltert, sogar ermordet.

Mir war klar: Im Zweifel nützten mir meine pakistanischen Wurzeln nichts. Wir beschlossen, uns so einzurichten, dass wir im Falle des Falles das Land schnell wieder verlassen konnten. Wir blieben in unserer möblierten Wohnung und verzichteten darauf, ein Auto zu kaufen. Stattdessen mieteten wir einen Kleinstwagen, einen auberginefarbenen Suzuki Mehran, um nicht aufzufallen.

Die politischen Anfänge

Pakistan hatte einen hoffnungsvollen Anfang genommen. Staatsgründer Muhammad Ali Jinnah hatte 1947 in der verfassunggebenden Versammlung gesagt: »Ihr seid frei! Ihr seid frei, in eure Tempel zu gehen, ihr seid frei, eure Moscheen oder jede andere Gebetsstätte aufzusuchen in diesem Staate Pakistan.« Es war eine Vision von religiöser Toleranz, ein heiliges Versprechen. Jinnah wollte einen säkularen Staat für die muslimische Minderheit des indischen Subkontinents, in dem Anhänger jeder Religion frei und friedlich leben konnten und in dem demokratisch regiert wurde. Zu einer »islamischen Republik«, mit dem Islam als Staatsreligion, wurde Pakistan erst 1956, Jahre nach Jinnahs Tod.

Jinnah, gebürtig in Karatschi, hatte in London studiert und als Anwalt in Bombay Karriere gemacht. Er war weit entfernt vom späteren Pakistan aufgewachsen und entstammte einer schiitischen Familie, gehörte also nicht einmal der sunnitischen Mehrheit innerhalb der Muslime in Britisch-Indien an. Einst kämpfte er gemeinsam mit Mahatma Gandhi und Jawaharlal Nehru in der Kongresspartei für die Unabhängigkeit Indiens von der britischen Kolonialherrschaft. Doch stellte er fest, dass sie unterschiedliche Ansichten hatten über den Status der Muslime in einem künftigen unabhängigen Indien. Auf einen Muslim kamen immerhin vier Hindus. Jinnah wechselte von der Kongresspartei zur Muslimliga, in der er sich zunächst für muslimische Territorien innerhalb einer indischen Konföderation einsetzte. »Wir Muslime werden als Minderheit in Indien nie zu unserem Recht kommen, wenn wir nicht eigene Gebiete erhalten, in denen wir das Sagen haben«, erklärte er im Kreis seiner Freunde. Die Kongresspartei beharrte dagegen darauf, keiner religiösen Gruppe Sonderrechte einzuräumen. Sie strebte ein säkulares Indien an.

Erstmals hatte der Muslimliga-Politiker und heute in Pakistan als Nationaldichter verehrte Sir Muhammad Iqbal (1877-1938) im Jahr 1930 die Idee von einem eigenständigen islamischen Staat aufgebracht. Er sagte aber auch, er könne sich eine islamische Provinz innerhalb eines indischen Unionsstaates vorstellen. Nach und nach wurde aber die Zwei-Nationen-Theorie zur ideologischen Grundlage der Muslimliga. Iqbal und Jinnah waren überzeugt, dass Hindus und Muslime zwei unterschiedliche ethno-kulturelle Nationen seien und jede von ihnen nur zu ihrem Recht käme, wenn sie räumlich getrennt voneinander lebten.

Ein indischer muslimischer Student in England, Rahmat Ali, brachte 1933 erstmals in einem Pamphlet einen Namen für den ersehnten islamischen Staat im Nordwesten des britisch-indischen Reiches ins Spiel: Pakistan. Er sollte Punjabis, Paschtunen, Kaschmiris, Sindhis und Belutschen eine Heimat sein, aus deren Namen er das Wort Pakistan bildete. »Stan« bedeutet auf Urdu »Land«, »pak« heißt »rein« – Pakistan sollte das »Land der Reinen« werden.

Iqbal missfiel bei dieser Idee von einem eigenständigen islamischen Staat, dass die Bengalen im Nordosten Indiens ausgeschlossen blieben. Auch sie waren mehrheitlich Muslime, lebten aber zweitausend Kilometer von den anderen islamischen Volksgruppen entfernt. Muslime im Punjab, im Sindh, in Belutschistan und in der Nordwest-Grenzprovinz hatten für die deutlich kleineren und dunkelhäutigen Bengalen nur denselben Rassismus übrig, den auch die Briten an den Tag legten.

Der Zweite Weltkrieg schwächte die Briten. Ihre Industrie war zerbombt, die Wirtschaft lag am Boden. Das Empire ließ sich nicht mehr finanzieren. Schließlich gaben die Briten dem Unabhängigkeitsstreben der Inder nach. Auf Drängen von London sollte Lord Louis Mountbatten, der letzte Vizekönig in Indien und damit Vertreter der britischen Krone vor Ort, Indien so schnell wie möglich in die Unabhängigkeit entlassen. Als die Briten beschlossen, den Subkontinent zu verlassen, standen sie vor zwei Möglichkeiten: Entweder entschieden sie sich für die

Kongresspartei und ließen einen zentralistischen Staat zurück oder sie folgten der Muslimliga und akzeptierten eine Teilung, wonach die Muslime ihre eigenen Gebiete bekamen. Jinnah hatte sich immer deutlicher für einen neuen islamischen Staat eingesetzt und sich dafür bei den Briten starkgemacht. Sie hörten auf diesen stets elegant gekleideten Mann, der so überzeugend reden konnte.

Am 14. August 1947 wurde der Staat Pakistan ausgerufen, einen Tag später die Republik Indien. Muhammad Ali Jinnah ging in die Geschichte ein als Quaid-e-Azam, als großer Führer von Pakistan. Sein Porträt hängt bis heute in fast allen Büros, Geschäften und Hotels. Straßen, Gebäude, Märkte und ein Flughafen sind nach ihm benannt. Aber was ist aus seinen Visionen geworden? Sind die Menschen frei, in Tempel zu gehen, in Moscheen oder jede andere Gebetsstätte?

Die Briten entschieden sich für die Teilung, weil sie hofften, dass auf diese Weise die vielen religiös motivierten Massaker ein Ende haben würden. Doch diese Hoffnung wurde nicht erfüllt, die Teilung erwies sich als äußerst blutig. Millionen von Muslimen zogen von Indien in den neuen Staat Pakistan, in umgekehrte Richtung machten sich Millionen Hindus und Sikhs auf den Weg. Immer wieder gab es gewaltsame Zusammenstöße zwischen Menschen unterschiedlicher Religionen. Häufig wurden Züge angezündet, verbrannten Menschen in den Waggons, fielen die einen über die anderen her, kam es zu Massenvergewaltigungen. Aus allen Teilen des Subkontinents wurden Kämpfe gemeldet.

Am Ende waren mehrere Hunderttausend Menschen tot.

Die größte Wanderungsbewegung fand innerhalb der Provinz Punjab statt, durch die die neue Staatengrenze verlief. Millionen Menschen machten sich mit ihren Habseligkeiten auf den Weg in eine neue Heimat, von West nach Ost, von Ost nach West. Im Punjab gab es die meisten Opfer. Lahore, einst Schmelztiegel der Kulturen und Religionen, lag plötzlich im islamischen Pakistan. Das nur wenige Kilometer entfernte Amritsar gehörte nun zu Indien und war damit für Menschen aus Lahore unerreichbar.

Auch durch Bengalen lief eine neue Grenze: Der westliche Teil wurde zur indischen Provinz Westbengalen, der östliche zu Ostpakistan. Pakistan war damit ein Staat mit zwei geografisch weit auseinanderliegenden Gebieten.

Das war nicht der einzige Konstruktionsfehler, der begangen wurde und sich lange Zeit und zum Teil bis heute auswirken sollte.

Die führenden Köpfe der Muslimliga kamen mehrheitlich aus weit entfernten Regionen Indiens. Diesen Einwanderern, die nur einen kleinen Teil der neuen pakistanischen Bevölkerung ausmachten, fehlte die Basis, die Unterstützung der Massen. Aber sie sahen sich als die auserwählte Elite, die eigens für einen neuen Staat die alte Heimat verlassen hatte. Sie forderten deshalb alle wichtigen Regierungsposten für sich und besetzten die höchsten Ämter in der Verwaltung. Aber sie waren überfordert mit dieser gigantischen Aufgabe. Ein neuer Staat musste aufgebaut werden, mit allem, was dazugehörte. Und sie wussten, dass sie bei Wahlen kaum Chancen hatten, bestätigt zu werden. Ihre Begeisterung für Demokratie war deshalb von vornherein schwach ausgeprägt.

Die Ausarbeitung einer neuen Verfassung zog sich über Jahre hin. Die Mächtigen in Pakistan hatten damit anfangs relativ freie Hand, Politik so zu gestalten, wie es ihnen in den Sinn kam.

Aber ihre Macht stand auf wackeligen Beinen. Zu der Zeit war Jinnah schon gezeichnet von Tuberkulose. Er sah schwach aus, aber außer seiner Schwester und wenigen Freunden wusste niemand, dass er krank war und woran er litt, selbst die Briten nicht, sonst hätten sie seinem Drängen nach einem islamischen

Staat vermutlich nicht nachgegeben. Sie glaubten, nur er sei in der Lage, den neuen Staat aufzubauen und zu führen. Jinnah starb nicht einmal ein Jahr nach der Gründung Pakistans. Sein Nachfolger als Regierungschef und bisheriger Stellvertreter, Liaqat Ali Khan, wurde drei Jahre später ermordet.

Es war eine heikle Lage, denn zwischen Indien und Pakistan gab es einen Streitpunkt, der die Region auf Jahrzehnte hin zu destabilisieren drohte: Beide Länder beanspruchten den unabhängigen Prinzenstaat Kaschmir ganz für sich.

Während der britischen Kolonialherrschaft gab es Hunderte solcher Kleinststaaten auf dem Subkontinent. Jedem davon ließen die Briten das Recht, selbst zu entscheiden, ob sie nach der Teilung zu Indien oder zu Pakistan gehören wollten. Bei den meisten stellte sich das nicht als Problem dar, denn die Geografie und die Bevölkerungsverhältnisse – ob mehrheitlich muslimisch oder hinduistisch – waren eindeutig. Schwierigkeiten gab es neben Kaschmir in den beiden Staaten Hyderabad und Junagadh, die zwar hinduistische Bevölkerungsmehrheiten aufwiesen, aber von islamischen Adligen regiert wurden. Der Herrscher von Junagadh entschied sich für Pakistan, floh jedoch auf indischen Druck und machte damit den Weg frei für einen Anschluss an Indien. In Hyderabad erzwangen indische Truppen die Entscheidung.

Jammu und Kaschmir, wie dieser Staat mit vollem Namen hieß, lag schon geografisch so, dass sowohl Indien als auch Pakistan infrage kamen. Die Bevölkerung war mit überwältigender Mehrheit muslimisch, der Staat wurde aber vom hinduistischen Maharaja Hari Singh regiert.

Singh war mit der Frage, für welchen Staat er sich entscheiden sollte, überfordert. Sein Urgroßvater, Herrscher von Jammu, hatte mit Hilfe der Briten die Macht in Kaschmir erobert. Vorher hatten dort Sikhs und Muslime regiert. Singh wollte am liebsten ein unabhängiges Kaschmir, Verhandlungen mit der neuen pakistanischen Regierung, die Kaschmir als Teil Pakistans ansah, zogen sich hin. Als es in der Region zu Unruhen kam, zögerte Pakistan nicht lange und ließ Freiheitskämpfer in Singhs Reich einsickern. Sie schufen Fakten: Kaschmir gehörte Pakistan! Singh bat Indien um Hilfe. Die indische Regierung hatte zuvor schon Pläne für eine Luftbrücke ausgearbeitet und schickte nun eine Eliteeinheit, um die Pakistaner aufzuhalten. Im Gegenzug erklärte Singh sich bereit, auf Unabhängigkeit zu verzichten und seinen Staat gegen den Willen seines Volkes Indien anzuschließen.

Zwischen Indien und Pakistan kam es zum ersten Krieg. Ein Jahr lang standen sich die beiden neuen Staaten feindselig gegenüber. Indien gelang es mit gigantischem logistischem Aufwand, die pakistanischen Truppen größtenteils zurückzuschlagen. Am Ende gehörte ein Teil Kaschmirs zu Pakistan, der größere Part aber zu Indien. Die Grenze verläuft durch Dörfer und Familien. Das für seine Schönheit berühmte Kaschmirtal liegt auf indischem Territorium. Pakistan gab seinem Teil den Namen »Azad Kashmir«, also »Freies Kaschmir«.

Indien und Pakistan riefen die Vereinten Nationen an, die eine Volksabstimmung über die Zukunft der Provinz anregten. Zuvor sollte Pakistan jedoch seine Truppen aus dem von ihm besetzten Gebiet entfernen. Pakistan lehnte das ab, aus Angst, Indien würde die Gunst der Stunde nutzen und sich auch noch dieses Territorium einverleiben. Die Regierung in Karatschi argumentierte, dass die Tatsache einer muslimischen Bevölkerungsmehrheit in Kaschmir, das Engagement der Vereinten Nationen sowie die Bereitschaft Indiens, ein Plebiszit zuzulassen, dafür sprächen, dass Kaschmir in Wahrheit vollständig Pakistan gehöre. Indien wiederum betonte, Hari Singh habe eine völkerrechtlich bindende Entscheidung zugunsten Indiens getroffen.

Zu einer Volksabstimmung kam es nie. Niemand ahnte, dass mit der Spaltung Kaschmirs die Keimzelle für jahrzehntelangen Unfrieden, für weitere Kriege, atomare Aufrüstung und islamistischen Terror gelegt war.

Meine Familie war 1947 nach Karatschi, in den neuen Staat Pakistan ausgewandert, wo viele indische Einwanderer sich niederließen und den Grundstein für eine Millionenmetropole legten, für die größte Stadt Pakistans. Pakistan war für sie die Hoffnung, in einem Land zu leben, wo sie nicht wegen ihrer Religion diskriminiert wurden.

Aber es ging bergab. Die lokalen Großgrundbesitzer hatten die indischen Einwanderer und ihre Muslimliga von Anfang an kritisch beäugt, sie aber erst einmal gewähren lassen. Die feudalen Herren verstanden unter Politik, ihre größtenteils ländliche Gefolgschaft zu versorgen, mit Posten, Jobs und Geld – ein Verständnis, das kaum zusammenpasste mit dem Anspruch der urbanen Muslimliga, politische Vertretung aller Muslime zu sein. Feudale Strukturen waren ihr fremd. Seit dem Tod Jinnahs verlor sie kontinuierlich an Einfluss, ihr fehlte eine neue integrierende Figur. Keine der politischen Persönlichkeiten, die Jinnah folgten, hinterließ bleibenden Eindruck, an ihre Namen erinnert sich kaum noch jemand.

Diejenigen, die wie meine Familie ihr altes Leben in Indien zurückgelassen hatten, um einen Neustart in Pakistan zu wagen, waren bald enttäuschte Außenseiter in ihrem neuen Land.

Das starke Militär

Mit der Teilung Britisch-Indiens wurde auch die Armee aufgeteilt. Pakistan erhielt ein Drittel der Soldaten, obwohl es nur ein Sechstel der Einkünfte hatte. Von Anfang an war das Land somit militärisch über seine Verhältnisse ausgestattet.

Wegen des Kaschmirkonflikts waren die Regierenden in der damaligen Hauptstadt Karatschi überzeugt, man müsse die Streitkräfte sogar weiter vergrößern. Sie wurden zu einer so starken Kraft, dass es nur eine Frage der Zeit war, bis die Generäle irgendwann selbst die Macht im Land übernehmen würden. Inzwischen hat Pakistan die sechstgrößte Armee der Welt, hinter China, den USA, Russland, Nordkorea und – das größte Übel aus pakistanischer Sicht – Indien.

Während die politischen Parteien, die sich nach und nach bildeten, nichts anderes waren als Machtinstrumente der Großgrundbesitzer- und Industriellenfamilien, aus denen sich auch ihr Spitzenpersonal rekrutierte, war der personelle Bedarf der Armee so groß, dass sie keine Rücksicht auf die Herkunft ihrer Soldaten nehmen konnte. Das Militär entwickelte sich zu einer Einrichtung, in der Menschen es unabhängig vom sozialen und familiären Hintergrund mit Fleiß und durch Leistung bis ganz nach oben schaffen konnten. Plötzlich hatte selbst der arme Landarbeitersohn eine Chance.

»Wir waren und sind, das muss man leider so sagen, die einzige nicht korrupte Institution in diesem Staat«, erzählte mir ein pakistanischer General stolz bei einem Glas Whisky. In Pakistan ist Alkohol verboten, aber der Mann hatte offensichtlich seine Quellen. Er hatte seine Offiziersausbildung unter anderem in Großbritannien absolviert. »Die Zahl der Fälle von Offizieren, die Schmiergelder angenommen haben, ist sehr, sehr überschaubar. Jedem Soldaten ist klar, dass Korruption ein Ende der Karriere zur Folge hat. Bei uns zählen Ehrlichkeit, Leistung und Disziplin.«

»Nicht Einheit, Glaube, Disziplin, wie es Jinnah vorgegeben hat?«

Der General lächelte.

»Einheit schon, Disziplin ganz sicher. Nur beim Glauben gehen die Meinungen innerhalb des Militärs auseinander. Es gibt sehr gläubige Offiziere und weniger religiöse.« Er nahm seinen Whisky und prostete mir zu. Es sollte ein Statement sein.

Sein Arbeitszimmer, in dem wir saßen, war holzvertäfelt, mit knarrendem Fußboden und einem Kamin, von dem man sich im Sommer, bei Temperaturen über vierzig Grad nicht vorstellen konnte, dass man ihn im Winter tatsächlich benötigte. An den Wänden hingen alte Schwarzweißfotos: der General als junger Soldat mit britischen Kameraden; der General auf Jagd; der General mit pakistanischen Regierungspolitikern. Ich saß ihm an seinem Schreibtisch gegenüber, in seiner weiß getünchten Villa in der Garnisonsstadt Rawalpindi, nur wenige Hundert Meter vom Armeehauptquartier entfernt, dem eigentlichen Machtzentrum Pakistans. Der Rasen war frisch gemäht. In den Beeten blühten Blumen in allen möglichen Formen und Farben. Durchs Fenster sah man, wie ein Gärtner hier und da etwas zurechtstutzte.

Wir befanden uns im Cantonment, wie die Armeeviertel in allen Städten genannt werden, wo die Offiziere mit ihren Familien, aber auch rangniedrige Soldaten leben.

Rawalpindi ist zu groß, zu laut, zu dreckig. Aber im Cantonment sind die Straßen sauber, die Grünstreifen geschnitten, die Bäume gerade wie strammstehende Soldaten, ihre Stämme sogar weiß gestrichen, als trügen sie Gamaschen. Dazwischen stehen ab und an alte, ausgemusterte Panzer, auch indische, die man nach einem erfolgreichen Gefecht erbeutet hat, außerdem Vorzeigestücke der Artillerie und Raketen als phallische Zeichen der militärischen Potenz.

Zumindest äußerlich leben die Offiziere in einer anderen Welt als der Rest der Bevölkerung, und man ahnt, dass sie es auch in ihren Köpfen tun. Alle paar Hundert Meter verlautbaren auf diesem vaterlandstreuen Terrain blaue Schilder mit weißer

Aufschrift: »Love Pakistan« oder »Our Country, Our Pakistan«. Offensichtlich will man Besucher daran gemahnen, ihren Patriotismus nicht zu vergessen. Die hier lebenden Offiziere haben solche Erinnerungen gewiss nicht nötig.

Es ist der Schein einer schönen, heilen Welt, den sich die Herren Offiziere aufrechterhalten, ein Gegenentwurf zum restlichen Pakistan. Sie glauben ernsthaft, sie könnten das ganze Land in ein Cantonment verwandeln. Gestus und Habitus besagen: Wenn wir könnten, wie wir wollen, wären alle Probleme schnell gelöst.

Verwandte von mir waren beim Militär, auch sie betonen, wie unkorrumpierbar und wie ordentlich es dort zugeht, eben anders als im Rest der Gesellschaft.

Man merkt den Offizieren an, dass sie sich für eine besondere, eine elitäre Klasse halten, für eine große Familie, viele für die besseren Patrioten, manche für die besseren Menschen gar. Und immer wieder: Wir sind nicht korrupt, im Gegensatz zu all den anderen.

Aber wen wundert's?

Ein Polizist oder ein Verwaltungsbeamter in Pakistan bekommt eine magere Pension, die meisten Menschen erhalten gar keine Rente, sondern sind auf familiäre Hilfe und auf Ersparnisse angewiesen. Soldaten dagegen ist eine üppige Altersversorgung sicher. Insbesondere Offizieren geht es nach Dienstende gut. Sie können verbilligt Grundstücke kaufen, bekommen sie in bester Lage oft auch kostenfrei gestellt, ebenso ein Haus, dazu Personal, das sich um die Haushaltsführung kümmert. Je nach Dienstgrad reicht es dabei vom einfachen Einfamilienhaus bis zur repräsentativen Villa mit großzügigem Garten. Die Militärkrankenhäuser mit den besten Ärzten des Landes stehen ihnen kostenfrei zur Verfügung. Pensionierte Generäle spielen Golf, besuchen Gesellschaftsclubs, treffen sich mit ihren alten Kameraden zum Bridge, schreiben mit Vorliebe Kolumnen in Tageszeitungen und besuchen Diskussionsveranstaltungen, wo sie leidenschaftlich und ausführlich ihre Sicht der Dinge darlegen. Viele finden dank ihrer guten Kontakte hoch dotierte Jobs in der privaten Wirtschaft oder in staatlichen Unternehmen.

Soldaten haben es überhaupt nicht nötig, korrupt zu sein – sie bedienen sich ganz legal und ermöglichen sich auf Staatskosten ein angenehmes Leben. Um sich einen vergleichbar komfortablen Lebensstandard leisten zu können, müssen Politiker, Richter, Beamte, Angestellte sich schon einiges einfallen lassen. Und das mündet meist in Korruption.

So stolz kann die Armee dann doch nicht auf sich sein, nicht wahr, Herr General?

Er stand auf und ging zu einem Eckschrank, der sich als gut sortierte Bar herausstellte. »Was möchten Sie trinken? Bei solchen Fragen brauche ich einen Drink mehr als üblich.«

Er erzählte dann, dass letztlich die Briten an allem schuld seien. »Sie haben die Cantonments gegründet, sie wollten, dass das Militär getrennt von der restlichen Bevölkerung lebt und arbeitet, damit es sich nur um militärische Angelegenheiten kümmert und sich nicht mit Politik oder anderen gesellschaftlichen Belangen befasst. Wir haben diese Struktur geerbt von den Briten, aber dann geschah das Gegenteil: Anstatt sich nicht in die Politik einzumischen, wurde die Armee zum wichtigsten politischen Akteur überhaupt.«

Den Streitkräften sei nichts anderes übrig geblieben, weil die zivilen Politiker des Landes, die Nachfolger Jinnahs, »so furchtbar unfähig waren«, sagte der General. Die Armee schaute anfangs tatenlos zu. Die ersten beiden Chefs der pakistanischen Armee waren Briten, London war von der pakistanischen Regierung gebeten worden, der noch jungen Armee erfahrene Offiziere zur Verfügung zu stellen. Sie hielten sich an die Regel, dass Militärs sich nicht in die Politik einmischen dürfen.

»Gott sei Dank hatten wir Ayub Kahn«, sagte der General. Er war der dritte Armeechef und der erste Pakistaner in dieser Position: General Ayub Khan, ein charmanter, gut aussehender Mann, der seine Offiziersausbildung an der britischen Militärakademie in Sandhurst genossen hatte und westlich orientiert war. Er war zwar Muslim, hielt aber wenig von einer Vermischung von Religion und Politik. Khan war überzeugt, dass viele Politiker die Religion nur als Machtinstrument missbrauchen wollten. Deshalb befürwortete er einen säkularen Staat. Als Vorbild nannte er immer wieder Mustafa Kemal Atatürk, Gründer der Republik Türkei.

Doch in den Anfangsjahren ging es drunter und drüber. Der Streit um Kaschmir war nicht das einzige Problem, auch zwischen West- und Ostpakistan gab es Reibereien. Der Westen war geografisch größer und wirtschaftlich stärker, aber der Osten, Bengalen, hatte eine größere Bevölkerung und damit, sollte es demokratisch zugehen, das Sagen. Niemals wollte der Westen sich vom Osten etwas vorschreiben lassen! Auch deshalb hatte Demokratie es von Anfang an schwer, allzu viele Anhänger zu finden.

General Khan hatte das Chaos, die ewigen Streitereien und das zähe Ringen um Gesetzestexte satt. 1956, nach jahrelangem Hin und Her, einigten die Politiker sich zwar endlich auf eine Verfassung. Aber sie stritten weiter über anstehende Wahlen. Die meisten Politiker waren bemüht, ihre Taschen zu füllen. Um das Volk scherten sie sich nicht. Gleichzeitig gab es in der Kaschmirfrage keine Fortschritte.

Im Herbst 1958 verständigte er sich mit Präsident Iskander Mirza, das Kriegsrecht auszurufen. Mirza glaubte, Khan wolle mit Hilfe des Militärs für Ordnung sorgen. Er sah keine Bedrohung für sich selbst – und täuschte sich gewaltig. Drei Wochen später setzte Khan den Präsidenten ab, schickte ihn ins Exil nach England und erklärte sich selbst zum Herrscher von Pakistan.

Khan wusste eine riesige Armee hinter sich, mächtig geworden auch durch Hilfe der USA, die diese große Streitkraft im Kampf gegen den Kommunismus auf ihrer Seite haben wollten. Er hatte den Willen, das Land zu regieren, und er war überzeugt, es besser zu machen als die zivilen Politiker. Gerade einmal elf Jahre alt, hatte Pakistan seinen ersten Putsch, seinen ersten Militärdiktator. Die Armee sollte von nun an die mächtigste Institution im Land bleiben.

Waren die demokratisch gewählten zivilen Regierungen besser als die Militärherrscher, die sich an die Macht putschten? Ich fragte meine Verwandten in Pakistan oft, und die Antwort lautete immer: nein. Meine Großeltern hatten gute Erinnerungen an Ayub Khan, unter dem die Wirtschaft Anfang der Sechzigerjahre aufblühte. Mein Großvater mütterlicherseits, ein Bauingenieur, kaufte sich sein erstes Auto, stellte einen Chauffeur ein und ließ stolz seine Kinder zur Schule bringen. Mein anderer Großvater baute sich und seiner Familie ein großes Haus. Es ging ihnen gut unter diesem Militärdiktator.

Khan zettelte 1965 einen Krieg mit Indien an, der noch im selben Jahr durch das Eingreifen der Sowjetunion mit der Friedenskonferenz von Taschkent beendet wurde. Die Kaschmirfrage jedoch blieb ungelöst. Und die pakistanische Wirtschaft brach in Folge dieses Krieges ein. Zudem nahmen die Probleme mit Ostpakistan zu. Der bengalische Politiker und ehemalige Studentenführer Mujibur Rahman verlangte immer größere politische und kulturelle Autonomie für seinen Landesteil. Unruhen brachen aus, es kam zu Ausschreitungen. Khan war gesundheitlich angeschlagen und politisch überfordert. 1969 trat er zurück und übergab das Präsidentenamt an General Yahya

Khan. Der setzte die Verfassung außer Kraft und verhängte das Kriegsrecht.

Unter seiner Herrschaft sollte eines der dunkelsten Kapitel in der Geschichte Südasiens geschrieben werden: die Abspaltung Ostpakistans und die blutige Geburt des Staates Bangladesch.

Besuch in Bangladesch

Ich fuhr nach Bangladesch, um mehr über diese Zeit zu erfahren. In der Hauptstadt Dhaka traf ich den dreiundsiebzigjährigen Veteranen Razaul Ahmad, der auf Seiten des bengalischen Widerstands gekämpft hatte. Ahmad kramte einen Ordner voller vergilbter Papiere aus einer Kiste. Er blätterte ein wenig darin, Staub wirbelte aus dem Bündel, er verharrte, betrachtete manche Dokumente eingehend, blätterte weiter. Dann fand er, was er suchte: einen Artikel, herausgerissen aus einer Zeitung, die Schrift inzwischen verblichen.

»Wenn Sie diese Zeilen lesen, werden die Menschen, über die ich hier schreibe, tot sein.« Mit diesen dramatischen Worten begann der britische Reporter und spätere Thriller-Autor Brian Freemantle im Sommer 1971 seinen Artikel von der indisch-ostpakistanischen Grenze. Die Geschichte erschien ein paar Tage später in der britischen Zeitung ›Daily Mail‹ und erzählte von der schrecklichen Lage vor Ort.

Razaul Ahmad sagte, er sei dabei gewesen, dort in den elenden Lagern voller Verletzter und Verhungernder. Hunderte Menschen seien vor seinen Augen verreckt.

Ahmad war Mitglied der Mukti Bahini, der bengalischen Befreiungsarmee, die die Unabhängigkeit Ostpakistans von Westpakistan erkämpfen sollte. »Wir haben gesiegt«, sagte er mit leiser Stimme, »aber zu welchem Preis?« Als ich ihn traf, lebte er in einer engen Wohnung am Stadtrand von Dhaka. Viele seiner einstigen Kameraden wohnen unter noch ärmlicheren Bedingungen in Siedlungen, die von der Regierung des damals neuen Staates Bangladesch für sie errichtet worden sind und aus denen sie es nie herausgeschafft haben.

Ahmad sagte, es habe alles schon schlecht angefangen: die Teilung des Subkontinents in Indien und Pakistan, das gespaltene Pakistan, mit zwei Staatsgebieten, die zweitausend Kilometer voneinander entfernt lagen, dazwischen Indien. »Allein das war zum Scheitern verurteilt«, sagte Ahmad. »Wie kann so ein Staat überleben?« Der Islam sollte die Brücke bilden, doch kulturell und ethnisch verband die beiden Teile nichts. Westpakistan war ein Vielvölkerstaat mit mehreren Sprachen (allerdings mit einer dominanten Provinz Punjab), im Ostteil dagegen lebten fast ausschließlich Bengalen, sie sprachen Bengali. »Aber das wurde nicht als offizielle Amtssprache anerkannt, obwohl in Ostpakistan mehr Menschen lebten als in Westpakistan. Der Westen dominierte uns, dort lag die Hauptstadt. Wir waren nur die lästigen Bengalen.« An der Entscheidung gegen Bengali als Amtssprache hatte sich der Widerstand gegen die westpakistanische Vorherrschaft entzündet, noch unter General Ayub Khan bekam die Unabhängigkeitsbewegung im Osten Auftrieb.

»Und dann kam dieser Idiot Yahya Khan«, sagte Veteran Ahmad. General Yahya Khan gilt den Bengalen noch heute als Inbegriff des Bösen. Gerne erzählt man sich Geschichten darüber, was für ein Frauenheld und Trunkenbold er war. Einmal soll er es versäumt haben, den Schah von Persien von einem Staatsbesuch in Pakistan zu verabschieden. Ein Bediensteter bat Khans Frau, ihn aus dem Schlafzimmer zu holen, wo sie ihn mit einer Schauspielerin erwischt haben soll.

Auch Yahya Khan gelang es nicht, die Situation zu beruhigen. Um die Gemüter zu besänftigen, versprach er Wahlen.

Mujibur Rahman und Yahya Khan wurden zu Gegenspielern. Bei der landesweiten Abstimmung gewann Rahmans Partei, die Awami Liga, eine überwältigende Mehrheit im Ostteil: einhundertsechzig von einhundertzweiundsechzig ostpakistanischen Parlamentssitzen. Zweitgrößte Kraft wurde, weit abgeschlagen, die westpakistanische Volkspartei PPP, angeführt von Außenminister Zulfikar Ali Bhutto. Sie erlangte einundachtzig der einhundertachtunddreißig Mandate, die dem Westen zustanden. Rahman hätte also eine gesamtpakistanische Regierung bilden können.

Doch Khan und.Bhutto wollten das auf keinen Fall zulassen. Sie schlugen Rahman eine Machtteilung vor, die der ablehnte. Daraufhin sagte Khan die konstituierende Parlamentssitzung Anfang März 1971 ab und flog mit seinem Außenminister zu Gesprächen nach Dhaka, der größten Stadt Ostpakistans – wohl wissend, dass es angesichts des klaren Wählervotums nichts zu besprechen gab. Gleichzeitig befahl er dem Militär, sich auf einen Krieg vorzubereiten, sollte Rahman nicht einlenken. Der beharrte auf seinem Wahlsieg und rief die ostpakistanische Bevölkerung auf, für ein unabhängiges Bengalen zu kämpfen.

»Es kam, wie es kommen musste«, sagte Ahmad. »Rahman wurde verhaftet und das pakistanische Militär eröffnete am 25. März 1971 den Krieg, den wir Überlebenden nie mehr vergessen werden.« Eine Regierungskommission sollte später feststellen: »Es war, als habe man ein grausames Biest plötzlich losgelassen, das vorher angekettet und völlig ausgehungert war.« Der Unabhängigkeitskrieg hatte begonnen.

Tausende von Menschen wurden erschossen und niedergemetzelt, die pakistanische Armee nahm mehr als zwanzigtausend Frauen als Kriegsgefangene und zwang sie, in Bordellen den Soldaten gefügig zu sein. »Es gab einen berühmten Freiheitskämpfer, auf den die Armee ein riesiges Kopfgeld ausgesetzt hatte. Beim Sturm auf sein Haus fand man nur seine vier Monate alte Tochter«, erzählte Ahmad. »Ein Soldat schleuderte das Kind auf den Boden und trat es zu Tode.« Eine von Tausenden Geschichten über die Grausamkeiten des Krieges von 1971. Angesichts dieser Gräuel bildete sich ein schnell anschwellender Flüchtlingsstrom in Richtung Indien. Etwa zehn Millionen Menschen flohen dorthin. Premierministerin Indira Gandhi machte sofort deutlich, dass Indien nicht bereit wäre, die Flüchtlinge dauerhaft aufzunehmen. Für Neu-Delhi, ohnehin von der Sowjetunion unter Druck gesetzt, in den Konflikt militärisch einzugreifen, war der Exodus ein Anlass zum Einschreiten.

Die ›New York Times‹ kritisierte, das »Schweigen Washingtons angesichts der aktuellen Ereignisse in Pakistan« sei »zunehmend unverständlich«. Doch die amerikanische Zurückhaltung hatte einen Grund: Pakistan war Partner sowohl der USA als auch Chinas, und Yahya Khan bot sich als Vermittler zwischen den beiden zerstrittenen Mächten an. Es war Pakistan, das den Weg zu dem historischen Treffen zwischen Richard Nixon und Mao Zedong ebnete, dem ersten Staatsbesuch eines US-Präsidenten in China. Entsprechend zurückhaltend war Nixon, Pakistan wegen des brutalen Vorgehens in Ostpakistan zu kritisieren.

Umso heftiger war die Kritik aus den Reihen von Künstlern. George Harrison von den Beatles organisierte im August 1971 ein »Concert for Bangladesh« in New Yorks Madison Square Garden. In Deutschland hörte man später im Lied »Bangla-Desh« der jungen Schlagersängerin Juliane Werding vom Schicksal der Bengalen.

Nach offiziellen Angaben der pakistanischen Regierung starben während dieses Krieges sechsundzwanzigtausend Menschen – eine absurd geschönte Zahl. Neuere, realistische Schätzungen von unabhängigen Wissenschaftlern sprechen von bis zu drei Millionen Todesopfern.

Die militärische Hilfe Indiens rettete die bengalische Befreiungsarmee vor einer Niederlage. Als klar war, dass Pakistan diesen Krieg verlieren und Ostpakistan ein unabhängiger Staat werden würde, entschloss sich die pakistanische Armee zu einem grauenvollen Schritt: Dieser neue Staat sollte wenigstens seiner Elite beraubt werden. Am 14. Dezember 1971 zogen pakistanische Soldaten durch die Städte, trieben Wissenschaftler, Lehrer, Anwälte, Richter, Schriftsteller, Journalisten, Künstler und Studenten zusammen und erschossen sie. Tausende Intellektuelle wurden bei einem der grausamsten Kriegsverbrechen des vergangenen Jahrhunderts ermordet.

Zwei Tage später unterschrieb Pakistan die Kapitulationserklärung. Weitere vier Tage später, am 20. Dezember 1971, trat General Khan gezwungenermaßen zurück. Bhutto übernahm das Amt des Präsidenten, ausgerechnet er, der als Außenminister die Katastrophe mit zu verantworten hatte. Seine Partei, die linke PPP, wurde im Jahr darauf zur stärksten Kraft gewählt.

Was aussah wie der hoffnungsvolle Beginn einer demokratischen Kultur in Pakistan, sollte sich als Episode herausstellen. Es war der Beginn einer Entwicklung, die Pakistan zu einem gefährlichen, von religiösen Fanatikern dominierten Land werden ließ. Bhutto war zwar demokratisch gewählt, regierte aber mit herrischer Attitüde, oft wie ein Diktator, wie mein SPIEGEL-Kollege Pfeffer zu spüren bekam, als er aus dem Land geworfen wurde.

GOTTES WILLIGE SCHÜLER

Der Monsun im Sommer 2010 begann unheilvoll. Wie jedes Jahr wurden die Menschen in der unerträglichen Hitze Tag für Tag ungeduldiger, wie jedes Jahr kam es ihnen so vor, als ließe der Regen ewig auf sich warten. Es war doch schon Ende Juli, wo blieb die Erlösung? Die Bauern trieb die Sorge um, es könnte zu wenig regnen, und die Felder würden verdorren. Dabei reichte es doch so schon kaum zum Leben.

Die Großgrundbesitzer, klar, würden ihren Gewinn abschöpfen. Sie waren reich und mächtig und mussten sich keine Sorgen machen. Aber die kleinen Bauern und Landarbeiter, die einen Acker zugewiesen bekommen hatten und deshalb einen Teil der Ernte abliefern mussten, für sie würde zu wenig bleiben.

Wochenlang hatten sie gebetet, dass der Monsun einsetzen möge. Und dann kam er. Die Menschen jubelten.

Ich saß auf der überdachten Veranda. Dicke Tropfen prasselten auf die Erde, auf der Straße vor unserem Haus bildeten sich Pfützen so groß wie Teiche. Ein paar Kinder sprangen barfuß darin herum.

Ich hörte ein Flugzeug über unser Haus fliegen, sah es aber in der tiefen, dichten Wolkendecke nicht. Die Maschine war ungewöhnlich laut und musste daher extrem tief fliegen, dem Lärm nach zum Greifen nah. Was machte die hier? Der Flughafen lag doch in der anderen Richtung, wir wohnten am Fuße der Berge, in der Flugverbotszone. Na, der Pilot wird schon wissen, was er tut, dachte ich und ging ins Haus.

Ein paar Minuten später lief die Eilmeldung in den Fernseh-

sendern: Ein aus Karatschi kommender Airbus A321 der privaten pakistanischen Fluggesellschaft Air Blue mit 152 Menschen
an Bord war in die Margalla-Hills gekracht. Für eine kurze Zeit,
als der Regen ein paar Minuten aufhörte und die Wolken sich
lichteten, war der aufsteigende Rauch in der Stadt weithin sichtbar. Aber dann prasselten die Wassermassen wieder vom Himmel. Die Bergungsarbeiten gestalteten sich schwierig, denn die
Maschine war in einen steilen, dicht bewaldeten Hang geflogen,
wo es keine Wege gab. Es dauerte Tage, bis alle Toten gebor-
gen waren, niemand hatte überlebt. Als Grund für das Unglück
wurden zunächst der heftige Regen und die schlechte Sicht
angegeben, aber das erschien angesichts der Navigationsgeräte
und der Warnanlagen an Bord unwahrscheinlich. Schon
kursierten Verschwörungstheorien: Jemand sagte mit ernstem
Blick in die Fernsehkamera, er habe gesehen, wie eine Rakete
das Flugzeug getroffen habe, abgeschossen aus der Richtung, in
der sich die US-Botschaft befindet.

Ein Bericht der Luftfahrtbehörde nannte nicht nur die
schlechten Wetterverhältnisse als Ursache, sondern gab die
Schuld auch dem sehr erfahrenen Flugkapitän. Der hatte den
jungen Copiloten während des ganzen Fluges »mit harschen
Worten und in arrogantem Ton« bearbeitet und ihn auf diese
Weise eingeschüchtert. Als das Flugzeug auf die Berge zusteuer-
te und der Bordcomputer Alarm gab, ignorierte der Pilot nicht
nur den schrillen Ton des Computersystems, sondern auch
eindringliche Warnungen seines Kollegen. Die Folge war das
schwerste Flugzeugunglück in der Geschichte Pakistans.

Als weinte der Himmel, hörte es nicht mehr auf zu regnen.
Die Straßen standen unter Wasser, vor allem in den ärmlicheren Vierteln, wo es keine Kanalisation gibt und nichts abfließen
kann. Arshad, unser Koch und Haushälter, rief mich an und
sagte, er könne nicht zur Arbeit kommen, sein Haus sei voll-

gelaufen. Ich machte mich sofort auf den Weg zu ihm. In der Christian Colony stand das Wasser mehr als einen Meter hoch in den Gebäuden. Arshad und seine Familie hatten einen Fernseher auf das Dach gebracht und andere Dinge, die ihnen wichtig waren. Aber es ging so schnell, dass für vieles keine Zeit mehr blieb. Decken, Kissen, Möbel, der Kühlschrank, all das stand im schlammigbraunen Wasser.

Der Monsunregen ist üblicherweise kurz und heftig, er fällt wie aus Kübeln, als wolle jemand das wochenlange Warten auf Regen innerhalb von Sekunden wiedergutmachen. Aber diesmal regnete es ununterbrochen in dieser Stärke.

Die Freude der Bauern wich der Furcht. Statt »Gott sei Dank« sagten sie nun, es möge aufhören zu regnen. Inschallah, so Gott will.

Aber Gott wollte nicht. Es kamen beängstigende Nachrichten aus dem Norden: Die Flüsse, ohnehin schon durch das Schmelzwasser vor Kraft strotzend, schwollen an, traten über die Ufer. Sie rissen ganze Dörfer mit sich. Ich machte mich mit Sajid, dem Fahrer, auf den Weg ins Swat-Tal, um von dort zu berichten. Manche Orte waren von der Welt abgeschnitten, weil die einzige Brücke weggespült worden war. An manchen Stellen stand am Abgrund eines Steilufers nur noch ein halbes Haus, die Front wie abrasiert. Der Boden konnte jederzeit wegbrechen, es war, als löse die Erde sich auf. Trotzdem lebten in den Ruinen Menschen. Ich sah Frauen, die in den braunen Fluten Geschirr spülten, und eine Familie, die eine alte Badewanne als schwimmenden Behälter für Lebensmittel nutzte.

Als wir in einem zerstörten Dorf hielten, kamen Kinder auf mich zugelaufen und baten mich, ihnen meine Flasche Mineralwasser zu überlassen. Ich reichte sie ihnen und holte zwei weitere aus dem Auto, meinen Vorrat. »Wir haben nichts zu trinken«, sagte ein Junge. Überall war Wasser, aber es fehlte an Trinkwasser. Ich ärgerte mich, dass ich nicht daran gedacht hatte, das Auto mit Wasserflaschen vollzuladen.

Weite Teile des Landes waren verwüstet und versanken im Schlamm. Die Abflüsse waren verstopft, mit Schlamm, Sofas, Schränken, Autos, Bäumen, Leichen.

Allmählich zogen die Wolken von Norden nach Süden. Dort hätte man sich wenigstens vorbereiten können auf die Wassermassen. Aber nichts geschah. Entweder bekam man von den Ereignissen im Norden nichts mit oder man wollte nicht wahrhaben, dass die Regenfront nach Süden zog, oder man vertraute, wie so oft, auf Gottes Hilfe.

Erste Verschwörungstheorien machten die Runde. Es hieß, mächtige Großgrundbesitzer, darunter viele Politiker wie Präsident Zardari, hätten ihre Ländereien abgesichert, indem sie Dämme bauen und Kanäle graben ließen, die das Wasser auf das Land der weniger einflussreichen Nachbarn umleiteten. Zardari traute man alles Böse zu, und so wurde auch das als wahrscheinlich hingenommen.

Die Regierung teilte mit, es handle sich um die schwerste Flutkatastrophe seit 1928, mehr als zwölf Millionen Menschen seien betroffen, viele davon seien jetzt ohne Obdach. Etwa eintausendachthundert Menschen seien ums Leben gekommen, in den Fluten ertrunken oder unter den Trümmern ihrer Häuser begraben.

Das Unheil kam mitten im islamischen Fastenmonat Ramadan. In den Flutgebieten fasteten die Menschen weiter. Sie tranken von Sonnenaufgang bis Sonnenuntergang nichts, aßen nichts, aber arbeiteten unermüdlich, um dem Wasser Einhalt zu gebieten, Trümmer zu beseitigen, Ordnung in dieses Chaos zu bringen.

Begegnungen im Überflutungsgebiet

Ich traf einen alten Mann in einem Dorf in der Provinz Khyber-Pakhtunkhwa, der mit Gebetskappe auf dem Kopf vor den Überresten seines Hauses saß und in den Himmel starrte. Die Flut hatte eine Wand und Teile des Dachs weggerissen, in dem Haus musste das Wasser mehr als einen Meter hoch gestanden haben. Schlammreste markierten die Höhe.

Er bedeutete mir mit einem Kopfnicken, ich möge mich zu ihm setzen, auf den Teppich, den er vor seiner Ruine ausgebreitet hatte. »Ich würde Ihnen gerne einen Tee anbieten, aber wir fasten«, sagte er.

Ich schüttelte den Kopf. Aber ich konnte mir nicht verkneifen, ihn zu fragen, warum er das tat. »Ihr sitzt hier, inmitten einer Katastrophe, und esst und trinkt nichts? Ist das nicht leichtsinnig und gefährlich? Gerade jetzt müsst ihr doch bei Kräften sein.«

Der Alte lächelte, und ich sah, dass er nur noch einen einzigen Zahn im Mund hatte. Nach einer Weile sagte er: »Mit der Flut will Gott, der Allmächtige, uns etwas sagen.«

»So? Was denn?«

»Er will uns bestrafen.«

»Aber wofür?«

»Dass wir keine guten Muslime waren. Dass wir ihm nicht immer gehorcht, sein Wort nicht geachtet, nicht genug gebetet haben. Wenn wir jetzt nicht fasten, machen wir alles nur noch schlimmer. Allah hat die Flut im Ramadan geschickt. Er will, dass wir jetzt fasten.«

Vielleicht war jetzt nicht der ideale Zeitpunkt, um eine Diskussion über Religion zu beginnen, aber da der Alte nicht den Eindruck machte, als wolle er sich irgendwelchen Aufräumarbeiten widmen, dachte ich mir, ich nutze die Gelegenheit, um ein paar grundsätzliche Dinge anzusprechen.

»Darf ich Sie etwas fragen?«

Der Mann nickte.

»Lesen Sie den Koran?«

Er nickte.

»Auf Urdu?«

»Nein, im Original, auf Arabisch.«

»Sie können Arabisch?«

Er schüttelte den Kopf.

»Dann verstehen Sie also den Koran nicht. Sie lesen und rezitieren etwas in einer fremden Sprache. Sie glauben etwas, das Sie noch nicht einmal vom Wortsinn her verstehen. Doch was, wenn all das nicht stimmt, was Sie sagen? Wenn die Flut einfach eine Laune der Natur ist und das Dorf viel zu nah am Ufer gebaut wurde? Dann müsste die Konsequenz sein, dass Sie Ihr Haus nicht hier, an dieser Stelle, wieder aufbauen, sondern weiter landeinwärts, weg vom Flussbett. Und dann sollten Sie besser anfangen zu planen und zu bauen, anstatt zu beten und zu fasten.«

Er wirkte irritiert, aber es mischte sich darin Mitleid. Er lächelte.

»Sind Sie Muslim?«, fragte er.

Um es nicht unnötig kompliziert zu machen, sagte ich: »Ja.«

Der Islam ist, wie das Christentum und das Judentum, eine monotheistische Religion. Gott oder, auf Arabisch, Allah ist allmächtig, allwissend, allgegenwärtig. Er hat die Welt und alle Kreaturen, also auch den Menschen, erschaffen, und die Menschen müssen ihn – und nur ihn – anbeten. Gott entscheidet diesem Glauben zufolge alles, er entscheidet über Leben und Tod, ob jemand arm oder reich ist, gesund oder krank, glücklich oder unglücklich. Der Teufel, arabisch: Shaitan, versucht, den Menschen vom rechten Weg abzubringen. Nach dem Tod wird am Tag des Jüngsten Gerichts darüber befunden, ob man gottgefällig gelebt hat oder nicht. Danach richtet sich, ob der Weg ins Paradies oder in die Hölle führt. Für Ungläubige führt der Weg ohnehin direkt zur Hölle. All das steht im heiligen Buch der Muslime, im Koran. Dieses Buch ist das Wort Gottes. Der Erzengel Gabriel hat es dem Propheten Mohammed offenbart, in einer Höhle in Mekka. Die Araber waren zu seiner Lebenszeit eine Stammesgesellschaft, sie waren wild und brutal, lebten in der Wüste und beteten alle möglichen Götter an. Mohammed, glauben die Muslime, wurde die Aufgabe übertragen, ihnen den einen und wahren Gott nahezubringen, sie Gerechtigkeit und Moral zu lehren und die islamische Gemeinde zu begründen. Er wurde dafür von den einen geliebt, von den anderen angefeindet.

»Unser Prophet Mohammed, Friede sei mit ihm, hat Gottes Wort auf Arabisch gehört. Er hat es niedergeschrieben, Wort für Wort, ohne eine Silbe auszulassen oder hinzuzufügen«, sagte der Alte.

»Aber haben Sie wenigstens eine Übersetzung in einer Sprache gelesen, die Sie verstehen? Auf Paschtu oder Urdu?«

»Ich muss die Worte nicht verstehen, um ihre Wahrheit zu erfassen, ihre Schönheit und absolute Perfektion. Allahs Wege sind unergründlich. Ich muss ihn ehren und anbeten. Es genügt, wenn ich begreife, dass ich ein besserer Muslim werden muss.«

»Aber es gibt so viele Religionen auf der Welt. Woher wollen Sie wissen, dass der Islam die Wahrheit verkündet und nicht eine der anderen Religionen?«

Er guckte mich irritiert an und antwortete mit einer Gegenfrage: »In Deutschland sind die meisten Menschen Christen, richtig?«

Ich nickte.

»Und im Christentum glaubt man, dass Jesus der Sohn Gottes ist, richtig?«

Wieder nickte ich.

»Und man glaubt, dass …«

Er schloss die Augen, und sein Körper begann zu beben. Tränen begannen ihm über die Wangen zu fließen. Er lachte, erst leise, in sich hinein, dann brach es laut aus ihm heraus.

»Man … man … man glaubt wirklich, dass eine Jungfrau ihn …«

Wieder schüttelte er sich vor Lachen.

»… dass eine Jungfrau ihn geboren hat? Ganz ohne Mann? Und dass Gott der Vater sein soll?«

Er lachte noch eine Weile vor sich hin, dann beruhigte er sich.

»Bruder, man muss sich die anderen Religionen nur anschauen, dann weiß man, dass sie nicht die Wahrheit verkünden. Das Christentum ist eine Religion des Buches, wie der Islam, und wir Muslime respektieren das. Jesus ist auch in unserem Glauben ein Prophet, aber Mohammed war der letzte Prophet, der wichtigste. Und das mit dem Sohn Gottes und der Jungfrauengeburt, das geht nun wirklich ein bisschen zu weit. Ich glaube, da haben die Leute, die die Bibel geschrieben haben, etwas durcheinanderbekommen.«

Er brach erneut in Lachen aus. Dann erhob er sich, flinker, als ich es von diesem alten Mann erwartet hätte, und sagte, es sei an der Zeit für das Gebet. Er deutete eine Verbeugung an und verschwand zwischen den Häuserruinen, die einmal sein Dorf gewesen waren. Unerschüttert in seinem Glauben, ließ er mich ohne Antwort zurück.

Das islamische Jahr orientiert sich an den Mondphasen. Damit ist es etwa zehn Tage kürzer als das Jahr nach dem gregorianischen Kalender. Entsprechend beginnt der dreißig Tage dauernde Fastenmonat Ramadan, gemessen an unserer Zeitrechnung, jedes Jahr zu einem anderen Zeitpunkt. Ramadan im Sommer, bei Temperaturen über vierzig Grad, ist schwer erträglich. Ramadan im Sommer, mitten in einer Flutkatastrophe, wenn mit dem Wasser die Zerstörung, die Krankheiten, die Obdachlosigkeit, die Mückenschwärme kommen, ist eine lebensbedrohliche Herausforderung.

Doch die meisten Menschen, die ich während dieser Zeit in den Flutgebieten traf, fasteten. Sie alle glaubten, sie müssten es jetzt erst recht tun.

Ich verstand es nicht. Das Gespräch mit dem Alten hatte mich einer Antwort kein Stück näher gebracht. War das das Verhalten von Menschen, die sich den Fehler nicht eingestehen wollten, keine Schutzvorkehrungen für eine Flut getroffen zu haben? Waren sie unwillig, daraus zu lernen, neue Pläne zu fassen, nach geeigneten Grundstücken zu suchen und einen Neustart zu wagen? War es Angst oder Faulheit, einfach alles auf Gott und die Religion zu schieben? Oder verstand ich ihre Gläubigkeit nicht, ihr Vertrauen auf ein unabänderliches Schicksal? Konnte religiöse Ekstase wirklich harte Arbeit ersetzen?

Ein Nachbar des Mannes hatte unser Gespräch mitbekommen. Er unterbrach seine Arbeit an seinem eingestürzten Haus und kam herüber.

»Sie halten ihn für verrückt, oder?«

Er sprach Englisch, mit britischem Akzent. Unter seinen Augen waren dunkle Ringe, er wirkte ausgezehrt und sah müde aus. Seine zerschlissenen Hosenbeine hatte er hochgekrempelt, die schlammverkrusteten Füße steckten in Flipflops, die Finger waren durch die Feuchtigkeit schrumpelig. Vermutlich hatte er die vergangenen Tage ununterbrochen gearbeitet und versucht zu retten, was noch zu retten war.

»Seine Haltung ist für mich schwer nachzuvollziehen«, gab ich zu.

Mohammed Jamil war ein Buchhalter aus Birmingham, der

den nächsten Flug genommen hatte, nachdem er gehört hatte, dass auch das Dorf, in dem seine Eltern lebten, von der Katastrophe betroffen war.

»Von außen muss das seltsam wirken«, sagte er. Er zögerte, weiterzureden, dachte nach. »Sie dürfen nicht vergessen, dass die Menschen hier nichts anderes haben als ihren Glauben. Keine Perspektive auf ein besseres Leben.«

»Aber sagten Sie nicht gerade, dass Sie als Buchhalter in England arbeiten?«

Er lachte. »Doch, ich hatte Glück. Mir hat eine Hilfsorganisation ein Stipendium finanziert. Dieses Glück haben die allerwenigsten. Die Religion, das Versinken im Gebet, die Hoffnung auf Allahs Gnade ist alles, was wir haben.«

»Ich kann nachvollziehen, dass einem der Glaube wichtig ist, gerade in einer solchen Situation. Aber was ich nicht begreife, ist: Was nützt eine Religion, die ich sprachlich, also inhaltlich nicht verstehe?«

»Glauben und Verstehen sind zwei unterschiedliche Dinge.«

»Die meisten Muslime verstehen ja nicht einmal das Gebet, das sie sprechen, aber sie beten fünf Mal am Tag. Welchen Sinn macht das?«

Ich musste an das islamische Gebetsritual denken, Salaat genannt, das ich nie richtig gelernt hatte, obwohl ich einer schiitischen Familie entstamme. Aber meine Eltern sind nicht religiös, außerdem bin ich im protestantischen Norddeutschland aufgewachsen. Mit den einzelnen Abläufen hatte ich mich erstmals nach meinem Umzug befasst, weil ich gehört hatte, dass manche Gesprächspartner, insbesondere Extremisten, einen zum gemeinsamen Gebet einladen, bevor sie sich mit einem unterhalten. Auf diese Weise prüfen sie, ob jemand wirklich Muslim ist. Und da mein Name meine Wurzeln verrät und das Gebet zu den fünf Pflichten eines Muslims gehört, hielt ich es für eine gute

Idee, es zu lernen. Es ist ein Ritual, mit der Waschung, dem Ausrichten nach Mekka, dem Rezitieren der ersten Sure des Koran, der Verbeugung, dem Niederknien und Berühren des Bodens mit der Stirn. Es folgt einem System, und bei den fünf Gebeten – als Schiit muss man nur drei Mal am Tag beten – wiederholt man die einzelnen Teile des Rituals unterschiedlich häufig. Auch Jamil legte nun diesen mitleidvollen Blick auf. »Das Wort Islam bedeutet Unterwerfung. Der Mensch unterwirft sich Allah, dem Allmächtigen.«

Er machte eine Pause, um sicherzustellen, dass ich ihm folgen konnte. Ich nickte.

»Unterwerfung heißt, nicht nach dem Sinn zu fragen.«

Jamil lud mich in sein brüchiges Elternhaus ein. In einer Ecke stand auf dem Boden ein Gaskocher. Jamil bereitete Tee zu und reichte mir einen Becher. Dann warf er Samosas auf die Flamme, mit Gemüse gefüllte Teigtaschen, und reichte mir ein paar auf einer Serviette. »Aber lassen Sie uns hier drinnen bleiben. Es muss ja nicht jeder sehen, was wir machen.«

»Ist das nicht Sünde?«, fragte ich, um ihn zu provozieren.

»Es ist Gottes Wille«, antwortete er und grinste.

Damit war das Thema für ihn beendet, und er fing an, vom Regen zu sprechen und davon, dass sie nach einem neuen Grundstück suchten, etwas weiter weg vom Wasser.

Ich bin erstaunt, wie wenig die meisten Menschen ihren Glauben reflektieren, wie wenig sie nach Wissen, Erkenntnis, Weisheit oder auch Erleuchtung streben. Vielmehr erfüllen sie mechanisch irgendwelche Vorgaben und Pflichten und halten Regeln ein, deren Sinn sie nicht hinterfragen. Buchstabengetreue Koranauslegung scheint ihnen wichtiger als ein rationaler Diskurs.

Dabei habe ich auch einen anderen Islam kennengelernt. Überall im Land treffe ich zum Beispiel Anhänger von Sufi-Orden, Menschen, die verstehen wollen, voller Spiritualität, voller Neugier, voller Fragen. Asketen, die von so wenig leben, sich aber nichts wünschen und glücklich sind. *Qawwali*-Musiker und Derwische, die Gott durch ihre Kunst ehren und dabei eine ästhetische Welt erschaffen. Menschen, die für Argumente, Analyse und Intellekt stehen, nicht für blinde Frömmigkeit und Unterwerfung, und für die Religion ein inneres, subjektives Erlebnis ist, keine objektive Realität. Sie bewahren sich eine Atmosphäre der Neugier und Wissbegier, in der religiöse Texte nicht unantastbar sind.

Was nützt es, wenn der Prophet Mohammed sagt: »Güte ist ein Zeichen von Glauben. Wer nicht gütig ist, hat keinen Glauben«, man diesen Hadith aber nur auf Arabisch liest und den Ausspruch deshalb nicht versteht? Warum sagen einflussreiche Mullahs immer wieder, Übersetzungen seien verzichtbar, denn die Menschen müssten all das – Koranverse und Aussprüche – nur rezitieren, nicht verstehen? Einmal stellte ich diese Fragen einem Gelehrten in einem Sufi-Schrein. »Sie wollen verhindern, dass die Menschen klug werden, dass sie erkennen und verstehen. Sie sollen dumm bleiben und glauben, was man ihnen vorsetzt. Die Mullahs reden ihnen ein, sie wären ohne Moral und Ehre, wenn sie nicht glaubten, was sie sagen. So entsteht ein verängstigtes Volk. Die Mullahs wollen damit ihre Deutungshoheit sichern, ihre Macht«, antwortete er. »So wie die Gegner von Bibelübersetzungen im Mittelalter.«

Und wer ihrer Auslegung von Religion widerspricht, wird von Extremisten zum Schweigen gebracht. Immer wieder.

Terror im Namen Allahs

An einem warmen Abend im Juli 2010 saßen Menschen dicht gedrängt auf dem marmornen Boden eines Sufi-Schreins im Zentrum der Stadt Lahore. Die Fläche unter offenem Himmel war Gebets- und Schlafplatz, gewidmet einem vor tausend Jahren gestorbenen Sufi-Heiligen, ein Ort des Gebets und der Fürsorge. Die Dunkelheit war wie immer unerwartet schnell hereingebrochen, aber Halogenstrahler erleuchteten jetzt den Platz. Hier fanden sich die Hungrigen und Armen, die Bedürftigen und Trostsuchenden aus Lahore und Umgebung ein. Es roch nach Essen, nach Linsen, Kichererbsencurry und Fladenbrot. Rund um die Uhr gab es hier eine warme Mahlzeit und Wasser, kostenfrei für jeden, der um ein Essen bat.

Die Stimmung war ausgelassen unter den etwa tausend Männern, Frauen und Kindern, sie aßen, sangen, beteten, unterhielten sich. Plötzlich ein Knall. Es war ein Böller, aber die Menschen sind Bomben gewöhnt, sie erschraken. Später sagte die Polizei, einer der zwei Selbstmordattentäter habe ihn gezündet, um für Unruhe zu sorgen. Über Lautsprecher gab jemand durch, die Menschen sollten Ruhe bewahren, vermutlich sei nur der Stromgenerator im Untergeschoss explodiert.

Wenige Minuten später knallte es erneut. Mitten in der Menschenmenge sprengte sich ein Mann, den Augenzeugen auf Mitte zwanzig schätzten, in die Luft und riss die Menschen in seiner Umgebung mit in den Tod. »Körperteile flogen durch die Gegend, überall war Blut auf dem Boden«, sagte mir eine Frau, die den Anschlag mit nur wenigen Kratzern im Gesicht überlebt hatte. Jetzt brach erst recht Panik aus. Menschen drängten zum Ausgang, auf die Tribünen am Rande des Platzes, rutschten aus auf dem blutigen Marmorboden, stolperten, verletzten sich im Gedränge. Drei Minuten nach der Explosion zündete ein zweiter Selbstmordattentäter seine Sprengstoffweste. Etwa fünfzig Menschen wurden getötet, zweihundert verletzt. Es war ein Signal der Extremisten.

Es gab Dutzende solcher Signale in den Jahren, in denen wir in Pakistan lebten. So wie ein paar Wochen vor diesem Anschlag, als Taliban mit Pistolen, Handgranaten und Sprengstoffwesten zwei Moscheen der Ahmadi-Gemeinde attackierten, ebenfalls in Lahore. Erst schossen die Angreifer in die Menge, warfen Granaten und sprengten sich anschließend in die Luft. Mindestens siebzig Menschen starben an jenem Tag.

Zu der Tat bekannten sich die Taliban, sie warfen den Ahmadis vor, keine echten Muslime zu sein, weil sie Mohammed nicht als letzten Propheten anerkennen würden und an die Ankunft eines weiteren Propheten glaubten. Außerdem würden sie den Dschihad, den »heiligen Krieg« gegen Ungläubige, nicht unterstützen, sondern »gemeinsame Sache mit den Juden« machen, hieß es in einer Erklärung der Extremisten. Deshalb sollten sie Pakistan verlassen, andernfalls werde man sie ausrotten. »Der heutige Angriff ist nur der Anfang.«

Ahmadis sehen sich als Muslime, in Pakistan gelten sie aber als Häretiker, selbst die Verfassung von 1973 erkennt ihnen das Recht ab, sich Muslime und ihre Gotteshäuser Moscheen zu nennen. Extremisten fühlen sich deshalb dazu berechtigt, zu Gewalt gegen Ahmadis aufzurufen.

Aber warum folgen so viele Menschen solchen Appellen? Warum akzeptieren sie nicht, dass auch Minderheiten ihren Platz haben in Pakistan: Christen, Hindus, Sikhs und innerhalb des Islam auch Schiiten, Sufisten, Ahmadis und andere? Warum hängen in allen Regierungsgebäuden Porträts von Staatsgründer Jinnah, der ein säkulares Pakistan wollte, warum ehrt man einen Mann, dessen Ideale nicht wertgeschätzt werden? Warum hat die pakistanische Flagge – weißer Halbmond und weißer Stern auf grünem Untergrund – einen weißen Streifen am Rand, der die Minderheiten im Land symbolisieren soll, wenn immer weniger Raum für sie bleibt? Wozu diese Kosmetik, wenn die Radikalen vom Staat und von der Gesellschaft nicht in die Schranken gewiesen werden?

»Du übertreibst«, hörte ich immer wieder von pakistanischen Bekannten.»So schlimm ist es auch wieder nicht. Eine radikale Minderheit prägt das Bild von einer friedlichen Mehrheit.«

Ich bekam auch viele Leserzuschriften, manche freundlich, andere hasserfüllt, in denen mir vorgehalten wurde,»immer nur das Schlechte« zu sehen.»Der normale Pakistaner hinterfragt seinen Glauben, er rennt nicht blind hinter irgendwelchen Mullahs her«, schrieb mir jemand, der seinen Namen nicht nannte.

Freunde sagten oft:»Inschallah wird alles besser!«

Ich stritt mich jedes Mal mit ihnen.

»Wieso Inschallah? Was hat Gott damit zu tun? Ihr müsst doch eure Stimme erheben gegen die Radikalen! Ihr müsst auf die Straße gehen! Ihr müsst aktiv werden und diesen Leuten Einhalt gebieten!«

Einer sagte:»Das ist doch nur eine Redewendung und bedeutet so viel wie ›hoffentlich‹.«

»Ja, aber man kann noch so viel hoffen – wenn man nicht gegen Gewalt, gegen Unterdrückung und Intoleranz eintritt, ändert sich nichts.«

Schweigen.

Ich hatte nicht das Gefühl, dass ich gehört wurde. Meine Kritik kam nicht an.

»Du lebst hier nicht lange genug, du bist nicht von hier. Du verstehst das nicht«, sagte mir ein Bekannter.

Ich verstand es wirklich nicht.

Natürlich fragte ich mich regelmäßig, ob das, was ich schrieb, die Realität treffend abbildete.

Die Religion, das Gottvertrauen, die Inschallah-Mentalität haben gewiss etwas Beruhigendes und sind so etwas wie ein Anker in stürmischen Lebenssituationen. Es muss nicht alles bis ins Detail geplant, abgesichert, reguliert werden. Aber mir kommt es auch oft vor wie eine Ausrede für Untätigkeit und Gedankenlosigkeit.

Die Extremisten gewannen zwar in Pakistan bisher keine Wahlen, aber sie erobern mehr und mehr Herzen und Köpfe. Immer wieder werden Menschen der Gotteslästerung bezichtigt, oft mit fadenscheinigen Begründungen. Meist geht es um irgendwelche Streitigkeiten, in denen der Vorwurf der Blasphemie die schärfste Waffe ist, weil er den Beschuldigten in größte Not, oft in Lebensgefahr bringt. Der Militärdiktator Zia-ul-Haq hatte 1986 den Paragrafen 295-C ins Strafgesetzbuch schreiben lassen. Auf Beleidigung des Propheten Mohammed zum Beispiel steht seither die Todesstrafe. Zwar ist bislang noch niemand deswegen hingerichtet worden, aber es gibt viele Fälle von Selbstjustiz: Ein aufgebrachter Mob tötet den Beschuldigten im Namen Gottes.

Einmal der Blasphemie bezichtigt, bleibt nur die Flucht, das Untertauchen, die Hoffnung auf eine neue Existenz an einem anderen Ort, und zwar mit der gesamten Großfamilie, weil alle Familienmitglieder bedroht sind.

Wer jemanden einschüchtern will, muss ihm also nur mit einer Anzeige wegen Blasphemie drohen.

Das Blasphemiegesetz

Im November 2010 wurde die Feldarbeiterin Asia Bibi verurteilt. Die Christin war mit Kolleginnen in Streit geraten, dabei soll sie den Propheten beleidigt haben. Ich las in einer pakistanischen Tageszeitung eine Meldung über das Urteil, versteckt auf einer hinteren Seite, und fuhr in das Heimatdorf von Asia Bibi.

Ittanwali liegt im Osten Pakistans, in der Provinz Punjab. In dieser Region gibt es viele Dörfer, der Einfachheit halber sind sie nummeriert. Ittanwali ist »Dorf Nummer drei«. Hier lebten bis auf drei christliche Familien ausschließlich Muslime. Es ist ein armes Dorf, ohne Wasser- und Gasnetz, man nutzt eine Handpumpe am Brunnen und heizt und kocht mit Holz oder getrocknetem Kuhdung. Einmal am Tag kommt ein Gemüsehändler mit seinem Pferdewagen.

Ich traf ihren Schwager George Masih im Haus der Familie, einer Lehmhütte mit kleinem Hinterhof, wo Hühner herumliefen und eine Ziege angebunden war. »Jetzt ist es gekommen, wie wir befürchtet haben«, sagte Masih. Er saß auf einem Charpoy, einem hölzernen Bettgestell, im kargen Wohnzimmer. Die blau gestrichene Holztür zum Innenhof stand offen, Masih starrte auf den nackten Betonboden. Es war still im Haus von Asia Bibi, obwohl dort viele Menschen lebten, Kinder, Geschwister, Tanten, Onkel, Nichten und Neffen. Der Schock saß tief, sie redeten, wenn überhaupt, im Flüsterton. Nur die Ziege ließ ab und zu ein Meckern vernehmen. Jenes Tier, mit dem das Unheil begann.

George Masih blickte nun nach draußen. »Frauen streiten eben manchmal. Warum muss es jetzt so enden?«

Ein Gericht hatte Asia Bibi, Ehefrau von George Masihs älterem Bruder Ashiq, wegen Blasphemie zum Tod durch den Strang verurteilt.

Im Juni 2009 war die Achtunddreißigjährige mit ihren Kolleginnen in Streit geraten: Sie waren draußen auf dem Feld, pflückten Falsa, eine süßsaure asiatische Frucht. Es war ein heißer Tag, die Frauen hatten Durst. Asia Bibi, die eigentlich Asia Noreen heißt – Bibi ist nur eine Anrede –, ging nach Hause, um Wasser zu holen. Als sie zurückkam, weigerten die Frauen sich, davon zu trinken. Sie solle sich erst zum Islam bekennen, stichelten sie. Andernfalls sei das Wasser »unrein«. Asia Bibi soll geantwortet haben: »Wieso sollte ich? Jesus Christus ist für die Sünden der Menschen am Kreuz gestorben. Was hat Mohammed für die Menschen getan?«

Die Frauen gerieten in Rage, sie schubsten Asia Bibi, schlugen sie. Asia Bibi lief davon.

Fünf Tage nach dem Streit verlangte eine Gruppe von Männern, darunter der Dorfgeistliche Mohammed Salim, ein dreißigjähriger Mann mit langem Bart, dass Asia Bibi zur Strafe auf einem Esel durch den Ort geführt werden müsse. Die Polizei schritt ein, man brachte Asia Bibi stattdessen ins Gefängnis –
»zu ihrer eigenen Sicherheit«, wie man betonte. Sie kam in die Vollzugsanstalt von Sheikhupura, der nächsten großen Stadt vor den Toren der Millionenmetropole Lahore. Eineinhalb Jahre verbrachte sie in Haft. Es gab mehrere Gerichtsverhandlungen, bis zu jenem Urteil am 8. November 2010.

George Masih, der Schwager, zeigte auf die Ziege im Innenhof. »Der Streit hat doch schon viel früher begonnen«, sagte er, »nicht erst auf dem Feld.« Die Ziege gehöre Asia Bibi, und eines Tages sei das Tier ausgebüchst und habe aus dem Futtertrog des Nachbarn gefressen. »Sie kletterte in die Holzwanne, die daraufhin auseinanderbrach.«

Man hätte einen neuen Trog für vielleicht tausend Rupien, knapp zehn Euro, kaufen können. Oder man hätte das alte Ding mit ein paar Hammerschlägen reparieren können. Aber zwischen der Frau des Nachbarn und Asia Bibi entbrannte ein Streit.

»Sie hat meine Frau angeschrien und mit übelsten Worten beschimpft«, beschwerte sich der Nachbar, ein relativ wohlhabender Landbesitzer.

Auch andere Dorfbewohner sagten, Asia Bibi habe ein »ziemlich loses Mundwerk«.

Aber war das Grund genug, einem Menschen den Tod zu wünschen?

Die Frauen hockten am anderen Ende des Dorfes, sie hatten sich zum Tee getroffen. Es waren die, die das Wasser von Asia

Bibi nicht hatten trinken wollen. Sie wirkten nicht wie Fanatikerinnen, trugen keine Burka, nicht einmal Kopftuch. Als ich sie auf den Vorfall ansprach, verstummten sie.

Hat Asia Bibi wirklich Jesus über Mohammed gestellt? »Dazu ist alles gesagt«, erklärte eine der Frauen mit gesenktem Blick.

Habt ihr sie vorher nicht geärgert, sie immer wieder zum Islam zu bekehren versucht?

Schweigen.

Richter Naveed Iqbal, der Asia Bibi verurteilte, war kaum gesprächiger. »Es gab keine mildernden Umstände«, sagte er. »Asia Bibi wurde nicht zu Unrecht verurteilt.«

Woher nahm er diese Gewissheit?

»Es gab sehr viele Zeugen.«

Meinte er die Frauen aus Ittanwali? Hatten die nicht ihre eigenen Gründe, ihre Nachbarin anzuklagen?

Wieder Schweigen.

Auch der Dorfgeistliche Salim, der laut Polizei mit vielen Worten Druck gemacht haben soll, Asia Bibi festzunehmen und zu verurteilen, war plötzlich ganz schweigsam. Ein junger Mann, der sich als Geistlicher noch beweisen musste. Es überrasche ihn, dass der Fall weltweit für Empörung sorge.

»Was die Zeitungen über Asia Bibi schreiben, stimmt!«, behauptete er. Damit war für ihn das Gespräch beendet.

Dabei hatten die pakistanischen Zeitungen lange Zeit nichts geschrieben, nicht über die Festnahme und nicht über den Prozess. Zu oft gibt es solche Ereignisse. Erst als ausländische Journalisten durch das Todesurteil auf den Fall aufmerksam wurden, griffen auch die einheimischen Medien die Geschichte auf. Die Bundesregierung forderte die Regierung in Islamabad auf, den Straftatbestand der Blasphemie abzuschaffen und »dafür Sorge zu tragen, dass in Pakistan Menschen aller Glaubensrichtungen friedlich ihren Glauben leben können«. Aus aller Welt gingen Tausende von Protestbriefen bei der pakistanischen Regierung ein.

Schon oft waren Christen verfolgt worden, hatten Menschen christliche Viertel niedergebrannt. 1998 hatte sich der pakistanische Bischof John Joseph erschossen, aus Protest gegen die Unterdrückung von Christen.

Ich wunderte mich, warum das Parlament in Islamabad dieses rückständige Gesetz nicht einfach abschaffte, zumal mir mehrere Abgeordnete erklärten, sie seien überzeugt, dass die Mehrheit der Bevölkerung gegen den Blasphemieparagrafen sei. Warum stimmten sie dann nicht einfach dagegen?

»Weil wir dem Land noch mehr Terror ersparen wollen«, sagte mir ein Parlamentarier. »Diejenigen, die sich als Wortführer gegen das Blasphemiegesetz hervortun, stehen sofort auf der Abschussliste der Islamisten.«

Der damalige Staatspräsident, Asif Ali Zardari, hätte die Verurteilte begnadigen oder wenigstens öffentlich Stellung beziehen können. Aber er schwieg. Stattdessen mahnte die Regierung Journalisten zur Zurückhaltung, aus Angst vor Ausschreitungen und Protestaktionen.

In Gesprächen mit Politikern bekam ich aber auch den Eindruck, dass es nicht nur um die Furcht vor Unruhen oder um die Angst um das eigene Leben ging. Man sorgte sich auch um den Ruf Pakistans. Gerade jetzt, da das Land nach der Flutkatastrophe so sehr auf ausländische Hilfe angewiesen war, gerade jetzt, da die Europäische Union über Handelserleichterungen nachdachte, die der am Boden liegenden pakistanischen Wirtschaft Auftrieb geben könnten.

Nur zwei Politiker wagten es, sich öffentlich für Asia Bibi einzusetzen.

Zum einen der illustre Gouverneur der Provinz Punjab, Salman Taseer. Er war einer der schärfsten Kritiker von religiösem Extremismus und verlangte, dass die Verfassung überarbeitet werden und Ahmadis als Muslime anerkannt werden müssten.

Reich geworden war Taseer als Unternehmer. Seine Gegner betonten regelmäßig, dass er Alkohol trank und islamische Regeln missachtete. Sie machten ihm zum Vorwurf, dass er ein Lebemann war. Insgesamt sieben Kinder hatte er, drei aus erster Ehe, drei aus zweiter, außerdem einen Sohn aus einer Affäre mit einer indischen Journalistin, die, stellten seine Kritiker entrüstet fest, nicht einmal Muslimin war. Selbst gemäßigte Muslime äußerten sich deshalb abfällig über ihn.

Taseer besuchte Asia Bibi im Gefängnis und bat Präsident Zardari, einen politischen Freund, er möge die Frau begnadigen. Außerdem kritisierte er öffentlich das Blasphemiegesetz.

Ich habe Taseer nie getroffen, verfolgte aber mit Interesse seine Auftritte, da er eine Ausnahmeerscheinung in Pakistan war: Er machte keinen Hehl daraus, dass er Religion für etwas Privates hielt. Außerdem hatte sein unehelicher Sohn, Aatish Taseer, ein Buch veröffentlicht, in dem er seine schwierige Beziehung zu seinem biologischen Vater beschreibt.

Zum anderen engagierte sich der Minderheitenminister Shahbaz Bhatti, selbst ein Katholik, für Asia Bibi. Bhatti erzählte mir wenige Wochen nach dem Todesurteil in einem Hintergrundgespräch, wie furchtbar er das Blasphemiegesetz finde und dass es abgeschafft gehöre. »Aber das wird nicht möglich sein, dafür gibt es zu viele extrem religiöse Muslime, die das niemals zulassen werden.« Bhatti sagte, er könne nur versuchen, Regelungen zu schaffen, die den Missbrauch des Gesetzes eindämmten. Außerdem werde er dafür sorgen, dass Asia Bibi rechtlichen Beistand bekomme in der nächsten Instanz. Er müsse aber aufpassen, sich als Politiker nicht zu sehr in ein juristisches Verfahren einzumischen.

Am 4. Januar 2011 traf Salman Taseer sich mit Freunden am Kohsar-Markt, am nordöstlichen Stadtrand von Islamabad, wo es ein paar schöne Cafés gibt und Geschäfte, in denen man importierte Lebensmittel einkaufen kann. Taseer hatte zum Jahresbeginn im Internet gepostet:»Ich war unter riesigem Druck, in der Blasphemie-Geschichte in die Knie zu gehen. Abgelehnt. Und wenn ich der Letzte bin, der aufrecht steht. Friede, Wohlstand und Glück im neuen Jahr. Ich bin voller Optimismus.« Als Taseer an diesem 4. Januar zu seinem Wagen ging, löste sich ein stämmiger Mann aus der Gruppe seiner Leibwächter, zog seine Maschinenpistole und schoss auf den Gouverneur. Als er das Magazin leer geschossen hatte, ließ er die Waffe fallen, reckte sein Kinn und lächelte. Er hatte seinen Chef getötet, den er für einen Gotteslästerer hielt. Seine Kollegen, die zunächst untätig stehen geblieben waren, überwältigten ihn nun. Taseer lag auf dem Boden, mehr als zwanzig Geschosse hatten ihn getroffen, weil er sich mit mächtigen Gegnern angelegt hatte: der Bigotterie, dem Hetzertum, dem militanten Islamismus.

Im Monat darauf, Ende Februar 2011, traf ich Minister Bhatti erneut. Er wirkte niedergeschlagen und besorgt. Vor dem Gespräch bat er mich, das Aufnahmegerät auszuschalten. Er müsse sicherstellen, dass seine Worte nicht nach draußen drängen. Er fürchte um sein Leben.»Meine Freunde und ich kämpfen gegen die Unterdrückung von religiösen Minderheiten in Pakistan, aber wir müssen vorsichtig sein. Mehr denn je werde ich von Extremisten bedroht.« Zwischen den Zeilen ließ er anklingen, dass er den Rückhalt in der eigenen Regierung verliere. Die hatte kurz nach dem Todesurteil gegen Asia Bibi beschlossen, das Minderheitenministerium abzuschaffen und die Aufgaben an die Provinzen zu delegieren, weil das wirksamer sei.»Es wird nicht einfacher«, sagte Bhatti. Man lade ihn zu manchen Feiern nicht mehr ein, er habe das Gefühl, dass immer mehr Leute ihn meiden würden, seine Kabinettskollegen würden ihm Informationen vorenthalten.

Nicht einmal eine Woche nach unserem Gespräch, am 2. März 2011, knapp zwei Monate nach dem Attentat auf Salman Taseer, wurde auch Bhatti erschossen, vor dem Haus seiner Mutter in Islamabad. Die Mörder des einzigen Christen im Ministerrang in Pakistan wurden nie gefasst. Die pakistanischen Taliban, die Tehrik-i-Taliban Pakistan (TTP), bekannten sich zu der Tat mit der Begründung, Bhatti sei ein »Gotteslästerer« gewesen.

Ich sah im pakistanischen Fernsehen, wie Taseers Mörder zu seinem Prozess geführt wurde. Anwälte bewarfen ihn mit Rosenblättern, ein Zeichen der Ehrerbietung, viele boten an, ihn kostenlos zu verteidigen. Manche von ihnen kannte ich persönlich. Ich hatte sie für intelligente, weltoffene Menschen gehalten. Aber sie befanden für richtig, was Taseers Leibwächter getan hatte. »Er ist ein Held des Islam!«, sagte einer. »Wir verehren und feiern ihn«, erklärte ein anderer. Der Täter habe richtig gehandelt, Taseer habe den Tod verdient für sein »gottloses Verhalten«.

Auch in der Bevölkerung gab es Verständnis und sogar Zustimmung für den Mörder. Im Gefängnis wurde er von seinen Mitgefangenen als Vorbild gefeiert. Geistliche organisierten Kundgebungen zu Ehren des Mörders. Als Taseer einen Tag nach seiner Ermordung beerdigt werden sollte, weigerte sich der staatliche Vorbeter, ihm die erste Sure zu sprechen. Am Ende nahm ein Prediger aus Taseers Partei die Pflicht auf sich. Sein Freund, der damalige Staatspräsident Zardari, kam nicht zum Begräbnis. Aus Sicherheitsgründen, wie es hieß.

Asia Bibi sitzt bis heute in Haft. Im Oktober 2014 ist sie mit ihrem Versuch gescheitert, Berufung einzulegen. Ein Gericht in Lahore lehnte dies ab. Im Gerichtssaal saßen mehrere Männer, die das Urteil bejubelten. Der Dorfgeistliche Salim war auch darunter. Er bezeichnete die Gerichtsentscheidung als »Sieg für den Islam«.

Asia Bibis Familie ist aus Angst vor Lynchjustiz seit Jahren untergetaucht.

Niemand wagt es heute mehr, sich allzu kritisch über die Extremisten zu äußern oder gar die Abschaffung des Blasphemiegesetzes zu verlangen. Man muss sich gut vorsehen mit dem, was man sagt. Manche Menschen, die in der Vergangenheit zu laut kritisiert haben, mussten untertauchen, flüchten.

Die Politikerin Sherry Rehman, die sich allzu deutlich gegen das Blasphemiegesetz ausgesprochen hatte, erhielt Morddrohungen von den Taliban. Sicherheitshalber wurde sie von der Regierung aus dem Land gelobt und zur Botschafterin in den USA gemacht.

Die seltsame Vorstellung, alles Unislamische müsse ausgemerzt werden, verbreitet sich in Pakistan, ohne dass sich ihr etwas oder jemand entgegenstellt. Mir scheint, dass der Kulturkampf zwischen säkularen Aufklärern und extrem Religiösen entschieden ist. Die Weltlichen haben nichts mehr zu melden.

»Du siehst das alles zu pessimistisch«, sagte mir ein pakistanischer Bekannter.

»Nur eine kleine Minderheit ist so fanatisch«, behauptete ein anderer.

»Pakistan hat auch gute Seiten, warum schreibst du nicht darüber? Warum müsst ihr Journalisten immer alles nur negativ sehen?«, fragte wieder ein anderer.

»Die Unschuld der Muslime«

An einem Freitagnachmittag im Herbst 2012 saßen Janna und ich wieder einmal auf unserer Dachterrasse, als mit Stöcken und Knüppeln bewaffnete Männer an unserem Haus vorbeizogen.

Sie kamen über einen Pfad aus dem Wäldchen, das an unser Grundstück grenzte. Wir wussten nicht, wohin sie wollten. Aber sie waren auf Randale aus.

Wir hatten mit Krawall gerechnet. Die Einkäufe waren erledigt, das Tor zu unserer Auffahrt verriegelt. Die Regierung hatte der Bevölkerung für den 21. September einen freien Tag verordnet, einen »Tag des Ausdrucks der Liebe für den Propheten«. Die Menschen sollten die Zeit nutzen, um gegen ein auf You-Tube veröffentlichtes Video zu protestieren, das den Propheten Mohammed schmähte. Das sollte friedlich ablaufen, natürlich, wie die Regierung betonte.

Glücklicherweise beachtete uns niemand. Janna ging lieber ins Haus, als weiße und blonde Frau fiel sie auf. Wer weiß, auf welche Ideen diese Männer verfallen würden.

»Die Unschuld der Muslime« hieß dieses Video, eine bewusste Provokation, produziert von Nakoula Basseley Nakoula, einem in Kalifornien lebenden koptischen Christen ägyptischer Herkunft. Als Ausschnitte seines Films in verschiedenen Sprachen im Internet auftauchten, konnte man ahnen, wie schlimm es kommen würde. Muslime in aller Welt fühlten sich gedemütigt, aber in Pakistan lassen sich die Gemüter besonders leicht erregen. Das Video, das den Propheten als gewalttätigen, sexhungrigen Kinderschänder darstellte, sei »ein Angriff auf den Glauben von eineinhalb Milliarden Muslimen«, schimpfte der damalige pakistanische Premierminister Raja Pervez Ashraf. Er forderte vor Journalisten und Parlamentariern, die Menschen sollten auf die Straße gehen, das sei »religiöse Pflicht« aller Muslime. »Frieden, Toleranz und Harmonie stehen im Zentrum des Islam. Aber ein Angriff auf den Propheten, Friede sei mit ihm, ist inakzeptabel.«

Läden, Hotels, Restaurants, Tankstellen und Behörden in ganz Pakistan schlossen, nicht nur aus Protest gegen den

Film, sondern vor allem »aus Furcht, dass diese Idioten unseren Laden abfackeln, wenn wir nicht mitmachen«, wie mir ein Geschäftsmann sagte. »Dieser Zwangsfeiertag ist doch bescheuert«, urteilte ein Apotheker, dessen Laden üblicherweise vierundzwanzig Stunden am Tag geöffnet hatte. »Wir. werden praktisch gezwungen zu schließen. Ein Beamter war hier und hat uns dazu aufgefordert.« Schlimmer sei aber der gesellschaftliche Druck: »Wenn wir nicht zusperren, kommt womöglich irgendein Verrückter auf die Idee zu behaupten, wir würden in Wahrheit dieses Schmuddelvideo unterstützen. Welche Wahl haben wir also?«

Nach dem Freitagsgebet machten die Krawallmacher sich also auf den Weg. Ich zog meinen Shalwar Kameez an und schloss mich ihnen an.

»Hast du das Video gesehen?«, fragte ich einen der Männer mit Holzlatte.

Er lachte.

»Nein.«

Ich fragte weitere Männer.

Die Antwort war immer: »Nein.«

Es waren Ahnungslose, Entwurzelte, Gelangweilte, auch ein paar, die wirklich aufgebracht und wütend schienen, nicht nur über den Film, sondern über die Misere in Pakistan insgesamt, über die Armut, die Korruption, die Gewalt. Ihnen allen genügte es, von diesem Video zu hören, um mit dem Stock in der Hand loszuziehen, erst in Richtung amerikanischer Botschaft, dann, weil die Polizei die Zufahrten zum Diplomatenviertel mit Containern versperrt hatte, zum Serena, dem luxuriösesten Hotel in Islamabad, wo sich ja vielleicht ein paar Amerikaner finden ließen, denen man tüchtig die Meinung sagen konnte. Die hatten zwar genauso wenig mit dem Video zu tun wie die US-Diplomaten, aber Hauptsache, man erwischte Amerikaner.

Und wenn nicht Amerikaner, dann wenigstens Weiße, Westler, Ungläubige.

Dort, vor dem Hotel, standen auch Sicherheitskräfte. Es waren zu wenige. Hunderte Randalierer drängten bis zum Zaun. Sie schrien »Allah ist groß!«, »Nieder mit Amerika!« und »Zur Hölle mit der westlichen Freiheit!« – Letzteres als Reaktion auf den Einwand, der Film sei ein Produkt der Meinungsfreiheit. Autos und Kleinbusse mit Lautsprechern auf dem Dach fuhren herum und stachelten die Demonstranten mit religiösen Sprüchen weiter an. Darin saßen Leute von radikalen Parteien.

Tausende von Menschen waren auf den Straßen. Händler, Fahrer, Hausangestellte ebenso wie Studenten, Anwälte und Ärzte. Viele waren aus entfernten Landesteilen in die Hauptstadt gereist, um dabei zu sein, wenn es in Islamabad krachte.

Was hatte die Regierung sich dabei gedacht, als sie den freien Tag ausrief? Was sollte ein Tag Stillstand im öffentlichen Leben bewirken? Dass der Filmemacher in der Hölle schmoren würde? Und warum verbarrikadierten sich all die vernünftigen Menschen, warum gingen sie nicht auf die Straße, um friedlich gegen den Film, aber auch gegen religiös motivierte Gewalt zu demonstrieren? Warum nutzten sie nicht die Chance, öffentlich über das Leben des Propheten zu sprechen und zu diskutieren? Warum erhoben sie nicht ihre Stimmen, laut und deutlich?

Die Lage eskalierte im Laufe des Tages, am Nachmittag rief die Regierung die Armee zu Hilfe. Polizisten und Soldaten gingen mit Schlagstöcken und Tränengas gegen die Demonstranten vor. Aus dem Tag der Liebe wurde, wie zu erwarten, ein Tag der Gewalt. In vielen Städten zündeten die Randalierer Banken, Geschäfte und Autos an, mehr als zwanzig Menschen kamen ums Leben, über zweihundert wurden verletzt.

Ich sah ausgebrannte Autos, brennende Reifen, zerstörte Gebäude. In Peschawar hatte der Mob ein Kino niedergebrannt.

Es gehörte der Familie von Eisenbahnminister Ghulam Ahmad Bilour. Im Presseclub von Peschawar staunten die Journalisten nicht schlecht, als Bilour vor die Mikrofone trat und wütend sagte, er fordere den Kopf von Filmemacher Nakoula. Wer diesen »Gotteslästerer« töte, dem zahle er hunderttausend Dollar aus eigener Tasche. Er forderte sogar die Taliban und al-Qaida auf zu helfen. »Ich begrüße jede Unterstützung, diesen Filmemacher zur Rechenschaft zu ziehen.« Ihm sei bewusst, dass es eine Straftat sei, Menschen zum Mord aufzurufen, sagte er weiter. Aber es gebe keine andere Möglichkeit, »Blasphemisten Angst einzujagen«. Und: »Ich würde ihn sogar eigenhändig umbringen.«

Immerhin distanzierte sich die Regierung von Bilours Äußerungen. Premierminister Ashraf erklärte, dies sei »absolut nicht die Haltung der Regierung«. Und auch ein Sprecher von Bilours Partei wies die Äußerung als »Einzelmeinung« zurück.

Doch der Eisenbahnminister ließ sich nicht beirren. Er wiederholte seinen Aufruf im Fernsehen. »Das ist der einzige Weg, unsere Botschaft klarzumachen, nämlich dass wir eine Beleidigung des Propheten nicht akzeptieren.«

Viele sahen darin eine Aufforderung, sich an Nichtmuslimen zu rächen.

Diese seltsame Auffassung von Recht und Gerechtigkeit erinnerte mich an eine Geschichte, die mir mein Großvater mal in Karatschi erzählt hatte:

Einst stürzte das Haus eines reichen, mächtigen Politikers ein und begrub seinen Sohn unter sich. Der Mann war sehr betrübt über den Verlust seines geliebten Sohnes, und so forderte er, dass der Schuldige für dessen Tod gefunden und bestraft werden müsse. Die Polizei fürchtete sich vor dem Politiker, und so rief man den Architekten herbei und warf ihm vor, bei der Konstruktion des Hauses nachlässig gewesen zu sein.

Man drohte ihm mit dem Galgen. Der Architekt wurde ganz blass und beteuerte seine Unschuld. Er sagte, der Arbeiter, der den Beton gemischt habe, trage die Schuld an dem Einsturz des Gebäudes und damit an dem Tod des Politikersohnes, denn an seinem Entwurf könne es ganz gewiss nicht gelegen haben. Also ließ man den Arbeiter kommen und warf ihm vor, zu viel Wasser beim Mischen des Betons verwendet zu haben. Deshalb sei er für das Unglück verantwortlich, und er müsse nun mit dem Galgen rechnen. Der Mann beschwor, er habe keinen Fehler gemacht. Vielmehr habe der Maurer nicht richtig gemauert, daran erinnere er sich ganz genau. Die Polizei fasste nun den Maurer und warf ihm das vor, was sie zuvor dem Architekten und dem Arbeiter vorgehalten hatte. Der lehnte jedoch jede Verantwortung ab und verwies auf einen Mann, der seinen Affen am Straßenrand habe tanzen lassen. Der habe ihn abgelenkt. Man spürte den Mann auf, doch der weinte und sagte, er könne nichts dafür. An jenem Tag habe der Affe einfach nicht gehorchen wollen und nach Lust und Laune getanzt. Der Affe sei also schuld daran, dass der Maurer von der Arbeit abgelenkt wurde. So bereitete man die Hinrichtung des Affen vor. Als nun der Affe gehenkt werden sollte, stellte man fest, dass sein Hals viel zu dünn für den Galgen war. Die Schlaufe war einfach zu groß, aber das pakistanische Gesetz sah nichts anderes als den Galgen vor. Nun geschah es aber, dass diesem Ereignis eine große Menschenmenge beiwohnen wollte. In der vordersten Reihe stand ein dickleibiger Mann. Da der Affe immer wieder mit dem Kopf durch die Schlaufe schlüpfte, ergriff man den Dicken, legte ihm das Seil um den Hals und richtete ihn als Verantwortlichen für den Tod des Politikersohnes hin.

Zu der Zeit, als mein Großvater mir diese Geschichte erzählte, war Pakistan noch ein relativ friedliches Land. Zwar nicht mehr wie jenes in den Sechzigerjahren, als junge Frauen in Karatschi noch Miniröcke trugen und von ihren Verehrern zu Partys ins Beach Luxury Hotel eingeladen wurden, aber immerhin noch eines ohne tägliche Terroranschläge.

Jetzt suchte man also wieder nach einem Dicken, den man hängen konnte.

Bewertete ich die düsteren Seiten über? Ein junger Sufi-Anhänger erzählte mir, der Islam schreibe den Muslimen vor, bescheiden zu bleiben. »Ich bin ein gläubiger Muslim und respektiere die Werte meiner Religion«, sagte er. Mehr und mehr Menschen in Pakistan würden sich der Mystik des Sufismus zuwenden. »Es geht uns nicht um Dschihad, sondern um die Suche nach uns selbst.«

Aber waren Leute wie er der Maßstab? Und war nicht auch er feindselig gegenüber allem Fremden eingestellt? Er sagte nämlich auch: »Je mehr wir dem westlichen Lebensstil mit seiner sexuellen Freizügigkeit, seinen Drogen, seinem Materialismus ausgesetzt sind, desto wichtiger ist, dass wir unseren eigenen Weg gehen und an unseren Werten festhalten. Nicht das Ich zählt bei uns, sondern das Wir. Wir propagieren Werte der Gemeinschaft gegen Selbstsucht und Korruption.«

Warum musste er seinen Glauben als Gegenentwurf zu westlichen Werten definieren? Warum spalten? Wenn man mir vorwarf, die Dinge in Pakistan zu parteiisch zu sehen, war es nicht mindestens ebenso einseitig, den Westen zu verdammen ob seiner Freiheiten?

»Nein, nein«, antwortete er. »Der echte Islam ist die toleranteste Religion der Welt. Alles dreht sich um Versöhnung.«

In vielen Gesprächen mit jungen und alten Menschen merkte ich, dass immer mehr Pakistaner Demokratie und damit das ganze westliche Wertesystem als einen Schwindel auffassen, der dazu da ist, dass die Reichen und Mächtigen dauerhaft an der Spitze bleiben. Und tatsächlich ist Nepotismus in Pakistan weit verbreitet: Vertreter immer derselben Familien werden an die Macht gewählt. Es gibt Politikerdynastien, die für sich Ämter und Macht beanspruchen.

»Individuelle Freiheiten sind sinnlos, ein Irrtum. Was nützt es dir, denken und sagen zu dürfen, was du willst, wenn du betteln musst und behandelt wirst wie ein Hund?«, sagte mir einmal ein junger Landarbeiter.

Egal, was geschieht, es ändert sich nichts: Die Reichen bleiben reich und die Armen arm. Die Religion bietet da offenbar eine gedankliche Flucht: Im Jenseits, Inschallah, wird alles gut, vielleicht sogar noch im Diesseits, wenn man nur ausreichend gottgefällig lebt.

Malala

Ein paar Tage nach dem Trubel um das Video stieg ein fünfzehnjähriges Mädchen in Mingora, einer Stadt im Swat-Tal, im Norden von Pakistan, in einen Schulbus und quetschte sich zwischen zwei Freundinnen. Es war ein heißer Dienstagnachmittag, der 9. Oktober 2012. Die Schule war aus, die Mädchen waren erschöpft, es war ein langer Tag mit Prüfungen gewesen. Das Mädchen, Malala Yousafzai, und seine Freundinnen waren froh, nach Hause fahren zu können.

Der Bus startete. Plötzlich stoppte er wieder, und ein Mann in heller Kleidung trat heran.

»Ist das hier der Bus von der Khushal-Schule?«, fragte er den Fahrer.

Als der bejahte, entgegnete der Mann, er benötige ein paar Informationen über die Kinder.

Nun trat von hinten ein zweiter, ganz in Weiß gekleideter Mann hinzu. Er beugte sich ins Wageninnere und fragte:»Wer ist Malala?«

Niemand antwortete, als ob sie alle das Unheil ahnten. Aber alle Mädchen sahen zu Malala. Der Fragesteller hatte seine Antwort.

Der Mann hielt plötzlich eine Pistole in den Händen und feuerte auf das Mädchen.

Drei Mal schoss der Mann. Eine Kugel ging durch Malalas Augenhöhle und blieb in der linken Schulter stecken. Die anderen Geschosse trafen die beiden Mitschülerinnen, die neben Malala im Bus saßen.

Alle drei Mädchen überlebten.

Auch hier bekannten die Taliban sich zu der Tat. Sie wollten Malala beseitigen. Sie hassten sie, und sie hatten Angst vor ihr, weil sie im ganzen Land und darüber hinaus ihre Stimme gegen die Extremisten erhoben hatte. Drei Jahre zuvor, als die Taliban noch im Swat-Tal herrschten, hatte das Mädchen auf der Webseite des britischen Senders BBC über seinen Alltag unter den Extremisten gebloggt. Malala schrieb damals noch unter dem Pseudonym Gul Makai, aus Furcht vor einem Anschlag.

Es war ein Alltag voll von Angst und Schrecken: Die Taliban hatten das Tal, einst ein Urlauberparadies, nach und nach eingenommen und der Regierung abgerungen, hier dauerhaft herrschen zu dürfen. Sie setzten die Scharia als einzig gültiges Rechtssystem durch, hielten sich selbst aber kaum an Regeln. Sie zogen plündernd durch die Straßen, warfen Frauen, denen sie begegneten, zu Boden und peitschten sie aus, richteten Gegner öffentlich hin. Es war eine Willkürherrschaft. Malala schrieb über Explosionen, über Leichen auf den Straßen und über die Raubzüge der vermeintlich gottesfürchtigen Männer.

Als die Taliban dann entgegen der Abmachung mit der Regierung weitere Gebiete beanspruchten, begann die Armee im Mai 2009 einen Krieg gegen sie. Auch darüber berichtete Malala, über ihr Leben in Kriegszeiten, darüber, dass etwa zwei Millionen Menschen flüchten mussten vor der Gewalt und Schutz suchten in Lagern oder bei Verwandten außerhalb des Swat-Tals. Und immer forderte sie das Recht auf Bildung ein, auch für Mädchen.

Den Taliban passte das nicht. Sie fanden heraus, wer da bloggte, und warnten das Mädchen, endlich zu schweigen. Als Malala im Dezember 2011 einen nationalen Friedenspreis erhielt und alle pakistanischen Zeitungen darüber berichteten, sagte ein Taliban-Sprecher, das Mädchen stehe auf ihrer Todesliste.

Nun hatten sie sie erwischt, Malala war schwer verletzt, sie wurde in Peschawar notoperiert und anschließend nach England ausgeflogen, wo sie in Birmingham mehrere Monate in einem Krankenhaus verbrachte.

Nach dem Anschlag erklärten die Taliban, Malala sei ein »Symbol der westlichen Kultur«, die sie in paschtunischem Gebiet propagiere. »Sie ist gegen den Islam und verbreitet säkulare Gedanken.« Deshalb bleibe sie weiter auf der Zielliste, ebenso ihre Familie, allen voran ihr Vater, der die Schule betrieb, die Malala besuchte. »Wer auch immer gegen den Islam agiert, muss getötet werden. Das verlangt der Koran«, sagte mir ein Taliban-Sprecher am Telefon. Die Schüsse auf das Mädchen seien eine »Warnung an alle jungen Menschen, die in ähnliche Aktivitäten involviert sind, dass sie ebenfalls zu einem Ziel werden, wenn sie nicht aufhören«.

Im Swat-Tal befürchteten viele Menschen, die Taliban könnten wieder erstarken. Das Militär betonte zwar immer wieder, man habe die Extremisten in der Region besiegt, aber tatsächlich hatte die Armee sie nur vertrieben. Kein Kommandeur der Taliban von Rang wurde damals verhaftet oder getötet. Wer sich im Swat-Tal umhörte, kam immer noch mit Taliban-Vertretern in Kontakt.

»Wir haben Angst, dass sie sich bald wieder auf den Straßen

zeigen und ihren Terror verbreiten«, sagte mir ein Händler, dessen Laden mehrfach von den Extremisten geplündert worden war.

Eine Machtübernahme im Swat-Tal durch die Taliban blieb aus. Anfangs wurden sie wegen der Tat noch heftig kritisiert. »Wenn sich die Geisteshaltung der Täter durchsetzt, wessen Tochter ist dann je sicher?«, fragte der Premierminister. Doch ihre Gesinnung verbreitete sich schleichend im ganzen Land. Malala, das Opfer von Extremisten, wurde später von vielen Menschen angefeindet. Vermutlich ist da auch Neid im Spiel, weil sie für den Friedensnobelpreis nominiert wurde, als jüngste Anwärterin überhaupt, und weil die Medien sich um sie reißen.

Es gab natürlich auch Menschen, die das Mädchen feierten, die sich über ihre Genesung freuten und darüber, dass sie sich nicht zum Schweigen bringen ließ, sondern vor den Vereinten Nationen und in vielen Fernsehsendern auftrat und weiter das Recht auf Bildung einforderte. Aber die wütenden Töne, der Neid und der Hass waren kaum zu überhören: Malala, die Opportunistin, die angeblich zwei Millionen Pfund für ihr Buch bekommen hatte; Malala, die Verräterin, die nun auch noch in England lebte anstatt in Pakistan, jenem Land, das sie doch vorgab zu lieben; Malala, die für ihr Engagement für Bildung gefeiert wurde, obwohl doch Tausende Mädchen in Pakistan dafür kämpften. »Du bist doch nicht die Einzige!«, schrieb ihr jemand im Internet.

Die Wut richtete sich auch gegen ihren angeblich ehrgeizigen Vater, der nach dem Attentat mit der Familie nach England ausgewandert war. Er benutze seine intelligente Tochter, lautete der Vorwurf. Überhaupt sei Malala vom Westen instrumentalisiert worden, als »Symbol der Schlechtigkeit Pakistans« aufgebaut und von den westlichen Medien zur »Superheldin« hochgeschrieben.

»Malala ist eine gute Geschichte für den Westen, deshalb

stürzen sich alle auf sie, auf unsere Kosten«, schrieb ein Blogger. Meinungsseiten der Zeitungen, Fernsehtalkshows, Blogs und eigens eingerichtete Malala-Hass-Webseiten waren voll von wütenden Kommentaren; sie wurde als »Agentin des Westens«, »CIA-Spionin« oder »pakistanische Marionette der westlichen Mächte« bezeichnet.

Manche brachten sachliche Kritik an. Malala, so wurde befürchtet, sei noch viel zu jung für den Friedensnobelpreis. Er wäre eine Bürde, die sie noch nicht tragen könne. Man müsse ihr vielmehr helfen, ein sorgenfreies, sicheres Leben führen zu können. Außerdem, merkten manche an, bestehe die Gefahr, dass die pakistanische Regierung und Teile der Gesellschaft sich auf dieser Auszeichnung ausruhen würden, anstatt endlich etwas gegen Extremismus zu unternehmen.

Ein Talib hatte ihr, in unbeholfenem Englisch, einen vier Seiten langen öffentlichen Brief geschrieben, den die Taliban an mehrere Zeitungen schickten. Darin forderte er sie auf, zum Besuch einer Koranschule für Mädchen nach Pakistan zurückzukehren. »Studiere und lerne das Buch Allahs, nutze deinen Stift für den Islam«, schrieb er ihr. Allah solle entscheiden, ob der Anschlag auf sie »islamisch richtig oder falsch« gewesen sei. »Taliban oder Mudschahidin sind nicht gegen die Bildung von Männern oder Frauen oder Mädchen«, erklärte er. Grund des Anschlags sei vielmehr gewesen, dass die Taliban Yousafzais Engagement als »Hetzkampagne« empfunden hätten. Mit ihrem Auftritt vor den Vereinten Nationen an ihrem sechzehnten Geburtstag habe sie frühere Fehler wiederholt.

Malala erwiderte, sie habe den Attentätern und den Taliban vergeben. Sie befürworte sogar Friedensgespräche mit den Extremisten. »Nur so kann ein friedliches Miteinander entstehen.«

Sie erhielt den Friedensnobelpreis 2013 nicht – aber dafür ein Jahr später, zusammen mit einem indischen Kinderrechtsaktivisten. Der Hass auf sie in ihrer Heimat hat seither zugenommen. Die Radikalen sehen sich in ihrer Meinung bestätigt, dass Malala ein Propagandainstrument des Westens sei.

Dies sind nur einige Beispiele für das, was in Pakistan geschah, während wir dort lebten. Es gab noch sehr viel mehr Attentate, Entführungen, Gewaltorgien, fast immer im Namen der Religion. Es gab auch Proteste gegen Gewalt und Extremismus. Aber die meisten Menschen schwiegen. Ob aus Angst oder aus Gleichgültigkeit oder sogar aus der Überzeugung, dass die religiösen Fanatiker eigentlich doch recht hätten, vermag ich nicht zu sagen. Mich erstaunte und bedrückte, dass selbst Leute, die ich für klug, aufgeschlossen, vernünftig hielt, nicht zugänglich waren für Kritik. Man konnte noch so viel reden, aber wenn Gott ins Spiel kam, zeigten Worte nicht die geringste Wirkung. Viel mehr Menschen, als ich erwartet hatte, zeigten Verständnis für die Extremisten. Terror stellte sich dar als die vollendete Form der Unfähigkeit von Menschen, Dinge mit Worten zu bewegen.

Durch meinen Beruf erlebte ich viel, sah viel, hörte viel. Die Gewalt und die Ignoranz waren manchmal schwer zu ertragen. Aber am härtesten traf mich die Erkenntnis, dass die Lage sich stetig verschlechterte und es auch keine Anzeichen gab, dass es bald eine Wende zum Besseren geben würde. Die Extremisten gewannen immer größeren Einfluss, und nichts und niemand stellte sich ihnen entgegen.

Viele Tausend Menschen sind im Laufe der Jahre infolge von Terror gestorben, Soldaten, Dschihadisten, vor allem aber unschuldige, oft unbeteiligte Menschen, angeblich mehr als vierzigtausend seit 2001. Viele von ihnen sind inzwischen vergessen. Tote, die nur Nummern sind in den Kurzmeldungen der Zeitungen, zehn Tote hier, dreißig Tote da, Zahlen, die beinahe schon egal sind, weil man sie nicht mehr fassen kann. Das Opfer dieser Menschen hat keine Bedeutung. Der Tod hat keine Bedeutung. Es gibt eine Fehde unter Nachbarn in den Stammesgebieten, es fallen Schüsse, am Ende kostet der Streit mehrere Menschen das Leben. Wird jemand dafür zur Rechenschaft gezogen? Muss sich jemand vor Gericht verantworten? In den meisten Fällen nicht. »Das sind die Stammesregeln«, versucht mir ein pakistanischer Freund zu erklären. »Das ist die Kultur hier.«

Aber müssen wir sie kritiklos hinnehmen, nur weil sie sich Kultur nennt? Eine Kultur der Gewalt, eine Kultur, in der ein Streit mit Waffen ausgetragen wird und immer blutig endet, eine Kultur, in der das allgemein akzeptierte Prinzip der Rache gilt und sogar auf das offizielle Rechtssystem übertragen wird, zum Beispiel, wenn ein Straftäter gegen Zahlung eines »Blutgeldes« an die Familie des Opfers seiner Strafe entkommt?

Oft hörte ich von Freunden in Deutschland, sie seien froh, dass es uns gut gehe und uns bislang nichts passiert sei. Aber wie gut ging es uns wirklich? Ich musste an die vielen Bekannten denken, die ich im Laufe der Jahre verloren hatte: Kollegen, Informanten, Aktivisten, Soldaten, Polizisten, auch Extremisten.

Einmal erhielt ich von den Taliban eine Drohung per E-Mail. Darin hieß es, alle Journalisten, die über das Attentat auf Malala Yousafzai berichtet und die Taliban kritisiert hätten, seien Feinde und würden von jetzt an bekämpft. Ich sprach mit Kollegen, auch sie hatten diese Botschaft erhalten. Ein Dschihadist ließ mich ein paar Wochen später am Telefon wissen: »Sie stehen auf unserer Liste.«

Was bedeutete das? Ich wusste, dass die Taliban Maulhelden sind, die gern Drohungen aussprechen. Einschüchterungen gehören zu ihrem Geschäft, und meist reicht das aus, um Leute mundtot zu machen. Am Ende passiert in der Regel glücklicherweise nichts. Aber eben nicht immer.

Was also sollten wir tun? Uns besser schützen? Nur wie? Wir trafen keine Vorkehrungen, lebten unser Leben und hofften, dass nichts passieren, dass alles gut gehen würde. Inschallah.

Der Geheimdienst

Mindestens genauso riskant, wie über die Taliban zu berichten, war es, etwas Kritisches über das Militär und seinen Geheimdienst Inter-Services Intelligence, kurz: ISI, zu schreiben. Wer es wagte, die Armee zu kritisieren und ihr doppeltes Spiel zum Thema zu machen, nämlich ihre Kooperation mit den USA einerseits und ihre Verstrickungen mit den Extremisten andererseits, lebte gefährlich. Das bekamen vor allem einheimische Journalisten zu spüren. Viele erzählten mir, die Generäle seien eine größere Gefahr für Demokratie und Meinungsfreiheit als die Taliban. Manche erhielten Todesdrohungen per SMS, andere wurden entführt, ein paar Stunden, manchmal auch ein paar Tage festgehalten, verprügelt und gefoltert und anschließend wieder freigelassen. Das ist die Art der Geheimdienstoffiziere, Journalisten Lektionen zu erteilen.

Ich berichtete über den Fall meines Kollegen Saleem Shahzad. Er schrieb für das in Hongkong ansässige Nachrichtenportal ›Asia Times Online‹ und für eine italienische Nachrichtenagentur. Ich kannte ihn nur flüchtig, hatte mich ein paar Mal kurz mit ihm auf irgendwelchen Empfängen unterhalten.

An einem Sonntagabend im Mai 2011 war er losgefahren zu einem Fernsehstudio in Islamabad, er sollte an einer Talkshow teilnehmen. In wenigen Tagen würde sein Buch erscheinen, in dem er unter anderem über islamistische Strömungen im Militär schrieb.

Aber Shahzad kam nie an im Studio. Er verschwand spurlos, und mit ihm sein schwarzes Auto.

Gerüchte machten die Runde, der ISI habe ihn entführt, um ihn für seine Artikel zu bestrafen. »Er hat über Sachen berichtet, die vielen Leuten nicht gefallen dürften. Da muss man mit solchen Reaktionen rechnen«, sagte ein Kollege, der ihn gut kannte. Am Tag nach seinem Verschwinden hofften seine Angehörigen noch, er würde bald wieder auftauchen. Seine Frau hatte einen anonymen Anruf erhalten, wonach ihr Mann innerhalb von vierundzwanzig Stunden zu Hause sein sollte.

Die Hoffnungen zerschlugen sich noch am selben Tag: Saleem Shahzad war tot. Am Abend fand man zuerst sein Auto, etwa hundert Kilometer von Islamabad entfernt, später, einen Kilometer weiter in einem Kanal, seine Leiche. Man hatte ihm in den Bauch geschossen, sein Gesicht und sein Körper wiesen Spuren von Folter auf.

Die Polizei teilte mit, Shahzad sei vermutlich an Leberversagen und an einem Riss in der Lunge gestorben. »Bei der Autopsie wurden mindestens fünfzehn Wunden entdeckt«, erläuterte ein Sprecher. Auch seine Rippen seien gebrochen. »Es deutet alles auf Folter hin.«

Shahzad war ein beliebter Gast in Talkshows gewesen, weil er als einer der wenigen Journalisten Zugang zu den Taliban und zum Terrornetzwerk al-Qaida hatte. So hatte er beispielsweise Baitullah Mehsud interviewt, den Chef der pakistanischen Taliban, der 2009 von einer amerikanischen Drohne getötet worden war.

Zuletzt schrieb er über einen Angriff von Terroristen auf eine Marinekaserne in Karatschi. Dort hatten eine Woche vor Shahzads Tod mehrere Männer einen Marinefliegerstützpunkt gestürmt, waren gezielt zu den Hangars gelaufen und hatten Aufklärungsflugzeuge zerstört. Anschließend hatten sie sich im Inneren der Anlage verschanzt und sich sechzehn Stunden lang ein Gefecht mit den Sicherheitskräften geliefert.

Shahzad vertrat die Ansicht, dass solch ein Überfall, auf eine so hoch gesicherte Anlage, nur mit Insiderwissen möglich war. Er schrieb von einer »beträchtlichen Unterwanderung« der pakistanischen Marine durch al-Qaida. Der Anschlag sei erfolgt, nachdem Gespräche zwischen der Marineführung und al-Qaida über die Freilassung von Offizieren, denen Verbindungen zu dem Terrornetzwerk nachgesagt worden waren, gescheitert seien. Die Militanten befürchteten, dass durch deren Vernehmung weitere Qaida-treue Offiziere verhaftet werden könnten.

Die pakistanischen Medien beschuldigten den ISI, Shahzad entführt und ermordet zu haben. Auch die Menschenrechtsorganisation Human Rights Watch in Pakistan teilte mit, sie habe »ihre Fühler ausgestreckt« und »glaubwürdige Hinweise« erhalten, dass Shahzad in Gewahrsam des Geheimdienstes gewesen sei. »Wir wissen nicht, ob der ISI ihn getötet hat. Aber die Art und Weise, wie er getötet wurde, stimmen überein mit den Spuren bei anderen Morden, in die der Geheimdienst verwickelt war.«

Mehrere pakistanische Journalisten sagten mir unabhängig voneinander, sie hätten den Eindruck, man habe Shahzad einschüchtern wollen, und dabei sei die Folterorgie aus dem Ruder gelaufen.

Es gab aber auch Reporter, die erklärten, vieles deute auf eine Ermordung durch Militante hin. Führende Qaida-Mitglieder hätten sich über Shahzads Berichterstattung geärgert, vor allem darüber, dass er ihre Verbindung zu den pakistanischen Streitkräften publik gemacht hatte.

Hauptverdächtiger blieb aber der ISI. Shahzad war bereits im Oktober 2010 in das Hauptquartier der Agenten in Islamabad einbestellt worden. Einen Tag später hatte er die Begegnung mit zwei hochrangigen Geheimdienstoffizieren in einer E-Mail an Human Rights Watch beschrieben. Sie hätten von ihm eine

Rechtfertigung für einen Artikel verlangt, in dem er über die Freilassung von Mullah Abdul Ghani Baradar, einen hochrangigen afghanischen Taliban-Kommandeur, aus pakistanischer Haft geschrieben hatte. Man habe ihm, Shahzad, freundlich nahegelegt, den Artikel öffentlich zu widerrufen. Tatsächlich hatte Shahzad falsch berichtet, Baradar war nicht entlassen worden. Es gab aber immer wieder Bestrebungen, es zu tun, als Geste der Annäherung gegenüber den Taliban. Er durfte das Gefängnis schließlich im September 2013 verlassen.

Die Geheimdienstoffiziere verlangten von Shahzad seiner E-Mail zufolge noch, er möge künftig »patriotischer« schreiben. Sein Artikel habe dem Land geschadet. Angeblich soll einer der Offiziere zum Abschied eine doppeldeutige Bemerkung gegenüber Shahzad gemacht haben: Man habe gerade einen Terroristen verhaftet, der eine Menge Material bei sich gehabt habe, einschließlich einer Todesliste. »Sollte ich Ihren Namen auf dieser Liste finden, werde ich Sie gewiss informieren«, zitierte Shahzad den Mann in seinem Schreiben an Human Rights Watch.

Er hatte die E-Mail verfasst für den Fall, dass ihm etwas zustoßen sollte. Nach diesem Gespräch im ISI-Hauptquartier bekam er regelmäßig Drohanrufe und wurde verfolgt. Aber er versuchte, all das so gut wie möglich zu ignorieren.

Der Fall wurde nie aufgeklärt, wie die meisten Fälle dieser Art in Pakistan.

Am Ende des Jahres 2011 schrieb ich darüber, dass Pakistan wieder einen traurigen ersten Platz in der Welt einnahm: als das Land mit den meisten getöteten Journalisten. Der Organisation Reporter ohne Grenzen zufolge waren zehn Berichterstatter in Pakistan getötet worden, im Jahr zuvor waren es sogar sechzehn gewesen. Zwei Jahre hintereinander war es also das riskanteste Land für Journalisten.

Der Artikel war mit der Zeile »Wo Spione Journalisten töten« überschrieben. Er erschien auf SPIEGEL ONLINE auch auf Englisch. Dort hieß die Überschrift »Living in Fear of Intelligence Agents«.

Einen Tag später klingelte mein Mobiltelefon. Der Anrufer unterdrückte seine Nummer, es konnte also, so dachte ich, nur jemand aus dem Ausland sein, denn in Pakistan ist das nicht möglich.

»Spreche ich mit Mister Hasnain Kazim?«, fragte eine sonore Männerstimme auf Urdu.

»Ja, das bin ich. Und mit wem spreche ich?«

»Das tut nichts zur Sache. Ich wollte mich mit Ihnen nur über Ihren Artikel unterhalten. Sie schreiben, dass Spione Journalisten töten. Das meinen Sie nicht ernst, oder?«

Ich schwieg. Warum sollte ich mit dem Mann reden, wenn er mir nicht einmal seinen Namen nannte?

»Was wollen Sie?«, fragte ich schließlich. »Sie sagen nicht einmal, wer Sie sind. Und dann erwarten Sie, dass ich mich mit Ihnen auf ein Gespräch einlasse?«

»Sie haben etwas über Spione in Pakistan geschrieben. Darüber will ich mit Ihnen reden.«

»Dazu habe ich schon alles geschrieben.«

»Gestatten Sie mir aber doch eine Frage: Wie kommen Sie darauf zu behaupten, Spione würden Journalisten töten?«

Ich überlegte, ob ich ihm meine Meinung sagen oder doch lieber höflich bleiben sollte. Ein anonymer Anruf aus Pakistan, das deutete darauf hin, dass das jemand vom Geheimdienst war.

»Es gibt gute Gründe, anzunehmen, dass pakistanische Agenten für das Einschüchtern, das Verschwinden und das Töten von Journalisten verantwortlich sind«, antwortete ich.

»Wie kommen Sie darauf? Welche Beweise gibt es? Selbst wenn, glauben Sie ernsthaft, man wäre so dumm, Spuren zu hinterlassen?«

Ich wollte auflegen, weil ich dieses Gespräch nicht führen wollte mit jemandem, der sich nicht zu erkennen gab. Aber er wusste, wer ich war, hatte meine Nummer. Er würde wieder anrufen, mich womöglich aufsuchen, wahrscheinlich kannte er meine Adresse.

Er redete einfach weiter. »Stellen Sie sich vor, Sie stehen an einer roten Ampel. Ein Motorrad mit zwei Leuten hält neben Ihnen. Der Hintermann schießt durchs Fenster, reißt die Tür auf, nimmt Ihr Portemonnaie, dann rasen die beiden davon. Was wäre das? Ein Raubmord? Oder Agenten, die Sie getötet haben?«

»Soll das eine Drohung sein?«

Der Mann schwieg einen Moment. Dann sagte er: »Denken Sie darüber nach.« Und legte auf.

Die Botschaft war bei mir angekommen. »Wir lesen, was du schreibst, und es gefällt uns nicht. Sieh dich vor!«

Ich erzählte Janna nicht sofort davon, ich wollte sie nicht beunruhigen. Die Reaktion der Kollegen in Hamburg ahnte ich voraus: Sie würden sagen, sie könnten das alles nicht einschätzen und ich müsse selbst entscheiden, was zu tun sei.

Ich sprach also doch mit Janna. Wieder einmal überlegten wir, ob wir einen Sicherheitsdienst engagieren sollten. Aber was sollte das bringen, außer das trügerische Gefühl von Kontrolle über ein unkontrollierbares Problem? Wollten wir, dass noch ein Mann mit Gewehr herumsaß und auf einen Angriff wartete, dem er ohnehin nichts entgegenzusetzen hätte? Wir empfanden es inzwischen schon als normal, dass überall Menschen mit Waffen zu sehen waren. Wollten wir uns an dieser Aufrüstung beteiligen?

Wir blieben dabei: keine Sicherheitsleute vor dem Haus. Es würde schon nichts passieren.

DAS MONSTER, DAS WIR SCHUFEN

Der Junge kaute an seinen Fingernägeln und rutschte unruhig auf dem schmutzigen Plastikstuhl hin und her.

»Asalam aleikum«, sagte ich.

Er schwieg.

Wir trafen uns an einem kühlen Märzmorgen 2012 in einer Teestube, einer schäbigen Blechhütte an einer viel befahrenen, staubigen Straße in Rawalpindi, wo Lastwagenfahrer ihr Frühstück – Kichererbsencurry und öliges Fladenbrot – einnahmen. Monate vorher hatte ich meinem Kontaktmann bei den pakistanischen Taliban gesagt, ich würde gerne einmal mit einem jungen Mann sprechen, der sich dem Dschihad verschrieben hat und sich als Selbstmordattentäter in die Luft sprengen will. Ich wollte erfahren, was diese jungen Männer dazu treibt, so radikal zu glauben und gleichzeitig so sehr zu hassen, dass sie sich und oft vielen anderen das Leben nehmen.

»Ich schaue, was sich machen lässt«, hatte der Taliban-Kommandeur am Telefon geantwortet.

Lange Zeit hörte ich nichts von ihm und dachte, es würde sowieso nicht klappen. Aber eines Tages meldete er sich und sagte: »Ich habe da jemanden. Einen ganz jungen Kerl.« Er nannte mir die Adresse und eine Uhrzeit, und entgegen den Gepflogenheiten der Taliban, Journalisten per Mobiltelefon von Treffpunkt zu Treffpunkt zu dirigieren und sie während dieser Schnitzeljagd von Spitzeln beobachten zu lassen, um sicherzustellen, dass der Reporter nicht von Geheimdienstmitarbeitern begleitet oder verfolgt wird, sollte das Treffen tatsächlich am genannten Ort stattfinden.

Den Gedanken, er könnte sich mit mir in die Luft jagen, verdrängte ich. Wie immer bei solchen Terminen hinterließ ich einen Zettel mit Ort, Zeit und Anlass des Treffens in der obersten Schreibtischschublade. Sollte mir etwas zustoßen, würde Janna die Nachricht finden. Wir hatten vereinbart, dass ich sie über riskante Verabredungen und Vorhaben nicht vorher informiere, weil sie sich sonst zu viele Sorgen machen würde, was wiederum mich beunruhigen würde. Meistens erzählte ich ihr von den Treffen erst, wenn sie vorbei waren, manchmal verschwieg ich sie ihr auch ganz.

Er nannte sich Amjad, war etwa fünfzehn Jahre alt und trug einen weißen Shalwar Kameez. Glücklicherweise keine Weste, dachte ich. Unter diesem Gewand konnte er jedenfalls keinen Sprengstoff versteckt haben. Ein schöner Junge, große, braune Augen, volles, schwarzes Haar, das rötlich leuchtete, wenn ein Sonnenstrahl darauf fiel, feine Gesichtszüge, glatte, sommersprossige Haut. Sah so ein islamischer Extremist aus?

Amjad, hatte mir der Taliban-Kommandeur erzählt, habe schon einmal versucht, sich in Peschawar an einem Kontrollposten in die Luft zu sprengen. Aber irgendetwas hatte nicht funktioniert, vermutlich der Zünder, und als die Polizisten auf den Jungen aufmerksam wurden, war es ihm gelungen zu entwischen. Jetzt, sagte mir der Mann am Telefon, werde Amjad auf seinen nächsten Einsatz vorbereitet. »Auf seinen Weg ins Paradies«, sagte der Talib. Er lachte dabei, und es war mir nicht klar, ob er aus Freude lachte oder ob er ihn insgeheim verhöhnte, weil er dumm genug war, sich zu opfern.

Amjad begann zu erzählen. Er war in einem Dorf in der Region Nord-Waziristan aufgewachsen, sein Vater handelte mit Altmetall, das er mit seiner Fahrradriksha einsammelte. »Das Geld reichte nicht, um uns alle satt zu bekommen«, erzählte Amjad. Er und seine vier Geschwister seien oft hungrig ins Bett gegangen. »Eines Tages kam ein Gelehrter von einer weit entfernten Koranschule und sagte, er würde mich gerne mitnehmen. Meine Eltern waren glücklich, denn die Madrassa verlangte kein Geld für die Ausbildung.« Amjad war damals acht Jahre alt und half mal seinem Vater, mal einem Onkel bei der Arbeit. Zur Schule ging er nicht, weil seine Eltern die Gebühren nicht aufbringen konnten.

Die Eltern dachten, den Mann von der Koranschule schickte der Himmel. Ihr Sohn würde lesen und schreiben lernen und dazu noch eine regelmäßige Verpflegung bekommen, ohne dass sie dafür mit Geld bezahlen mussten.

Sie mussten dafür mit etwas anderem bezahlen: mit dem Leben ihres Sohnes. Das sagte ihnen der Mann von der Madrassa aber nicht.

»Wie hast du erfahren, dass du als Selbstmordattentäter eingesetzt werden sollst?«

Amjads Augen verengten sich zu Schlitzen. »Ich lese viel im Koran. Jeden Tag mehrere Stunden. Dort steht, dass die Ungläubigen, die gegen den Islam sind, sterben müssen.« In Deutschland würde so ein Junge von einem Rennrad träumen, sich einen schnelleren Computer wünschen oder für ein Mädchen schwärmen. Amjad träumte vom Islam und davon, im Kampf gegen Ungläubige zu sterben.

Die jahrelange Gehirnwäsche hatte funktioniert.

Eines Tages sagte man ihm, er müsse eine Weste tragen, sich den Ungläubigen nähern und sich in die Luft sprengen, wenn er nah genug bei ihnen war. »Ich komme dann direkt ins Paradies«, sagte Amjad. Das hatte man ihm also erzählt.

»Und was sagen deine Eltern dazu?«

Amjad überlegte. Dann zuckte er mit den Schultern. »Keine Ahnung. Ich habe sie seit Jahren nicht mehr gesehen. Aber mein Lehrer hat mir gesagt, dass für sie ihr Leben lang gesorgt wird und dass sie viel Geld bekommen, weil ihr Sohn ein Märtyrer ist, auf den sie stolz sein können.«

»Hast du Angst?«

Er schüttelte den Kopf.»Es tut nicht weh. Man merkt nichts, und dann ist man plötzlich im Paradies.«

Ich betrachtete ihn. Dieses Kind, das so wenig wusste von der Welt. Draußen donnerten bunt bemalte Lastwagen vorbei und wirbelten Staub auf, der in die Hütte drang. Ein Kellner brachte süßen Milchtee und Kekse. Aus dem Fenster sah ich einen Mann mit langem schwarzem Bart, er trug ein schwarzes Gewand. Darunter zeichnete sich eine Pistole ab. Er lehnte sich gegen sein Motorrad.

»Kennst du den?«

Amjad nickte.»Der hat mich hergebracht.«

»Dein Lehrer?«

»Nein, das ist nur ein Helfer.«

Amjad tunkte einen Keks in den Tee. Als er ihn aufgegessen hatte, kippte er sich den heißen Tee in die Untertasse, hob sie an den Mund und schlürfte ihn laut. Er trank wie ein Greis.

Wir schwiegen.

Mir gingen die verschiedensten Gedanken durch den Kopf: ein junger Mensch, ein Terrorist, ein armer Kerl, ein Opfer, ein Täter, ein angehender Mörder, ein Selbstmörder, warum tut er das, was kann ich tun, wie stoppe ich ihn, warum treffe ich mich mit ihm? Und weshalb war es jetzt so heiß in der Hütte? Eine Fliege setzte sich auf seine Stirn. Er machte keine Anstalten, sie zu verscheuchen. Bemerkte er sie nicht?

»Menschen zu töten, dich selbst zu töten, ist falsch.« Es klang hohl, aber mir kam nichts anderes in den Sinn. Irgendetwas musste ich sagen.

»Genug!«, sagte Amjad. Plötzlich stand sein Helfer und Fahrer in der Tür und funkelte mich an.

Vielleicht, dachte ich, war es ein Fehler, ihn zu treffen. Natürlich, man muss immer alle Seiten hören, sich ein so umfassendes Bild wie möglich machen. Aber was fängt man an mit dem Wissen, den Informationen? Und mit der Gewissheit, nichts tun, nichts aufhalten, nichts ändern zu können?

Amjad stand auf, sein Fahrer fasste ihn an der Schulter und schob ihn hinaus. Sie stiegen auf das Motorrad und brausten davon.

Mehrere hundert Selbstmordattentäter soll es in Pakistan geben, die auf ihren Einsatz warten. Es sind meist ungebildete junge Männer, aus armen Familien, ohne Arbeit und ohne Hoffnung auf ein gutes Leben. Der Märtyrertod, die Aussicht auf das Paradies und das Versprechen, für ihre Familie werde gesorgt, scheint das Beste zu sein, was ihnen je geboten wurde.

Ich war immer überzeugt gewesen, dass echte Religiosität nicht durch Zwang entsteht. War ein Gebet nicht bedeutungslos, wenn man es nur ausführte, weil jemand es verlangte und Druck ausübte? Aber als ich über das Gespräch mit Amjad nachdachte, darüber, wie viele Kinder und Jugendliche sich in diesen Koranschulen zu radikalen Gläubigen entwickeln, war ich mir nicht mehr sicher. Vielleicht kann man Glauben doch erzwingen, und sei es mit Gehirnwäsche.

Die Extremisten üben die größtmögliche Macht über diese jungen Menschen aus. Denn was kann ein Mensch mehr geben als sein Leben? Wie verrückt, was für eine Verkehrung des Sinns von Glauben, von Religion. Die Fanatiker sind allmächtig, weil sie ihre Anhänger dazu bringen, sich ihnen und ihrem Ziel gänzlich zu unterwerfen. Was kann man einer solchen Bedingungslosigkeit entgegensetzen?

Um eine Antwort darauf zu erhalten, müsste man das Grenzgebiet zwischen Pakistan und Afghanistan bereisen, dort eine Zeit lang leben, um zu verstehen, was passiert. Aber die Gegend, insbesondere die Stammesgebiete, gelten als No-go-Area für Außenstehende – für Pakistaner aus anderen Landesteilen, erst recht für Ausländer. Als Journalist braucht man eine Genehmigung der Regierung, um dorthin zu reisen. Gestattet wird es, wenn überhaupt, nur in Begleitung des Militärs. Selbst dann gilt es als gefährlich. Die sieben Regionen – Bajaur, Mohmand, Khyber, Orakzai, Kurram, Nord- und Süd-Waziristan – heißen offiziell »Stammesgebiete unter Bundesverwaltung«, Federally Administered Tribal Areas, kurz: Fata. Aber die pakistanische Regierung hat hier, im Wilden Westen, nichts zu sagen. In diesem Teil des Landes haben die Stammesältesten die Macht. Nicht das pakistanische Recht gilt hier, sondern die Scharia, der Koran und, am allerwichtigsten, das vorislamische Paschtunwali, der Rechts- und Ehrenkodex der Paschtunen.

Kein Wunder, dass das Militär und die von der Regierung in Islamabad ernannten Verwaltungsbeamten sich in festungsartigen Kasernen verbarrikadieren. Diese Bunker sind nicht mehr als eine Erinnerung daran, dass noch so etwas wie eine staatliche Macht existiert.

In Kolonialzeiten erkannten die Briten schnell, dass sie sich mit den Paschtunen besser nicht anlegen sollten. Die Paschtunen lebten in Stämmen, die untereinander oft zerstritten waren und sich bis aufs Blut bekämpften. Stolz und Gewalt lagen dicht beieinander.

Der britische Arzt und Autor Henry Walter Bellew, der Ende des neunzehnten Jahrhunderts die Berglandschaft bereiste, schrieb in sein Tagebuch: »Die Umstände, unter denen sie leben, haben zu den gegensätzlichsten Charaktereigenschaften geführt, zu einer seltsamen Mischung aus Tugenden und Lastern. Einerseits sind sie zäh, tüchtig und stolz, andererseits unzuverlässig, listig und betrügerisch. Sie leben sehr genügsam, sind trotzdem sehr gastfreundlich zu Fremden und großzügig gegenüber Bettlern. Den Flüchtling beschützen sie und würden ihn mit ihrem eigenen Leben verteidigen, aber den ahnungslosen Reisenden rauben sie aus und ermorden ihn, nur aus reinem Vergnügen. Patriotisch bis ins Mark und voller Stolz auf ihre Rasse, schrecken sie doch nicht zurück, ihre heiligsten Dinge und ihre Beziehungen für Gold zu verraten. Ohne eine Regierung zu haben, die für Ordnung sorgt, führen sie ständig Fehde gegeneinander und pflegen Feindschaft zu ihren Nachbarn. Mord und Raub sind reine Freizeitvergnügen für sie, Rache und Plünderei sind die Beschäftigungen ihres Lebens. Mit den Bergen als sicherem Rückzugsort haben sie es geschafft, noch jeder Autorität von außen zu trotzen.«

Die Briten dehnten ihre Herrschaft deshalb nur bis zu den Bergen aus. Von den Stammesangehörigen, die in ihrem Machtbereich lebten, verlangten sie Steuern und dass sie sich an die allgemein geltenden Gesetze hielten. Die Menschen in den Bergen dagegen ließen sie in Ruhe. Sie gaben jener Region den Namen »Stammesgebiete«. 1893 legten sie eine Grenze fest, um ihren Machtbereich von dem des Amirs von Kabul abzutrennen: die Durand-Linie, benannt nach dem Außenminister von Britisch-Indien, Henry Mortimer Durand.

Heute ist das die Grenze zwischen Pakistan und Afghanistan, sie führt mitten durch paschtunische Dörfer in den Stammesgebieten, durch karge Berglandschaften, etwa zweitausendsechshundert Kilometer lang. Sie ist kaum zu kontrollieren, verschlungene Pfade führen von der einen Seite auf die andere. Für die Dorfbewohner entlang der Grenze gelten Sonderregelungen, sie dürfen sie frei überqueren. Aber auch Kämpfer nutzen die Wege, hin zu ihren Schlachtfeldern des Dschihad und wieder zurück.

Mit einem Talib an die afghanische Grenze

Dem fünfundzwanzigjährigen Rafiullah begegnete ich im Herbst 2010 in Kohistan, einer Region weit im Norden von Pakistan, wo man zu jener Zeit einige Taliban-Kommandeure antraf. Rafiullah war in Afghanistan groß geworden, in Dschalalabad. Jetzt wollte er dorthin zurück, um sich ein Auto zu kaufen. In Afghanistan bekommt man günstig gebrauchte Autos. Sie werden irgendwo in der Welt gestohlen und dorthin geschmuggelt. Rafiullah war ein Aufständischer, er selbst nannte sich einen »heiligen Krieger«. Tausende junger Männer wie er haben sich in den bergigen Norden von Pakistan zurückgezogen, um sich zu erholen von den Kämpfen in Afghanistan gegen westliche Truppen. Pakistan ist ein relativ sicheres Gebiet, die Nato-Soldaten sind weit weg, die pakistanische Armee ist der einzige Gegner hier, »und manchmal sind deren Soldaten ganz nett«, sagte Rafiullah. Er hielt Kohistan, das jenseits der Stammesgebiete liegt, für besonders sicher, weil es hier im Gegensatz zu den Regionen direkt an der Grenze keine Drohnen der Amerikaner gibt.

Alle paar Wochen fahre er nach Afghanistan, um Freunde und Verwandte zu besuchen und um sich mit Kampfgefährten zu treffen, erzählte er. Schon immer habe es einen regen Pendelverkehr zwischen beiden Ländern gegeben. Er selbst werde wieder dauerhaft nach Afghanistan gehen, »wenn man mich ruft«, sagte er.

Es ist eine merkwürdige Situation: Aufständische wie Rafiullah werden umworben, die afghanische Regierung will sie einbinden in die Gesellschaft, sie resozialisieren, der Westen will mit ihren Kommandeuren reden. Gleichzeitig bekämpft man sie. Die USA werfen Pakistan vor, Menschen wie Rafiullah Unterschlupf zu gewähren. Die pakistanische Regierung und das Militär bestreiten regelmäßig, dass Pakistan ein sicherer Hafen für Dschihadisten aus Afghanistan sei. Sie behaupten, die Grenze zwischen beiden Ländern werde gut kontrolliert. Dass das nicht stimmt, zeigte mir Rafiullah. Er nahm mich mit auf seine Reise.

Ich begann zu verstehen, was Bellew vor mehr als hundert Jahren meinte, als er die Gegensätze dieser Menschen beschrieb. Die Leute waren wirklich sehr gastfreundlich, einerseits. Rafiullah fragte ständig, ob ich noch einen Tee wolle oder vielleicht etwas zu essen. Andererseits konnten sie feindselig sein, geradezu gewalttätig, wenn sie ihre Werte, ihre Ehre verletzt wähnten. Mir fiel auf, dass in Kohistan keine Frauen zu sehen waren. Begegnete man, was selten vorkam, doch einer, trug sie Vollverschleierung und wechselte eilig die Straßenseite.

Als ich das anmerkte, lachte Rafiullah. Sein schwarzer Bart, der ihm bis zur Brust reichte, wackelte. Er sah furchteinflößend aus in seinem strahlendweißen Shalwar Kameez und mit dem dunklen Turban. »Das ist halt unsere paschtunische Kultur«, sagte er. Dass ich das Fehlen von Frauen ansprach, amüsierte ihn. »Aber ich kann schon verstehen, dass man das seltsam findet, wenn man aus Islamabad oder New York kommt.« Er sagte tatsächlich »Islamabad oder New York«. Als wären das vergleichbare Städte. Für ihn waren sie es. Ferne Welten, mit denen er nichts zu tun hatte und denen er ablehnend gegenüberstand.

Sein Kohistan dagegen liebte er. Es sieht aus wie ein Urlaubsparadies: Berge durchziehen die Landschaft, satt bewaldet, manche mit grünen Terrassen, auf denen Bauern arbeiten. Durch das Tal schlängelt sich ein schmaler Fluss, in dem Kinder baden.

Die Region liegt in Khyber-Pakhtunkhwa. Von der Hauptstadt Islamabad erreicht man Kohistan in etwa neun Autostunden über teils holprige Straßen. Alle paar Kilometer schmiegt sich ein Dorf an die Berge, hier und da steht eine einsame Villa, von einem der Großgrundbesitzer.

Mit Rafiullah stieg ich in einen alten Toyota Hi-Lux, jenem Pick-up-Modell, mit dem die Taliban ganz Afghanistan erobert hatten. Auf zur Durand-Linie! War er ein Talib? Ich fragte ihn. Er lächelte. »Was genau sind denn die Taliban?«, fragte er zurück. »Taliban heißt Schüler, jemand, der nach Erkenntnis sucht. In diesem Sinne bin ich einer.« Er überlegte und ergänzte: »*Die* Taliban gibt es sowieso nicht, weder in Afghanistan noch in Pakistan.«

Und tatsächlich, kaum jemand nennt sich selbst so in diesen Ländern. Trotzdem findet man die Krieger in Nordpakistan schnell, die Menschen in den Städten und Dörfern erzählen ohne zu zögern, wer »zu denen« gehört und wo sie sich aufhalten.

Ein Mann, ebenfalls schwarzer Bart, weiße Kleidung, dunkler Turban, steuerte den Pick-up über staubige Bergstraßen bis zu einer Autobahn, schließlich über Peschawar zum Khyber-Pass.

Rafiullah war schweigsam. Er schaute aus dem Fenster, gelegentlich tippte er auf seinem Mobiltelefon herum, ein uraltes Modell. Hin und wieder nickte er ein. Fast zehn Stunden waren wir unterwegs bis nach Torkham, einem der zwei Hauptgrenzübergänge zwischen Pakistan und Afghanistan. Es gibt noch den Übergang Chaman weiter im Süden, außerdem etwa zwanzig kleinere Querungen mit Polizei- und Zollbeamten und mehrere Hundert unbewachte Stellen: Trampelpfade, die Wege der Ziegenhirten und der Extremisten.

In Torkham standen die Lastwagen Schlange, darunter täglich zweihundert und mehr mit Containern für die Nato in Afghanistan. Der Nachschub für die westlichen Truppen – Lebensmittel, Kosmetika, Dinge des täglichen Bedarfs – kam per Schiff in Karatschi an und ging anschließend auf dem Landweg nach Afghanistan, ein Großteil über Torkham.

Rafiullah und sein Fahrer lenkten den Pick-up an den Lastwagen vorbei. Es war ein Bild des Irrsinns: auf der einen Spur der Nachschub für die Nato, auf der anderen der Aufständische Rafiullah, der in Afghanistan gegen jene Soldaten kämpfte, für die dieser Nachschub bestimmt war.

Am eisernen Grenztor war ein Schild angebracht, auf Englisch und Paschtu stand dort:»Möge Frieden auf Erden herrschen«. Die Grenzstation war mit ausländischer Unterstützung aufgebaut worden, auch deutsche Polizisten hatten mitgeholfen.

Der Fahrer hielt ein paar Hundert Meter vor der Grenze, Rafiullah wollte zu Fuß passieren. Auf der anderen Seite wartete ein Freund auf ihn, für die Weiterfahrt nach Dschalalabad. Rafiullah war afghanischer Staatsbürger, aber da er kein Visum für Pakistan hatte, reiste er grundsätzlich ohne Papiere.»Das ist kein Problem«, sagte er und grinste. Bedeutungsvoll rieb er Zeigefinger und Daumen und flüsterte:»Man muss die Beamten nur ein bisschen füttern. Und Paschtune sein.«

Die pakistanischen Grenzer verdienen je nach Dienstgrad zwischen sechstausend und achttausend Rupien im Monat, also zwischen fünfundvierzig und sechzig Euro. Das ist selbst für diese Region wenig Geld.»Ich gebe denen immer fünfhundert Rupien. Manche Lastwagenfahrer müssen mehr als zweitausend Dollar zahlen«, sagte Rafiullah.»Nach Reisepässen fragen die nicht, jedenfalls nicht, wenn man wie ein Paschtune aussieht und Paschtu spricht.«

Kinder schoben Handkarren von der einen Seite auf die andere, trugen Taschen und Koffer. Während die Schlange von Lastwagen nur langsam vorankam, überquerten Reisende zu Fuß zügig die Grenze. Die meisten von ihnen ließen die Beamten unbesehen passieren, niemand verlangte irgendwelche Dokumente. Schmuggler und Krieger haben es hier leicht.

Wer jedoch Punjabi sei, also aus der östlichen Provinz Punjab stamme, werde gefilzt, sagte Rafiullah. »Das Militär und der Geheimdienst sind voller Punjabis, das mögen wir Paschtunen nicht.«

Woran erkennt man einen Punjabi? »Das sehen wir«, sagte Rafiullah. »Und wir hören es.«

Was ist das für eine seltsame Grenze, an der manche kontrolliert werden, andere nicht? An der zwischen Paschtunen und Nicht-Paschtunen unterschieden wird? »Diese Grenze wurde von Ausländern gezogen. Wir akzeptieren sie nicht!«, sagte Rafiullah. Das sehen offensichtlich auch die Grenzbeamten so. Sie nehmen sie als künstliche Trennung, an der man nicht wirklich kontrollieren muss. Immerhin ist es eine Gelegenheit, etwas Schmiergeld zu kassieren. »Ich sehe nicht ein, dass wir über irgendwelche schroffen Berge klettern müssen, um zwischen Afghanistan und Pakistan zu pendeln«, sagte Rafiullah. »Wir sind Paschtunen, und das hier ist unser Land!«

Die Grenze vermag die Paschtunen nicht zu trennen. Die meisten von ihnen leben auf der pakistanischen Seite, etwa dreißig Millionen, und nur halb so viele in Afghanistan, wo sie aber, anders als in Pakistan, die größte Bevölkerungsgruppe stellen.

Der junge Krieger verabschiedete sich von mir. Er hatte nur eine Plastiktüte dabei, mit frischer Kleidung für die kommenden zwei, drei Tage. Dann wollte er wieder hier stehen, in Torkham, an der Grenze, diesmal mit einem eigenen Auto, mit dem er zurückkehren würde nach Kohistan. Er winkte, er begrüßte den Grenzbeamten mit einem kräftigen Schulterklopfer, schüttelte seine Hand, der Händedruck dauerte eine Weile, bis sich der Geldschein von seiner Handfläche löste und an der des Beamten kleben blieb. Rafiullah drehte sich nicht mehr um. Er verschwand nach Afghanistan.

Die Drohnen der Amerikaner und ein Überraschungsangriff

Wegen Leuten wie Rafiullah üben die USA Druck auf Pakistan aus. Sie verstehen nicht, dass es nicht nur kaum möglich ist, eine Grenze wie die Durand-Linie umfassend zu bewachen und den grenzüberschreitenden Verkehr zu kontrollieren, sondern dass es auch von Seiten der Paschtunen überhaupt nicht erwünscht ist. Die USA sehen in dieser Region einen Rückzugsraum für Extremisten und verlangen deshalb von Pakistan ein stärkeres Engagement gegen Terroristen. Ihre Beobachtungen sind ja richtig: Viele Kämpfer, die die Nato-Truppen und hier vor allem die amerikanischen in Afghanistan angreifen, erholen sich in den pakistanischen Stammesgebieten – wohin ihnen die Amerikaner nicht folgen können.

Deswegen fordert Washington von Islamabad, diesen Job zu erledigen. Weil das nur widerwillig geschieht, nutzen die Amerikaner Drohnen, um die Aufständischen aufzuspüren und per Raketenabschuss zu töten – ferngesteuert aus Bunkern des Geheimdienstes Central Intelligence Agency (CIA), die sich weit weg in den USA und in anderen Ländern befinden. Das ist zwar ein völkerrechtswidriger Akt, aber es gibt Hinweise, dass die Regierung in Islamabad diese Luftangriffe toleriert, weil nun die Amerikaner mit ihrem heimlichen Krieg die Schmutzarbeit erledigen, die Pakistan nicht zu machen bereit ist.

In Hintergrundgesprächen geben pakistanische Generäle zu: Die Drohnenangriffe nützten Pakistan, weil sie die Extremisten schwächten und damit auch den Terror im eigenen Land bekämpften. Öffentlich aber kritisieren Politiker und Militärs sie als »Akt der Verletzung unserer Souveränität«. Es geht darum, den Schein zu wahren. Millionen von Pakistanern fallen darauf herein.

Viele Menschen aus den Stammesgebieten erzählten mir, sie

hätten Angst vor den Drohnen, die ständig am Himmel kreisten. Aber auch ein paar Taliban sagten, sie fürchteten sich vor den unbemannten Flugzeugen. Immerhin seien mehrere führende Köpfe auf diese Weise getötet worden. Begonnen hatte den Drohnenkrieg US-Präsident George W. Bush im Jahr 2004. Sein Nachfolger Barack Obama setzte ihn nicht nur fort, sondern erhöhte die Zahl der Angriffe. Mehr als dreitausend Menschen sollen seither getötet worden sein. Menschenrechtsaktivisten sagen, die meisten von ihnen seien Zivilisten, Drohnenbefürworter behaupten, die Zahl der zivilen Opfer sei sehr gering. Überprüfen lässt sich das nicht, weil man in den betroffenen Regionen nicht unbehelligt reisen und recherchieren kann. Studien über die Opferzahlen basieren auf Schätzungen und auf unzuverlässigen Angaben von Augenzeugen und pakistanischen Medien.

Die Amerikaner beließen es aber nicht bei den Drohnenangriffen. Sie gingen einen großen Schritt weiter.

Wenige Monate nach meiner Begegnung mit Rafiullah stiegen am Abend des 1. Mai 2011 gegen 23 Uhr zwei Hubschrauber vom Typ MH-60 Black Hawk in Dschalalabad auf. Kein Licht war eingeschaltet, die Piloten nutzten Nachtsichtbrillen.

Insgesamt dreiundzwanzig Soldaten der Navy Seals waren an Bord beider Maschinen, eine Spezialeinheit der US Navy. Sie gehörten zum Team Six, einer geheimen Truppe für besonders heikle Einsätze wie Geiselbefreiungen, über die weder das Weiße Haus noch das Pentagon Informationen herausgibt. An Bord war auch ein Amerikaner pakistanischer Herkunft, der Urdu und Paschtu sprach und für die Soldaten übersetzen sollte, außerdem ein belgischer Schäferhund.

Um 23.30 Uhr überquerten die Hubschrauber die afghanisch-pakistanische Grenze bei Mohmand, flogen im Tiefflug über die Stammesgebiete, nördlich an der Großstadt Peschawar vorbei, weiter Richtung Abbottabad, eine Stadt etwa zweihundert Kilometer von der Grenze entfernt. Niemand bemerkte die Maschinen, kein Radar erfasste sie, auch weil die pakistanische Regierung hier kaum über das entsprechende technische Gerät verfügt. Man erwartet eben keinen Luftangriff aus Afghanistan, sämtliches militärisches Gerät ist an der östlichen Grenze zum Erzfeind Indien stationiert. Glück für die Amerikaner in dieser sternenklaren Frühsommernacht.

Etwa eineinhalb Stunden nach Start erreichten die Maschinen ihr Ziel.

Inzwischen war der 2. Mai angebrochen, zudem war es in Pakistan durch den Zeitunterschied eine halbe Stunde später als in Afghanistan. Um 0.58 Uhr setzte der Programmierer und Café-Besitzer Sohaib Athar per Twitter die Nachricht ab:»Helikopter schwebt um ein Uhr nachts über Abbottabad (ein seltenes Ereignis)«. Offenbar ging er von einem einzigen Hubschrauber aus. Der dreiunddreißigjährige Familienvater war mit seiner Familie aus der Millionenmetropole Lahore nach Abbottabad gezogen, weil er dem Lärm und der Hitze der Großstadt entkommen wollte und weil die Terroranschläge in Lahore in letzter Zeit zugenommen hatten. Das beschauliche Abbottabad in den Bergen, auf etwa eintausendzweihundert Metern Höhe, schien ein idealer Ort zu sein. Hier waren die Temperaturen angenehm und die Luft klar. Abbottabad gilt als Kurort und Ferienziel, Tausende von Pakistanern reisen im Sommer hierher. Athar konnte als Programmierer von überall arbeiten, warum nicht von Abbottabad aus?

Jetzt war er genervt von dem Krach mitten in der Nacht. Er ging auf den Balkon, um nachzuschauen, was da los war. Eine militärische Übung um diese Zeit? Oder kam da jemand Wichtiges, zur Militärakademie? Nichts davon erschien Athar plausibel, jedenfalls nicht zu dieser nächtlichen Stunde.

Zu sehen war nichts. Seltsam, flog der Hubschrauber tatsächlich ohne Licht? Der Lärm war ohrenbetäubend, er musste ganz nah sein. Warum hatte der kein Licht an? Athar twitterte:»Geh weg, Hubschrauber – bevor ich meine riesige Fliegenklatsche hole.«

Elf Minuten nach der ersten Meldung schrieb er:»Es gab hier in Abbottabad einen Knall, der die Fenster erschüttern ließ. Hoffe, es ist nicht der Beginn von etwas Bösem.«

Eine halbe Stunde später antwortete er auf die Frage, ob es Neuigkeiten gebe und was genau passiert sei:»Nach der Explosion wurde es still, ein Freund sechs Kilometer weit weg hat es auch gehört. Der Hubschrauber ist jetzt fort.« Und er schob nach:»Meine Fliegenklatsche scheint funktioniert zu haben.«

Athar konnte nicht mehr schlafen, er setzte sich wieder an den Computer und suchte nach Informationen. Er fand heraus, dass zwei Helikopter unterwegs waren.»Ein paar Leute sagen zu dieser späten Stunde, dass einer der Hubschrauber kein pakistanischer war.« Um 2.10 Uhr mutmaßte er:»Der Hubschrauber/das Ufo in Abbottabad wurde nahe dem Viertel Bilal Town abgeschossen. Es wird von einem Blitz berichtet. Leute sagen, es könnte eine Drohne gewesen sein.« Es folgten weitere Spekulationen, über einen Abschuss, über einen Unfall während einer Flugübung, zeitweise vermutete Athar, dass ein Pilot ums Leben gekommen sein könnte. Um acht Uhr morgens schrieb er:»Interessante Gerüchte in einem ansonsten ereignislosen Abbottabad liegen in der Luft.«

Schließlich schaffte eine Eilmeldung Klarheit: US-Präsident Obama teilte in Washington mit, die USA hätten den meistgesuchten Terroristen der Welt, Qaida-Chef Osama Bin Laden, getötet. Athar dämmerte, dass es zwischen dem nächtlichen Krach in seiner Nachbarschaft und der Nachricht vom anderen Ende der Welt einen Zusammenhang gab.

Bin Ladens letztes Versteck

Meine Frau und ich saßen am Morgen des 2. Mai 2011 schon sehr früh auf der Dachterrasse und genossen die Sonne und das Vogelgezwitscher. Arshad war gerade gekommen und hatte Pfannkuchen gemacht. Es war einer der großen Vorteile vom Leben in Islamabad: Man konnte oft draußen sitzen, es regnete selten, die Luft war, anders als in vielen Hauptstädten in armen Ländern, meist frisch und klar. Und wir hatten einen herrlichen Blick auf die Margalla-Hills.

Das Telefon in meinem Büro klingelte um kurz nach acht Uhr. Ungewöhnliche Zeit für einen Anruf. Es war Willi Germund, ein Kollege, der gerade in Lahore unterwegs war.

»Hast du schon gehört? Die haben Osama erwischt, hier in Pakistan.«

Unter uns Journalisten in Pakistan war es ein beliebtes Thema für Späße: Was wohl passierte, wenn man eines Tages Bin Laden hier fände? Wie viel Arbeit das für uns bedeutete. Und dass das bloß nicht dann geschähe, wenn wir im Urlaub waren!

Ich glaubte, Willi machte einen Witz.

»Willi, es ist Montagmorgen, acht Uhr. Was willst du?«

»Im Ernst: Die Amis haben Osama erwischt! Läuft gerade im Fernsehen. Obama soll das selbst bekannt gegeben haben.«

»Und wo?«

»Irgendwo in der Nähe von Islamabad.«

Wir verabredeten, später noch einmal zu telefonieren. Willi wollte so schnell wie möglich von Lahore nach Islamabad kommen. Vier Stunden würde er dafür mindestens benötigen.

Ich ging ins Büro und schaltete den Fernseher ein. Es dauerte keine Minute, und ich fand Obama, im schwarzen Anzug, mit roter Krawatte, auf einem roten Teppich im Weißen Haus stehend.

»Guten Abend. Heute Nacht kann ich dem amerikanischen Volk und der Welt mitteilen, dass die Vereinigten Staaten eine Operation ausgeführt haben, bei der Osama Bin Laden, der Chef von al-Qaida, getötet wurde, ein Terrorist, der verantwortlich ist für den Mord an Tausenden von unschuldigen Männern, Frauen und Kindern.«

Neuneinhalb Minuten lang redete Obama im East Room des Weißen Hauses. Er erinnerte an die Toten des Terroranschlags vom 11. September 2001. »Die Bilder haben sich in unser nationales Gedächtnis eingebrannt – entführte Flugzeuge, die durch einen wolkenlosen Septemberhimmel schneiden, die Zwillingstürme, die auf dem Boden zusammenstürzen, schwarzer Rauch, der aus dem Pentagon aufsteigt, das Wrack von Flug 93 in Shanksville, Pennsylvania, wo die Handlungen heroischer Bürger noch mehr Herzzerreißen und Zerstörungen verhindert haben. Und doch wissen wir, dass die schlimmsten Bilder jene sind, die unsichtbar für die Welt geblieben sind. Der leere Platz am Esstisch. Kinder, die gezwungen waren, ohne ihre Mutter oder ihren Vater aufzuwachsen. Eltern, die niemals mehr erleben werden, wie es sich anfühlt, von ihrem Kind umarmt zu werden. Fast dreitausend Bürger wurden uns genommen, eine klaffende Lücke blieb in unseren Herzen zurück.«

Obama beschrieb die Entschlossenheit der Amerikaner, als Nation zusammenzustehen und vereint gegen die Täter zu kämpfen. Und er beschrieb, wie man in den zurückliegenden zehn Jahren daran gearbeitet habe, Bin Laden zu finden und al-Qaida zu zerstören. Er selbst habe kurz nach seinem Amtsantritt angeordnet, dass »die Tötung oder Gefangennahme Bin Ladens höchste Priorität« haben müsse, erklärte Obama.

»Und dann, nach Jahren akribischer Arbeit unserer Geheimdienste, wurde ich im August (2010) informiert, dass es eine mögliche Spur zu Bin Laden gibt.« Diese Spur sei »alles andere als wasserdicht« gewesen, und es habe vieler Monate bedurft, um Gewissheit zu erhalten. Nach und nach habe sich die Erkenntnis erhärtet, dass Bin Laden sich »tief innerhalb von Pakistan auf einem Anwesen« verstecke. »Und schließlich, vergangene Woche, habe ich entschieden, dass wir über genügend geheimdienstliche Informationen verfügten, und ich habe grünes Licht für eine Operation gegeben, Osama Bin Laden zu fassen und zur Rechenschaft zu ziehen.«

Endlich folgte eine Information zum Ort, der Name einer Stadt, durch die ich mehrmals auf Reisen Richtung Norden gefahren war, die ich als hübsch und grün, geradezu idyllisch wahrgenommen hatte, aber kaum kannte: »Heute, auf meine Anweisung, starteten die USA eine gezielte Operation gegen das Anwesen in Abbottabad, Pakistan. Ein kleines Team von Amerikanern führte die Operation mit außergewöhnlichem Mut und außergewöhnlicher Fähigkeit aus. Kein Amerikaner kam zu Schaden. Sie achteten darauf, zivile Opfer zu vermeiden. Nach einem Feuergefecht töteten sie Osama Bin Laden und nahmen seine Leiche in Gewahrsam.«

Abbottabad hat etwa einhundertfünfzigtausend Einwohner und ist damit für pakistanische Verhältnisse eine Kleinstadt. Von Islamabad ist sie nur fünfzig, sechzig Kilometer Luftlinie entfernt, aber man fährt je nach Verkehr bis zu drei Stunden mit dem Auto. Bin Laden hatte sich in einem der schönsten Orte des Landes versteckt. Gegründet wurde er von den Kolonialherren in Britisch-Indien Mitte des neunzehnten Jahrhunderts als Garnisonsstadt. Erster Verwaltungschef des Distrikts war der Major James Abbott, nach dem die Stadt benannt ist. Entsprechend verströmt sie postkolonialen Charme mit ihrer europäischen Architektur, den großzügigen Bungalows, den breiten Straßen und weitläufigen Gärten, dazwischen überall Kasernen. Nach der Entstehung Pakistans entschied sich der junge Staat, die

Stadt als Militärstandort beizubehalten. Die Armee siedelte hier die Militärakademie Kakul an, vergleichbar mit der britischen Offiziersschmiede Sandhurst oder dem amerikanischen West Point. In Abbottabad leben so viele Soldaten wie in sonst keiner anderen Stadt dieser Größe. Auch pensionierte Offiziere ziehen gern hierher, um der Hitze des Südens zu entfliehen. Plötzlich war dieses ruhige Städtchen weltberühmt.

Der pakistanische Teil der Provinz Kaschmir beginnt nur zwanzig Kilometer westlich von hier, und da die pakistanischen Generäle ständig einen Einmarsch Indiens befürchten, gilt die Stadt wegen der sensiblen Militäreinrichtungen seit jeher als Sicherheitsbereich. Ausgerechnet hier, in der Hochburg des Militärs, hatte Bin Laden sein Versteck. Die meisten Terrorexperten und Geheimdienstmitarbeiter aus aller Welt hatten ihn eher in den Stammesgebieten, vor allem in Nord- oder Süd-Waziristan, vermutet oder in irgendeinem unübersichtlichen Viertel in der Millionenmetropole Karatschi. Aber Bin Ladens Haus lag gerade mal einen Kilometer von der Militärakademie entfernt. Die Straße heißt sogar Kakul Road.

In Deutschland war es noch mitten in der Nacht. Ich klingelte Kollegen in Hamburg aus dem Bett, um sie über die Nachricht zu informieren. Auf SPIEGEL ONLINE hatte eine Nachtschicht gerade die Eilmeldung veröffentlicht. Ich sagte, ich würde zusehen, so viele Informationen zu schicken wie möglich, dann würde ich mich schnellstens auf den Weg nach Abbottabad machen.

Ich rief Sajid an und fragte ihn, ob er den Tag über – und vielleicht ein paar weitere Tage – Zeit habe, um mit mir nach Abbottabad zu fahren.

»Wollen Sie Urlaub machen?«

»Nein, nein, ich erklär dir das, wenn du hier bist«, sagte ich. »Beeil dich.«

Ich zog einen alten Shalwar Kameez an, um möglichst unauffällig auszusehen, packte Kamera und Blöcke ein, außerdem Wäsche für den Fall, dass wir länger bleiben würden.

Ich telefonierte mit dem Sprecher der pakistanischen Armee, Generalmajor Athar Abbas. Er wirkte nervös, nicht ganz bei der Sache und bestätigte nur, ja, es habe einen Vorfall gegeben, man könne aber zum jetzigen Zeitpunkt nichts weiter dazu sagen. Einer seiner Mitarbeiter war gesprächiger, er erklärte, man sei »stolz, dass pakistanische Truppen gemeinsam mit US-Truppen den Chef von al-Qaida getötet haben«. Ein pakistanischer Geheimdienstoffizier, den ich auf dem Weg in sein Büro erreichte, sagte, man habe Bin Laden im August aufgespürt und seither verfolgt. »Amerikanische und pakistanische Spezialkräfte wollten einen geeigneten Zeitpunkt abpassen, damit der Zugriff auf jeden Fall ein Erfolg wird«, sagte er. Ein anderer Offizier des Militärgeheimdienstes ISI bestätigte, Bin Laden sei »in einer hochgeheimen, zwischen pakistanischen und US-Kräften koordinierten Aktion« aufgespürt und getötet worden. Über den genauen Ort und die Art und Weise der Kommandoaktion wollte er aber nichts sagen.

Die pakistanische Regierung hatte in all den Jahren zuvor vehement abgestritten, Bin Laden oder andere gesuchte Männer wie sein Vize Aiman al-Zawahiri oder der afghanische Taliban-Chef Mullah Omar hielten sich in Pakistan versteckt. Und nun das.

Am Vormittag des 2. Mai, wenige Stunden nach Bin Ladens Tod, verschickte das pakistanische Außenministerium eine Pressemitteilung. Darin hieß es, »früher am Tage« habe Präsident Obama Präsident Zardari telefonisch über die erfolgreiche Operation von US-Kräften informiert. »Osama Bin Ladens Tod zeugt von der Entschlossenheit der internationalen Gemeinschaft einschließlich Pakistans, Terrorismus zu bekämpfen und auszulöschen. Al-Qaida hat Pakistan den Krieg erklärt. Zahlreiche von al-Qaida zu verantwortende Angriffe haben zum Tod von Tausenden von unschuldigen pakistanischen Männern, Frauen und Kindern geführt. Nahezu dreißigtausend pakistanische Zivilisten haben in den vergangenen Jahren ihr Leben durch Terrorangriffe verloren. Mehr als fünftausend pakistanische Sicherheitskräfte und Armeeangehörige wurden in Pakistans Kampf gegen al-Qaida und andere Terrororganisationen zu Märtyrern. Pakistan hat eine bedeutende Rolle gespielt in den Bemühungen, Terror auszumerzen. Wir hatten extrem wirkungsvolle Vereinbarungen über das Teilen von Geheimdienstinformationen mit mehreren Geheimdiensten, einschließlich der US-amerikanischen. Wir werden die internationalen Bemühungen gegen Terrorismus weiter unterstützen.«

Während die Militärs und Geheimdienstleute keine Ahnung hatten, was sie sagen sollten, weil sie von der Aktion überrascht worden waren, tat das Außenministerium immerhin nicht so, als sei Pakistan an dem Einsatz beteiligt gewesen. Und dass Obama »früher am Tage« seinen pakistanischen Amtskollegen über die erfolgreiche Operation informiert hatte, kaschierte das eigentlich Brisante, nämlich dass die Regierung in Islamabad erst in Kenntnis gesetzt worden war, als alles gelaufen war.

Pakistans Anteil an der Operation Neptune's Spear war also: null. Auch mit der Entdeckung Bin Ladens, mit der monatelangen geheimdienstlichen Arbeit hatte Pakistan nichts zu tun. Die Verärgerung darüber, dass die USA Pakistan nicht frühzeitig eingebunden hatten, war groß.

Wie genau die USA ihn aufgespürt hatten, darüber gab es in den Tagen und Wochen darauf unterschiedliche Angaben. Mal sollte eine der drei Witwen ihn verraten haben, aus Eifersucht über eine der anderen Frauen. Mal schrieb ein amerikanischer Journalist, ein pakistanischer Geheimdienstoffizier habe von Bin Ladens Aufenthaltsort gewusst und ihn an die CIA verraten. Dann wieder hieß es, der pakistanische Arzt Shakil Afridi, der für den US-Geheimdienst gearbeitet haben soll, habe eine Impfaktion vorgetäuscht und auf diese Weise versucht, an DNA-Material zu kommen, um herauszufinden, ob es sich tatsächlich um Bin Laden in dem Haus handelte. Es gilt als sicher, dass Afridi und seine Mitarbeiter nie jemanden aus Bin Ladens Haus impften, mithin nicht erfolgreich waren. Dennoch wurde Afridi später von einem pakistanischen Gericht zu dreiunddreißig Jahren Haft verurteilt, nicht wegen seiner Bemühungen, Bin Laden zu finden, sondern wegen angeblicher Unterstützung einer Terrororganisation. Anstatt Afridi zu feiern für seine – wenn auch ergebnislose – Unterstützung, Bin Laden aufzuspüren, wird er als Verräter geschmäht.

Die Frage bleibt, wie die CIA überhaupt darauf kam, dass Bin Laden in Abbottabad lebte und daraufhin Afridi auf ihn ansetzte.

Eine Theorie besagt, dass die Spur über seinen Helfer und Kurier Ahmed al-Kuwaiti führte, dem die CIA durch Vernehmungen anderer Terrorverdächtiger in Guantanamo auf die Schliche gekommen war. Man spürte Kuwaiti auf und beobachtete ihn fortan. Die Geheimdienstmitarbeiter stellten fest, dass er regelmäßig zu einem großen, etwas abseits gelegenen Anwesen in Abbottabad fuhr, das von einer bis zu sechs Meter hohen Mauer umgeben war. Die Fenster zur Straßenseite hin waren zugemauert. Eine genauere Untersuchung ergab, dass keine Telefon- und Internetleitungen zu diesem Haus führten. Das war für ein Gebäude in Abbottabad ungewöhnlich. Aufnahmen, die man per Drohne machen ließ, zeigten, dass die Bewohner des Hauses ihren Müll auf dem Grundstück verbrannten. Auf den Bildern sah man mehrere Bewohner, darunter Kuwaiti, dessen Ehefrau, seinen Bruder Abrar al-Kuwaiti mit Familie, weitere Kinder – und immer wieder einen hochgewachsenen, Hut tragenden Mann, der das Anwesen nur äußerst selten verließ, dafür aber oft auf dem Grundstück spazieren ging. Wegen der Kopfbedeckung war sein Gesicht nicht zu erkennen, und der Mann blickte nie nach oben. Ahnte er, dass er vom Himmel aus beobachtet wurde? War das Osama Bin Laden?

Spricht man mit amerikanischen Diplomaten und Militärs und liest die zahlreichen Berichte, findet man heraus, dass bis zum Schluss nicht hundertprozentig feststand, ob es sich bei dem mysteriösen Mann tatsächlich um Bin Laden handelte. Gewissheit gab es also nicht. Zwischen Obamas Beratern, den beteiligten Ministern und Geheimdienstleuten gingen die Meinungen darüber weit auseinander. Manche hielten das für »unwahrscheinlich«, andere sprachen von »mit an Sicherheit grenzender Wahrscheinlichkeit«.

Obama entschied sich für das Risiko eines Angriffs, vielleicht auch, weil zuvor im Herbst die Internetplattform Wikileaks begonnen hatte, diplomatische Berichte der USA zu veröffentlichen. Darunter waren auch viele Protokolle von Gesprächen mit Gefangenen in Guantanamo. Befürchtete man, dass Bin Laden auf den Gedanken gebracht werden könnte, die USA seien ihm dicht auf den Fersen?

Hätte es sich tatsächlich nicht um Bin Laden gehandelt oder wäre die Aktion schiefgegangen, zum Beispiel durch einen Angriff der pakistanischen Luftwaffe auf die US-Hubschrauber, »hätten wir uns immer noch überlegen können, wie man sich aus der Sache rausredet«, sagte mir ein US-Diplomat.

Zur Sicherheit waren neben den beiden Black Hawks vier weitere Hubschrauber unterwegs: MH-47 Chinooks. Zwei davon blieben an der Grenze, mit Kerosin zum Auftanken der Black Hawks auf dem Rückweg, die zwei anderen folgten den Black Hawks in einigen Kilometern Entfernung und landeten in einem trockenen Flussbett auf pakistanischem Territorium, um im Notfall helfen und, sollten die Pakistaner tatsächlich angreifen, den Weg freischießen zu können.

In allen Hubschraubern saßen weitere Soldaten als Reserve. Sie alle hatten den Zugriff wochenlang trainiert, in nachgebauten Anwesen in der Wüste von Nevada, in einem Wald in North Carolina und im US-Stützpunkt im afghanischen Bagram. Obwohl sie noch nie in Abbottabad gewesen waren, kannten sie jeden Winkel in Bin Ladens Haus.

Aber um ein Uhr nachts am 2. Mai 2011 passierte etwas, womit sie nicht gerechnet hatten: Ausgerechnet über Bin Ladens Haus geriet der erste Hubschrauber außer Kontrolle. Anstatt über dem Gebäude zu schweben, damit der erste Trupp der Seals sich abseilen konnte, sank die Maschine plötzlich im eigenen Abwind ab. Man nennt dieses Phänomen Wirbelringstadium, es tritt gelegentlich im Schwebeflug auf. In diesem Fall hatte es mit den hohen Mauern um das Gebäude zu tun, die die Luftzirkulation veränderten, außerdem mit den außergewöhnlich hohen Außentemperaturen. Der Pilot, ein erfahrener Soldat, schaffte es mit Glück noch in letzter Sekunde, den Hubschrauber auf dem Grundstück neben dem Gebäude zu landen. Dabei bohrte sich der Bug in die Erde. Das Heck stieß an die hohe Mauer.

Die Piloten im zweiten Hubschrauber beobachteten das Unglück und verzichteten darauf, den Versuch zum Abseilen zu starten. Stattdessen landeten sie auf einem Rasenstück gegenüber von Bin Ladens Haus.

Was in den folgenden achtunddreißig Minuten geschah, lässt sich rekonstruieren, weil mehrere Beteiligte Informationen durchsickern ließen – nicht zuletzt Matt Bissonnette, der einer der Teamführer war und unter dem Pseudonym Mark Owen ein Buch über die Operation schrieb und damit die US-Regierung verärgerte. Sie wirft ihm Geheimnisverrat vor.

Wie durch ein Wunder hatten alle Soldaten die Bruchlandung

ohne Verletzung überstanden. Sie und ihre Kameraden aus dem zweiten Hubschrauber sprengten Tore und Türen und stürmten das Haupthaus sowie das Nebengebäude. Sie erschossen Ahmed al-Kuwaiti, der auf die eindringenden Seals mit einer Kalaschnikow AK-47 feuerte, im Hauptgebäude Abrar al-Kuwaiti und dessen Frau Bushra, als sie sich schützend vor ihren Mann warf, auf dem Weg nach oben Khalid, einen Sohn Bin Ladens. Bin Laden selbst wurde im obersten, im dritten Stock vermutet. Das Treppenhaus war durch zwei Metalltüren gesichert. Die Soldaten sprengten sie auf. Bislang war Ahmed al-Kuwaiti der Einzige, der auf die Seals geschossen hatte. Alle anderen waren in Deckung gegangen oder hatten es nicht geschafft, an ihre Waffen zu kommen. Der einzige Mann, der noch im Haus sein und Widerstand leisten konnte, war Bin Laden, wenn die Geheimdienstinformationen stimmten.

Ihn fanden die Seals dort, wo sie ihn erwartet hatten: in seinem Schlafzimmer im dritten Stock. Zwei seiner Frauen waren bei ihm, die Soldaten zerrten sie weg. Sie befürchteten, dass sie Sprengstoffwesten trugen, aber diese Sorge stellte sich als unbegründet heraus. Die Seals feuerten Schüsse auf den Mann, sie trafen ihn in der Brust und über dem rechten Auge.

Knapp zehn Jahre nach den Terroranschlägen vom 11. September 2001 war Bin Laden tot.

Die Soldaten entnahmen seiner Leiche DNA-Proben, sammelten in Eile Computer, Mobiltelefone, Festplatten und Ordner ein, fesselten die Frauen und Kinder, fotografierten sie und ließen sie auf dem Grundstück zurück. Im abgestürzten Hubschrauber zertrümmerten sie die Instrumente, brachten Sprengladungen an und zerstörten das Wrack, damit möglichst nichts Verwertbares zurückblieb.

Nach dem Absturz war einer der im Flussbett wartenden Hubschrauber für den Rücktransport der Seals angefordert worden. Die Soldaten bestiegen die zwei Maschinen und verschwanden zurück nach Afghanistan. Den Leichnam von Bin Laden nahmen sie mit. Er sollte nach einer Untersuchung im Indischen Ozean seebestattet werden.

Sajid drückte aufs Gas, und nach knapp zwei Stunden, gegen elf Uhr vormittags, erreichten wir Abbottabad. Die Geschäfte hatten seit etwa einer Stunde geöffnet, auf den Märkten herrschte das übliche Treiben zu Wochenbeginn. Die Menschen hatten von der nächtlichen Aktion gehört, davon, dass Osama Bin Laden in ihrer Stadt gelebt hatte und nun getötet worden war. Sie machten einen gelassenen, nein, gleichmütigen Eindruck.

Ein paar pakistanische Fernsehteams waren schon vor Ort, wir folgten dem Wagen eines Senders bis zu einer Absperrung. Militärpolizisten standen dort mit Maschinenpistolen, man ließ kein Auto weiter vor. Sajid stieg aus, tat ganz ahnungslos und fragte einen der Uniformierten, was denn los sei. Der erklärte, es habe einen »sicherheitsrelevanten Vorfall« gegeben, und die Straße sei möglicherweise den ganzen Tag gesperrt.

Ich ging zu Fuß in eine Seitenstraße und versuchte ein paar Hundert Meter weiter, nun von einer anderen Seite, näher an den Ort des Geschehens zu kommen. Auch da stand irgendwann wieder Militärpolizei. »Geht weg, hier passiert heute nichts mehr«, sagte uns ein Offizier im Befehlston. Die Journalistenkollegen lachten. Der Offizier wurde wütend. »Geht! Und macht die Kameras aus!«, blaffte er nervös in Richtung der Fernsehreporter. »Kein Film, keine Fotos!«

Zusammen mit einer Gruppe von pakistanischen Journalisten stand ich da und wartete, dass irgendetwas geschah. Herumlungern gehört zum Geschäft, und vielleicht würden die Soldaten uns irgendwann doch noch vorlassen, oder wir würden eine Gelegenheit abpassen, an ihnen vorbeizuschleichen. Es gab eine Wiese, über die man gehen konnte, aber der Weg führte direkt an der Militärakademie vorbei. Da waren bestimmt auch Wachposten, und die würden nicht gerade freundlich reagieren, wenn sie uns sähen.

Während ich noch überlegte, näherten sich uns mehrere Polizeiwagen im Schritttempo aus der Richtung des Tatorts. Dahinter folgte ein Traktor mit Anhänger. Ein paar Soldaten schoben ein Metallgitter zur Seite, das die Straße absperrte, und ließen die seltsame Kolonne durch. Als der Traktor abbog, erkannten wir, was da weggeschafft wurde: Teile des Wracks des abgestürzten Hubschraubers. Notdürftig hatte man Wolldecken darübergeworfen, die aber während der Fahrt auf holpriger Straße heruntergerutscht waren. Man sah die olivgrüne Oberfläche.

»Die Amerikaner machen einen Höllendruck, dass der Hubschrauber wegkommt und ihn niemand sieht«, hatte mir ein pakistanischer Offizier am Telefon gesagt, während meiner Fahrt nach Abbottabad. »Das ist angeblich ein hoch geheimes Gerät, aus einem besonderen Material. Der Hubschrauber soll sehr leise sein und vom Radar kaum erfasst werden können.«

»Habt ihr euch die Maschine schon angeschaut?«, fragte ich.

»Unsere Leute sind bestimmt schon dabei. Die Amerikaner haben jetzt Panik, dass wir ihre super geheime Technologie kopieren – oder an unsere chinesischen Freunde verkaufen.« Er lachte schallend. »Selbst schuld! Warum dringen die auch in fremdes Territorium ein?«

Nun sah ich die Maschine mit eigenen Augen und machte sofort ein paar Fotos. Auch die Fernsehreporter richteten ihre Kameras auf den vorbeifahrenden Traktor.

Die Militärpolizisten hatten uns die ganze Zeit im Auge behalten. Jetzt kamen sie mit vor Wut verzerrten Gesichtern auf uns zu. Zu spät bemerkte ich, dass sie ihre Schlagstöcke aus den Halterungen nahmen und damit auf uns eindroschen. Einem Kameramann fiel die Kamera von der Schulter. Ein anderer blutete am Kopf, er hatte eine Platzwunde. Ich bekam einen Schlag auf den Oberarm.

»Alle Kameras her!«, brüllte ein Soldat.

Was blieb uns anderes übrig?

Wir gaben unsere Kameras ab. Ein Reporter weigerte sich, es kam zu einem Gerangel zwischen ihm und einem Soldaten, und am Ende fiel der Fotoapparat zu Boden. Der Soldat hob ihn auf, drehte sich um und ging weg. Man ließ uns im Unklaren, ob wir unsere Kameras zurückerhalten würden. Die Soldaten kontrollierten unsere Ausweise, und als sie meinen deutschen Pass sahen, forderten sie mich auf, in einen ihrer Geländewagen zu steigen. Sie fuhren mit mir ein paar Kilometer in ihr nächstes Büro. Dort nahmen sie meine Personalien auf, sprachen aber ansonsten kein Wort mit mir.

Ich fragte sie mehrmals: »Was soll das? Warum behindern Sie uns bei unserer Arbeit? Was haben Sie zu verbergen? Und warum schlagen Sie uns?«

Schweigen.

Nach einer Dreiviertelstunde fuhr mich ein Soldat zurück zu der Stelle, wo ich den Hubschrauber fotografiert hatte.

»Und wo ist meine Kamera?«, fragte ich ihn.

»Warten Sie hier!«, sagte er.

Ein paar Minuten später drückte er mir meine Kamera in die Hand. Die Fotos, auf denen der Hubschrauber zu sehen war, waren gelöscht. Glücklicherweise waren alle anderen Bilder noch da.

Sajid tauchte nun auch wieder auf, ich hatte ihn per Telefon zu der Stelle dirigiert. Er wirkte verängstigt. Als er sah, dass ich aus einem Militärauto stieg, schien er beunruhigt. Ich erzählte ihm, was geschehen war. Er sagte: »Ich glaube, wir sollten uns jetzt lieber wieder auf den Weg nach Islamabad machen.«

Aber ich wollte bleiben. Wir fuhren jetzt durch die Stadt, ich sprach mit Anwohnern über die Ereignisse, hörte mir ihre Vermutungen, Kommentare und Zweifel an.

Die meisten sagten:»Bin Laden hier? Bei uns? Das kann nicht sein!«

»Das haben die Amerikaner bestimmt so eingefädelt!«

»Alles nur Show!«

»Wir sind gespannt, wann sie Beweise liefern, Fotos oder so.« Jemand erzählte mir, man könne das Versteck Bin Ladens von einem der Berge in der Umgebung aus sehen. Wir fuhren bis zu der Aussichtsplattform, die man uns beschrieben hatte. Das Anwesen bekamen wir auch von dort aus nicht zu Gesicht, es wurde von anderen Gebäuden verdeckt. Immerhin konnte ich mir eine Vorstellung von dem Standort machen.

Kurz vor Mitternacht fuhren wir zurück nach Islamabad, um ein paar Stunden zu schlafen. Früh am nächsten Morgen waren wir schon wieder auf dem Weg nach Abbottabad. Auch an diesem Tag wurde kein Journalist zum Ort des Geschehens vorgelassen. Offensichtlich waren pakistanische Ermittler dabei, weitere Spuren zu sichern und den Hergang der Kommandoaktion zu rekonstruieren. In Gesprächen mit Militärs und Polizisten spürte ich, dass die Wut auf die Amerikaner stetig wuchs. Denn wie man die Sache auch drehte und wendete: Die ganze Angelegenheit war für Pakistan eine Blamage. Es gibt nämlich nur zwei plausible Erklärungen dafür, dass Bin Laden sich sechs Jahre lang in der Nachbarschaft der hochgesicherten Militärakademie verstecken konnte. Entweder waren Teile der Regierung, der Armee oder des Geheimdienstes – oder von allen dreien gleichzeitig – Komplizen Bin Ladens und deckten ihn, oder sie waren so unfähig, dass sie den meistgesuchten Mann der Welt, der direkt vor ihrer Nase lebte, nicht entdeckten.

Kollaborateure des Terroristenchefs oder Versager, das waren die einzigen Alternativen.

Irgendwann müssten sie uns Journalisten doch zu dem Haus vorlassen! Ich beschloss, nun in Abbottabad zu bleiben, bis ich vor Ort gewesen war. Die Regierung war so aufgebracht über die düsteren Schlagzeilen in aller Welt, dass sie es Hoteliers untersagte, ausländische Journalisten zu beherbergen. Ich fand ein kleines Gästehaus, das nicht nach meinem Beruf fragte und mich für einen Pakistaner hielt. Dort quartierten Sajid und ich uns ein.

Am nächsten Morgen war es dann so weit, man ließ uns überraschenderweise durch: zuerst zu einem Nachbargebäude, von dessen Dach aus wir das Bin-Laden-Haus sehen, fotografieren, filmen konnten, dann bis vor das Haus – aber nicht hinein. Es war ein großes Anwesen, ein in besseren Zeiten wohl mal weißes Gebäude, jetzt grau. Mauern um Häuser sind in Pakistan überall üblich, vor allem in konservativeren Gegenden, um die Frauen vor den Blicken neugieriger Fremder zu schützen, aber diese Mauern waren wirklich ungewöhnlich hoch. Das Anwesen wirkte verwahrlost, war aber wegen der Größe des Grundstücks umgerechnet sicher zweihundertfünfzigtausend Euro wert. Von einer »Luxusvilla«, wie Boulevardblätter aus aller Welt geschrieben hatten, war es aber weit entfernt.

Wie es drinnen aussah, erfuhr die Welt durch Filmaufnahmen, die ein pakistanischer Ermittler gemacht und an einen amerikanischen Sender weitergegeben haben musste, vermutlich für viel Geld. Die Bilder zeigten karg eingerichtete Räume, kahle Wände, im Treppenhaus Blutspritzer.

Das Haus bewachten Militärpolizisten. Ich ging zu einem jungen Kerl in Uniform, der freundlich aussah, und fragte ihn, ob ich wenigstens einmal einen Blick hineinwerfen dürfe. Er schaute sich um, und als er keinen Vorgesetzten sah, öffnete er die Metalltür. Ich schlüpfte hindurch und sah den Innenhof: einen ungepflegten Rasen und eine große Fläche, auf der Gemüse angebaut wurde. Die Bewohner hatten sich augenscheinlich selbst versorgt. Überall waren Schuhabdrücke, es waren wohl viele Ermittler und Sicherheitskräfte hier gewesen und hatten aufgeräumt.

Aber nicht gründlich genug: In einer Ecke entdeckte ich ein olivgrünes Stück Metall, die Oberfläche rau wie Sandpapier. Es musste vom Hubschrauber abgesplittert sein. Mehrere Uniformierte betraten jetzt das Grundstück und beobachteten mich misstrauisch. Ich ließ das Metallstück verschwinden. Die Männer bedeuteten mir, dass ich jetzt gehen sollte.

Ab und zu habe er sie gesehen, die Leute aus dem Haus, sagte mir Abdul, ein achtundzwanzigjähriger Bauer aus der Nachbarschaft. An dem Tag sprühte er Pestizide mit einer Handpumpe auf seinen Blumenkohl, auf dem Feld direkt neben dem Bin-Laden-Grundstück. »Ich habe hier die letzten drei Tage ja nicht arbeiten können. Jetzt sind viele Köpfe schon von Ungeziefer befallen«, schimpfte er.

Von seinem Acker blickte man auf die Hinterseite des Hauses, und über der Mauer sah man das Zimmer im dritten Stock, in dem Bin Laden drei Tage zuvor erschossen worden war.

»Ihn habe ich nie gesehen, aber zwei Männer, die alle hier im Ort für Brüder oder Cousins hielten«, sagte Abdul. »Sie hatten einen kleinen weißen Geländewagen und einen roten Suzuki-Bus. Meistens fuhren sie mit dem Geländewagen weg. Manchmal saßen auch Frauen drin, aber sie trugen weiße Burkas, außerdem waren an den Seitenfenstern Gardinen angebracht. Man konnte nicht viel erkennen.«

Die beiden Männer, sagten sie in der Nachbarschaft, hätten längere Bärte gehabt, außerdem »normale Kleidung« getragen, also Shalwar Kameez. Sie seien in ihren Dreißigern gewesen, beide verheiratet, »mit mehreren Kindern«. »Obwohl sie alte Autos fuhren, waren sie für uns reiche Leute«, sagte Abdul. »Die meisten Menschen in dieser Gegend besitzen nicht einmal einen Wagen. Und das Grundstück ist außergewöhnlich groß.«

Jeder hatte etwas zu erzählen. Der Friseur ein paar Straßen weiter sagte, er sei den beiden Männern häufiger begegnet. »Sie kamen mit den Kindern, um ihnen Süßigkeiten oder Eis zu kaufen«, erinnerte er sich. »Aber sie haben nie viel geredet. Keiner von uns wusste viel über sie.« Darüber, dass sie zurückgezogen hinter hohen Mauern lebten, habe sich niemand gewundert. Das sei ja durchaus üblich hier. Man habe sie für konservative Paschtunen gehalten oder auch für diskrete Drogendealer.

Die Kinder, sagte ein Ladenbesitzer, hätten nicht mit anderen im Dorf gespielt, sondern nur auf dem eigenen Grundstück. Man habe gelegentlich Kindergelächter hinter den Mauern gehört. Wenn andere Kinder draußen Cricket spielten und ein Ball über die Mauer flog, hätten sie sich nicht getraut, an das Tor zu klopfen und ihn zurückzuholen. Die Bewohner hätten ihnen das Gefühl vermittelt, dass Besuch – welcher Art auch immer – unerwünscht sei. Was sie taten, wovon sie lebten, all das war unbekannt.

Aber in einem waren sich all diese Leute, die Nachbarn, überhaupt die Bewohner von Abbottabad einig: Es sei längst nicht bewiesen, dass Osama Bin Laden tatsächlich hier gelebt hatte.

Dem Stadtteil Bilal Town haftet seither trotzdem der Name »Bin Laden Town« an. Die Gegend wurde wenige Tage nachdem man Journalisten erlaubt hatte, das Haus von außen zu betrachten, wieder abgeriegelt. Nur weil mir ein benachbarter Mann half, indem er mich als alten Freund aus Islamabad ausgab, gelang es mir, an den Sperren durchgelassen zu werden.

Trotzdem setzte ein Strom von Schaulustigen nach Abbottabad ein, in der vergeblichen Hoffnung, einen Blick auf den Einsatzort der Navy Seals werfen zu können. Das lag auch daran, dass Abbottabad auf dem Weg zu einem nahe gelegenen Erholungsgebiet liegt. Einmal griffen Sicherheitskräfte den dänischen

Botschafter und seine Frau auf und ließen das Paar erst nach einer Vernehmung auf der Polizeistation wieder laufen. Die Regierung versuchte, den Besucherandrang zu stoppen, indem für Ausländer fortan eine Sondergenehmigung für den Besuch der Stadt erforderlich war. In den meisten Fällen wurden die Anträge abgelehnt.

»Es war klar, dass dieser Ort zu einer Touristenattraktion und dieses Haus womöglich zu einem Wallfahrtsort für Bin-Laden-Anhänger wird«, sagte mir ein Offizier. Das Gebäude war aber auch ein Symbol für das Scheitern des pakistanischen Sicherheitsapparats. Die Bewohner von Abbottabad begannen zudem, sich über die strengen Sicherheitsvorkehrungen in ihrer Stadt zu beklagen. Es werde immer schwieriger, sich frei zu bewegen. Also beschloss die Regierung, das Bin-Laden-Haus abzureißen. Ende Februar 2012, nicht einmal ein Jahr nach der Tötung Bin Ladens, rückten die Bagger an und machten es innerhalb eines Wochenendes dem Erdboden gleich.

Bis heute wollen viele Menschen in Pakistan nicht wahrhaben, dass der Chef von al-Qaida in Abbottabad gelebt haben soll. Die Lokalzeitungen schrieben nur wenig über die Geschichte, selbst in den Tagen nach der nächtlichen Aktion. Ein Journalist nannte den Schlag gegen Bin Laden »ein Bühnenstück, ein Drama, inszeniert von den Amerikanern, um einen Anlass zu haben, sich aus Afghanistan zurückzuziehen und erklären zu können, man habe al-Qaida besiegt, und der Krieg sei ein Erfolg gewesen«. Die ganze Geschichte sei erfunden, behauptete er.

Immerhin kam die von der Regierung eingesetzte Abbottabad-Kommission, bestehend aus einem Richter, einem General, einem Polizeioffizier und einem Diplomaten, Anfang 2013 zu einem klaren Ergebnis: »Es ist ein deutliches Zeugnis der kollektiven Inkompetenz und Nachlässigkeit, nicht zuletzt auch der Sicherheitskräfte und der Nachrichtendienste in der Region

Abbottabad«, heißt es in dem mehr als dreihundert Seiten starken Dokument.

Trotzdem hört man in Gesprächen mit Menschen in Pakistan Zweifel, wenn es um Bin Laden geht.

»Haben Sie Beweise?«

»Bin Laden hier? Niemals!«

»Haben Sie vielleicht seinen Leichnam gesehen?«

»Warum haben die Amerikaner den Körper mitgenommen, warum die heimliche Seebestattung?«

»Es kann gar nicht sein, dass der mitten unter uns lebte!«

»Der Westen will uns nur etwas Böses anhängen.«

Die Radikalisierung

Das Böse hatte in den Siebzigerjahren Besitz ergriffen von Pakistan. Ich erlebte es selbst, als ich Mitte der Achtziger Onkel Mustafa, den ältesten Bruder meines Vaters, zum Einkaufen auf einen Basar in Karatschi begleitete und wir in eine Menschenmenge gerieten. Immer mehr Leute strömten in dieselbe Richtung, irgendetwas war da los, was ihre – und natürlich auch meine – Neugier weckte.

»Komm, wir kehren um«, sagte Onkel Mustafa.

Ich war enttäuscht. Ich wollte sehen, was da passierte.

»Was ist da los?«, fragte ich.

Er schwieg.

Es wurden immer mehr Menschen, die meisten hatten ernste Gesichter. Ich wurde immer neugieriger.

Plötzlich griff Onkel Mustafa mich am Arm und zog mich in die entgegengesetzte Richtung. Ich war überrascht über seine Heftigkeit, denn ich kannte ihn ja nur von wenigen Verwandtschaftsbesuchen, also kaum. Außerdem war ich schon neun Jahre alt. Er behandelte mich wie ein kleines Kind.

»Komm, komm, gehen wir!«, sagte er in einem Ton, der keinen Widerspruch duldete. Er zerrte mich in seinen Suzuki-Minibus, und wir fuhren nach Hause.

Später hörte ich aus dem Gemurmel der Erwachsenen heraus, dass dort, wo wir den Einkauf erledigen wollten, eine öffentliche Auspeitschung stattfinden sollte.

Was ist das für eine grausame Bestrafung! Und warum wollen Menschen sich das auch noch ansehen?

Über das Thema wurde nicht wieder geredet, wir Kinder sollten nicht beunruhigt werden. Ich habe diese Episode jedoch nie vergessen.

Es war das Pakistan des Militärdiktators Zia-ul-Haq. Damals war das Wort Taliban im Westen noch kein Begriff, aber genau das war er: ein Talib in Uniform, ein Extremist im Präsidentenamt. Zia-ul-Haq hatte sich zum Ziel gesetzt, Pakistan zu einem Gottesstaat zu formen.

Ul-Haq war General der pakistanischen Armee und entstammte einer sehr religiösen Familie. Er war bekannt dafür, die täglichen fünf Gebete einzuhalten und, anders als viele andere Generäle, keinen Tropfen Alkohol zu trinken. Zulfikar Ali Bhutto hatte ihn, vorbei an dienstgradhöheren Generälen, zum Armeechef befördert, weil er glaubte, ein so frommer Mann würde keine eigenen politischen Ambitionen hegen und keine Bedrohung für ihn darstellen.

Aber er täuschte sich: Ul-Haq putschte sich 1977 an die Macht und ließ Bhutto einsperren. Weil er wusste, dass Bhutto eine Gefahr für ihn bleiben würde, solange er am Leben war, ließ er ihn wegen eines angeblichen Mordes zum Tode verurteilen und 1979 trotz internationaler Proteste hängen. Im selben Jahr führte ul-Haq die sogenannten Hudood-Verordnungen ein, die Teile des Strafrechts islamisierten. Sie sahen Auspeitschungen für verschiedene Vergehen, Amputationen von Händen bei Diebstahl und Steinigungen bei Ehebruch vor. Die verheerendsten Folgen hatte das Gesetz, das Vergewaltigungen betraf. Fortan musste eine Frau, die vergewaltigt worden war, vier männliche Zeugen benennen. Das war eine geradezu unmögliche Forderung. Beschuldigte sie jemanden der Vergewaltigung, konnte aber keine vier Zeugen beibringen, lief sie Gefahr, wegen außerehelichen Geschlechtsverkehrs selbst zur Angeklagten zu werden.

Die Welt sah über diese furchterregende Entwicklung hinweg. Ihr Blick war auf Afghanistan gerichtet, wo die Sowjetunion einmarschiert war. Russische Panzerkolonnen donnerten am 26. Dezember 1979 die vierhundert Kilometer lange Strecke von der Grenze bei Termez bis nach Kabul. Nach nur einer Woche hatten fünf sowjetische Divisionen – rund vierzigtausend Rotarmisten – das Land unter Kontrolle. Später sollten insgesamt einhundertvierzigtausend sowjetische Soldaten in Afghanistan kämpfen.

Schon in den Monaten vor dem Einmarsch herrschte in Afghanistan Bürgerkrieg, Kommunisten kämpften gegen Nichtkommunisten. Beinahe zweihundertfünfzigtausend muslimische Geistliche, Gebetsausrufer und Gläubige wurden umgebracht. In Kabuls Foltergefängnis starben Mullahs, die sich weigerten, Allah und den Koran zu verleugnen. »Man trennte ihnen eine Hautschicht nach der anderen ab, hackte dann ihre Ohren und Genitalien ab und exekutierte sie schließlich im Innenhof des Gefängnisses«, schrieb der SPIEGEL-Korrespondent Sri Prakash Sinha 1980 rückblickend in seinem Buch ›Afghanistan im Aufruhr‹.

Die USA starteten Waffenlieferungen, gemeinsam mit Saudi-Arabien finanzierten sie die Ausbildung vieler Tausend Männer zu Kriegern, die den sowjetischen Besatzern Einhalt gebieten und sie zurückdrängen sollten – die USA, weil sie die Rote Armee in Afghanistan besiegen wollten, und die Saudis, weil sie den Dschihad unterstützen und die »gottlosen Kommunisten« aus Afghanistan vertrieben sehen wollten. Die Angst vor dem sowjetischen Hegemoniestreben war damals größer als die vor einem aggressiven Islam.

Der pakistanische Militärgeheimdienst ISI übernahm die Rekrutierung und Ausbildung der Krieger, der Mudschahidin. Pakistan hatte noch eine Rechnung offen mit den sowjetischen Ungläubigen, seit Stalin das muslimische Pakistan als »primitiven Staat« abgetan hatte. Ul-Haq hoffte außerdem insgeheim, er könnte die Krieger nach getaner Arbeit in Afghanistan gegen den Erzfeind Indien einsetzen, im Kampf um Kaschmir. Damit war der Grundstein für ein radikalislamisches Afghanistan und für eine Radikalisierung Pakistans gelegt, für ein Epizentrum des globalen Dschihad.

Plötzlich kämpften bärtige Turbanträger statt mit Steinzeitflinten mit modernen Hightech-Waffen und holten mit amerikanischen Stinger-Raketen die bis dahin praktisch unverwundbaren Kampfhubschrauber der Sowjets vom Himmel. Aus den zeitweise vier Millionen afghanischen Flüchtlingen in Pakistan rekrutierten die Mudschahidin immer neue Kämpfer. Das Planungszentrum ihrer Kriegsführung war im pakistanischen Peschawar. Die Kinder in den Flüchtlingslagern erhielten Lehrbücher aus den USA. Darin wurde ihnen das Alphabet mit »i« für »infidel«, der Ungläubige, »j« für »jihad«, der Heilige Krieg, und »k« für »Kalaschnikow« beigebracht. In Mathematik wurde berechnet, wie viele Sowjets in Afghanistan sind, wie viele getötet wurden und wie viele noch übrig waren.

Nach zehn blutigen Jahren waren die Russen geschlagen. Damit hatten die Amerikaner ihr Ziel erreicht und überließen Afghanistan sich selbst.

Nun entbrannte ein Machtkampf zwischen den unterschiedlichen Gruppen der Mudschahidin, zwischen den Warlords. Er brachte dem Land erneut mehrere Jahre Krieg und Gewalt. Schließlich, Mitte der Neunzigerjahre, tauchte eine Gruppe junger Männer auf, mit schwarzen Turbanen, schwarzen Bärten und dunklen Gewändern: die Taliban. Sie versprachen Frieden und Ordnung und eine Rückkehr zur Moral. Den kriegsmüden Menschen schienen sie die beste Alternative in all dem Chaos.

Ohne große militärische Erfahrung, aber bereit, ihr Leben zu opfern, kämpften sich diese jungen Männer in wenigen Monaten an die Macht. Sie beendeten den zerstörerischen Bürgerkrieg und setzten die Scharia durch. In der westlichen Welt nahm man das hin, bis die Terroranschläge vom 11. September 2001 geschahen. Man machte Bin Laden als Verantwortlichen dafür aus, jenen Mann, der in seiner Heimat Saudi-Arabien schon seit Jahren nicht mehr willkommen, nun auch aus dem Sudan vertrieben worden war und bei den Taliban im Süden von Afghanistan Unterschlupf gefunden hatte. Bin Laden steckte außerdem hinter mehreren Anschlägen auf US-Einrichtungen in den Neunzigerjahren, schon damals hatte er Muslime zur Ermordung von US-Staatsbürgern aufgefordert. Die Taliban weigerten sich gemäß ihrem Kodex Paschtunwali, ihren Gast schlecht zu behandeln, sprich: ihn auszuliefern. Am 7. Oktober 2001, nicht einmal einen Monat nach den Terroranschlägen, griffen die USA Afghanistan an. Am 9. November nahmen sie Mazar-i-Sharif ein, drei Tage später die Hauptstadt Kabul. Am 7. Dezember fiel Kandahar, die Wiege der Taliban. Tausende der bärtigen Krieger flüchteten zu Fuß, auf Eselskarren, per Motorrad über die Grenze nach Pakistan.

Viele Pakistaner behaupten, der Terror in ihrem Land, die Bombenexplosionen, die Attentate, vor allem die Selbstmordanschläge hätten erst seit dem Angriff der USA auf Afghanistan begonnen. Sie geben folglich dem Westen die Schuld an der Misere. Sie verweisen darauf, dass in Pakistan seither viele Tausend Zivilisten ums Leben gekommen sind, Väter, Mütter, Kinder. Fast täglich eine neue Schlagzeile.

Wir blieben vor dem Terror verschont, Gott sei Dank. Aber wir hörten, sahen, spürten ihn. Einmal, nach einem Anschlag in Rawalpindi, fuhr ich hin, wollte Eindrücke sammeln, um berichten zu können. Man sah Blutlachen, Scherben, Trümmer, Stofffetzen. Eine seltsame Ruhe lag über dem Tatort, ein paar Augenzeugen sagten, sie hätten ein Pfeifen im Ohr, das Pfeifen nach dem Knall. Terrortinnitus.

Überall waren bewaffnete Sicherheitskräfte, ständig. Wir gewöhnten uns erschreckend schnell daran. Weil das Böse nicht sichtbar war und überall sein konnte, nahm man die Sicherheitsleute, Kontrollposten, Durchsuchungen, Straßensperren hin. Man gewöhnte sich an Willkür als Instrument gegen den Terror.

Als Janna einmal zum Geldautomaten ging, in den Vorraum einer Bank, und dort – anders als sonst – kein alter Sicherheitsmann mit seiner uralten Pumpgun saß, fühlte sie sich unwohl, unsicher. Dabei hatten wir Zweifel, ob der Mann überhaupt mit dem Gewehr umgehen konnte und ob es funktionstüchtig war.

Gewalt und Gegengewalt. Tote auf beiden Seiten. Keine Sieger.

Viele Pakistaner sagen, die USA seien schuld, die Nato sei schuld, Afghanistan sei schuld, Indien sei schuld, Saudi-Arabien sei schuld, Israel sei schuld. Nur Pakistan ist nie schuld.

Pakistan hat viele Jahre lang, vor dem 11. September 2001, die Taliban in Afghanistan unterstützt. Man glaubte, sie seien Pakistan freundlich gesonnen, muslimische Brüder im Westen, auf die man sich verlassen könne, wenn Indien im Osten angreifen würde. Und nun, nach dem 11. September, verlangten die USA, dass Pakistan sich lossagen sollte von den Taliban. Zwar trat man widerwillig ein in das Anti-Terror-Bündnis, aber so leicht konnte man die Gedanken nicht ändern. Bis heute gibt es Offiziere im Militär, die mit dem radikalen Islam sympathisieren. Zia-ul-Haq kam zwar im August 1988 unter mysteriösen Umständen bei einem Flugzeugabsturz ums Leben, aber sein Geist lebt weiter, in der Gesellschaft, auch im Militär, das ein Spiegel dieser Gesellschaft ist, immerhin die einzige Institution im Land, in der jeder, unabhängig von seiner Herkunft, es zu etwas bringen kann.

Es gibt Fälle, in denen die Soldaten mit den Extremisten unter einer Decke stecken. Dort, wo die Streitkräfte nicht mit den Extremisten kooperieren, haben sie die Kontrolle über sie verloren.

Es ist kein Wunder, dass die Zahl der radikalen Gläubigen zunahm: In den Achtzigerjahren waren immer mehr Koranschulen entstanden, und viele Absolventen wurden selbst Prediger und gründeten eine Moschee samt angeschlossener Madrassa. Bis heute sind Koranschulen, da der Staat sich kaum um Bildung schert und viel zu wenig Geld für Schulen ausgibt, die einzige Chance für Kinder aus armen Familien, überhaupt lesen, schreiben und rechnen zu lernen. Viele Madrassas leisten gute Arbeit, aber manche sind Brutstätten radikalen Gedankenguts, sie erziehen die Kinder zu Gottes kleinen Kriegern. Niemand weiß, wie viele Koranschulen es genau in Pakistan gibt, in den Räumen von Hinterhofmoscheen und in den Gotteshäusern entlang der Durand-Linie. Dreizehntausend? Oder dreißigtausend? Der Staat und die Bevölkerung, scheint es, nehmen diese Entwicklung hin.

Und so schreitet die Radikalisierung der pakistanischen Gesellschaft unaufhaltsam voran.

VON LIEBE, SITTE UND MORAL

Liebe ist nicht so wichtig. Das ist der größte Unterschied zwischen einer westlichen und einer pakistanischen Hochzeit. Denn die Liebe, lautet die Überzeugung, kommt später ganz von alleine und wächst mit der Partnerschaft.

Überhaupt unterscheiden sich westliche und pakistanische Eheschließungen sehr voneinander. Bei einer westlichen gibt es typischerweise eine Feier, vielleicht auch zwei: eine nach der standesamtlichen Trauung, eine nach der kirchlichen. Es kommen vielleicht hundert Gäste, bei einer sehr großen Gesellschaft sind es auch mal dreihundert. Es geht fröhlich zu, oft bis in die Morgenstunden. Die Feierlichkeiten konzentrieren sich auf ein Wochenende, danach ist alles vorbei.

Eine pakistanische Hochzeit kann schon mal einen Monat dauern, und es gibt mindestens vier Feiern: Bei der ersten, Manja oder Mayoun, kleiden sich das Paar und die Gäste traditionell in Gelb. Danach folgt Mehndi, bei der die Hände und Arme der Braut und der Frauen der Hochzeitsgesellschaft kunstvoll mit Henna verziert werden und wo man laut und fröhlich musiziert und tanzt. Anschließend die eigentliche Hochzeit, Shaadi genannt, zu der traditionell die Brauteltern einladen und wo nach islamischem Ritual – Nikah – geheiratet wird. Und schließlich Rukhsati, der Auszug der Braut aus ihrem Elternhaus und der Umzug zu ihrem Mann oder zu dessen Familie. Richten dann auch noch die Bräutigameltern, Tanten und Onkel, Geschwister und Freunde Empfänge und Partys aus, ziehen sich die Feierlichkeiten mit oft mehr als Tausend Besuchern noch länger hin.

Das Fest hat einen so hohen Stellenwert, dass Familien sich dafür häufig hoch verschulden. Selbst arme Familien scheuen sich nicht, Hunderte Menschen zu bewirten – und wenn sie Schulden in Höhe mehrerer Jahresgehälter aufnehmen müssen. Reiche Familien lassen sich das Fest auch schon mal hunderttausend Euro und mehr kosten.

Man heiratet nicht aus Liebe, sondern aus Notwendigkeit. Eine Ehe ist auch nicht die Vereinigung von zwei Personen, sondern der Zusammenschluss von zwei Familien. Es geht um gemeinschaftliche Zukunftssicherung, nicht um individuelles Glück. Das Wohlergehen der Gruppe wird höher geschätzt als die Freiheit des Einzelnen.

Vielleicht will man weg aus Pakistan, und der künftige Partner ist im Besitz eines ausländischen Passes. Ein amerikanischer, kanadischer, britischer, australischer, deutscher Pass ist immer von Nutzen in Pakistan, eine Ausreiseversicherung für schwierige Zeiten.

Aber selbst wenn der oder die Auserwählte eine fremde Staatsangehörigkeit hat, stammt er oder sie ursprünglich auch aus Pakistan, denn natürlich heiratet man nur jemanden, der einen Bezug zu diesem Land hat. Jemanden, der gute Chapatis, Fladenbrote, genauso zu schätzen weiß und das gleiche Verständnis von Familie hat.

Man heiratet unter seinesgleichen, da muss man auf Feinheiten achten: Muslim ist schließlich nicht gleich Muslim, und neben den religiösen gibt es noch die kulturellen und ethnischen Identitäten. Manchmal sind Letztere sogar stärker als die religiösen.

Damit gewährleistet ist, dass die Tochter oder der Sohn auch wirklich den richtigen Partner bekommt, suchen ihn am besten die Eltern für ihr Kind aus. Das Prinzip heißt »arrangierte Ehe« und ist der Gegenentwurf von »Liebesheirat«. Es geht um den Ausbau von familiären Strukturen, um die Sicherung von Einfluss und Macht, es soll zusammenwachsen, was zusammengehört, die Reichen bleiben unter Reichen, die Armen unter Armen.

Meine Eltern haben sich nach dieser traditionellen Form gefunden, so wie die meisten Paare in Südasien, selbst heute noch, wenn auch in den Städten der Trend zur »Liebesheirat« geht, was Konservative naserümpfend zur Kenntnis nehmen.

Noch immer ist es üblich, dass der Lebenspartner im Kreis der Cousins und Cousinen gesucht wird, um einen Fehlgriff zu vermeiden. Da weiß man wenigstens, was man hat. Auch die Gefahr des allzu großen sozialen Unterschieds ist damit gebannt, man bleibt ja in der Familie. Findet sich in diesem Umfeld niemand, werden alte Schulfreunde oder Kollegen, die man schätzt, gefragt, ob es in deren Familien nicht einen passenden Kandidaten gibt. Eheanbahnung ist eine komplizierte Angelegenheit. Eine spätere Scheidung ist keine Option, zu beträchtlich wäre der Ansehensverlust, zu groß die Schande.

Eine ganze Industrie beschäftigt sich deshalb mit der Frage nach dem richtigen Partner. Es gibt Partnervermittlungsinstitute, Beraterinnen für die Wahl des richtigen Lebensgefährten, Sterndeuter und Handleser. Manchmal schalten verzweifelte Eltern – nie die potenziellen Ehepartner selbst – auch eine Kleinanzeige in einer Tageszeitung: »Wir suchen für unseren Sohn, Ingenieur, Punjabi, hellhäutig und groß gewachsen, eine gut aussehende, fürsorgliche Punjabi-Frau aus einer oberen Mittelschichtsfamilie. Unser Sohn besitzt die Greencard und wird vielleicht in den USA leben.« Oder: »Für unseren Sohn, Major der Armee, suchen wir eine gebildete Paschtunin. Sie sollte sich um eine große Familie kümmern und gut kochen können.«

Sich zu verlieben und ohne Zustimmung der Eltern zu binden, womöglich mit jemandem aus einer anderen sozialen

Schicht oder, schlimmer noch, aus einer anderen Religion, gilt als selbstsüchtig, geradezu vulgär und beschämend. Romantik ist verpönt. In Filmen darf es sie natürlich geben, aber bitte nur dort. Es gibt eine Ausnahme: wenn ein Pakistaner es schafft, eine weiße Frau zu heiraten. Dann ist man ein Held. Weiße Frauen gelten als begehrenswert, und so mancher Pakistaner hält sie für verrucht und zu allem bereit.

Wenn Janna und ich in Pakistan unterwegs waren, nickten mir manchmal wildfremde junge Männer zu. Es gab anerkennende Blicke, es fehlte nur, dass sie mir auf die Schulter klopften. Ich musste mich daran gewöhnen, dass sie mich für einen echt coolen Typen hielten, der es geschafft hatte, sich eine Weiße zu angeln.

An Wochenenden gingen wir häufig zu »Saeed Book Bank«, einem der größten Buchgeschäfte in Südasien, ein wahres Paradies. Hier gibt es eine gute Auswahl an englischsprachiger Literatur, die Bestseller aus Europa und Amerika, aber auch viele Klassiker und natürlich südasiatische Autoren. Ich verbrachte hier gerne meine Zeit. Die Verkäufer waren zwar keine ausgebildeten Buchhändler, viele von ihnen konnten nicht einmal lesen, aber sie kannten die Preise und wussten aus dem Kopf, ob ein Titel vorrätig war und wo ein Buch aufbewahrt wurde. Man erkannte sie daran, dass sie schwarze Hosen und blaue Hemden trugen und oft gelangweilt zwischen den Regalreihen herumstanden.

An einem heißen Sommertag flüchteten wir nach dem Wochenendeinkauf wieder einmal zu »Saeed Book Bank«. Die Klimaanlagen liefen, und so konnte man sich, von Büchern umgeben, von den Einkaufsstrapazen erholen. Ich trug die Einkäufe, Janna schlenderte durch die Gänge, auf der Suche nach einem Buch.

Ein junger Verkäufer kam auf mich zu. Mit leiser Stimme fragte er mich: »Entschuldigung, darf ich dich etwas fragen?«

»Klar, was gibt's?«

»Was zahlt dir diese Frau eigentlich?«

Was jemand verdient, fragt man in Pakistan ziemlich ungeniert. Aber dass mich ein Verkäufer so direkt ansprach, irritierte mich doch. Es dauerte ein paar Sekunden, bis mir klar wurde, worauf er hinauswollte: Er hielt mich für einen pakistanischen Bediensteten, für denjenigen, der Madam herumkutschiert und ihre Einkaufstaschen trägt.

»Geh am besten zu ihr und frag sie«, antwortete ich.

Er schaute mich erwartungsvoll an.

»Vielleicht kannst du auch gleich eine Gehaltserhöhung für mich durchsetzen.«

Nun guckte er irritiert.

»Mensch, das ist meine Frau! Wofür soll die mich bezahlen?«

Er grinste peinlich berührt, hielt sich die Hand vors Gesicht und schüttelte den Kopf.

»Sorry, Sir, sorry. Ich wusste nicht ... Ich hätte nicht gedacht, dass ...«

Ohne seinen Satz zu Ende zu führen, drehte er sich um und verschwand.

Ein paar Wochen später traf ich ihn wieder im Geschäft. Er kam langsam auf mich zu, und ich sah, dass ihm etwas auf dem Herzen lag.

»Sir«, fing er an, denn mit dem Duzen war es für ihn jetzt vorbei, »entschuldigen Sie, aber darf ich Sie noch einmal etwas fragen?«

Was jetzt wohl wieder kam?

»Ist Ihre Frau eigentlich Muslimin?«

Ich schüttelte den Kopf.

»Und Sie sind richtig verheiratet, mit Trauschein und so?«

Ich nickte.

Er guckte mich mit offenem Mund an. Man sah ihm an, dass

für ihn eine Welt zusammenbrach: ein Pakistaner, ein Muslim, wie er annahm, der mit einer Weißen verheiratet war und nicht dafür gesorgt hatte, dass seine Frau zum Islam konvertierte!

»Aber das geht doch nicht!«

»Nun ja, wir haben vor ein paar Jahren geheiratet, in Deutschland ...«

»Ach, in Deutschland!«, unterbrach er mich. »Dann ist mir alles klar. Hier in Pakistan wäre das nicht denkbar, Sie als Pakistaner und dann mit einer Ausländerin, die nicht einmal Muslimin ist.«

Möglich wäre so eine Eheschließung hier natürlich schon, allerdings gesellschaftlich nicht akzeptiert. Die Erwartungshaltung ist, dass die Frau zum Islam konvertiert. Und da in einer Ehe nach allgemeiner Überzeugung der Mann das Sagen hat, ist umgekehrt eine Heirat einer Pakistanerin, von der wie selbstverständlich angenommen wird, dass sie eine Muslimin ist, mit einem nichtmuslimischen Ausländer nicht möglich, denn dann müsste ja die Frau zum Glauben ihres Mannes wechseln, und das wäre ein nicht tolerierbarer Abfall vom Islam.

Im Laufe der Jahre wurde ich immer wieder von Fremden gefragt, ob Janna denn zum Islam konvertiert sei. Wie selbstverständlich wurde angenommen, dass ich Muslim sei, und niemand empfand es als ungehörig oder zudringlich, mir diese Frage zu stellen. Alle erwarteten, dass ich antworten würde: »Selbstverständlich«, woraufhin sie sagen würden: »Mashallah, Mashallah!«

Stattdessen sagte ich: »Nein, warum?«

Manche begannen daraufhin eine Diskussion darüber, warum es absolut notwendig sei. Doch mehrfach waren entsetzte Blicke und eisiges Schweigen die Reaktion.

Die meisten sagten nichts und fanden sich damit ab, wie es war. Vielleicht redeten sie hinter unseren Rücken über uns, vielleicht fanden sie unsere Beziehung skandalös oder unanständig. Einmal, ein paar Jahre, nachdem ich Janna kennengelernt hatte, erkundigte sich eine meiner Tanten, ob Janna inzwischen konvertiert sei. Ich beendete das Gespräch darüber mit der Antwort: »Ist sie nicht, und es gibt auch keinen Grund dafür, dass sie es in Zukunft tun sollte.«

Sie fragte nie wieder.

Manche wohlmeinende Pakistaner, ebenfalls meist Fremde, ließen mich wissen, es sei gut, dass ich eine Deutsche geheiratet hätte, denn deutsche Ehefrauen seien »treu« und »loyal«. Ich hörte das über die Jahre mindestens zwanzig Mal. Diese Begriffe fielen immer im Zusammenhang mit deutschen Frauen.

Uns war egal, was die Leute redeten oder dachten. Wir waren nur für eine begrenzte Zeit in Pakistan. Aber wir spürten den gesellschaftlichen Druck, dem diejenigen ausgesetzt waren, die dauerhaft hier lebten.

Genauso unvermittelt und neugierig, wie Leute mich nach der Religionszugehörigkeit meiner Frau fragten, wollten sie Details über meinen Familienstand wissen. Die Bevölkerung Pakistans wächst rasant, hier herrscht eine wahre Kinderobsession. Paare ohne Nachwuchs müssen sich Erkundigungen nach ihrer Fruchtbarkeit gefallen lassen.

Oft lautete eine der ersten Fragen im Taxi: »Sind Sie verheiratet?« War ich alleine unterwegs, kam sie in interessiertem Ton. War Janna dabei, hatte das Ganze eine eher anzügliche Note. Die eigentliche Frage lautete nämlich: Ob bei euch Zweien alles mit rechten Dingen zugeht? Man hätte in diesem Moment gerne das Fenster heruntergefahren und den unsäglichen Verkehrslärm ins Auto wehen lassen, um den Fortgang des Gesprächs unmöglich zu machen, aber leider waren die Kurbeln meistens defekt.

Es folgte die unvermeidliche zweite Frage: »Wie lange sind Sie schon verheiratet?«

Man grummelte genervt etwas dahin, was den Fahrer überhaupt nicht irritierte. Gleichzeitig beschlich einen ein schlechtes Gewissen, denn der Kerl meinte es ja nur nett und wollte Konversation machen.

Auf Urdu heißt »reden« baat karna, wörtlich »Rede machen«. Und genau das ist es: viel mehr als nur reden. Es geht darum, eine persönliche, freundschaftliche Beziehung zum Gesprächspartner herzustellen.

Wie einem Drehbuch folgend, wollte er als Nächstes wissen: »Haben Sie Kinder?«

Manche fragten auch gleich, davon ausgehend, dass es nach mehreren Jahren Ehe natürlich Nachwuchs gebe: »Wie viele Kinder haben Sie?«

Zu dem Zeitpunkt hatten wir noch keine Kinder. Ich antwortete also wahrheitsgemäß und erntete dafür mitleidige bis missbilligende Blicke. »Wie, Sie haben keine?«, knallten mir Taxifahrer, Handwerker, Gemüsehändler, Wachleute ungläubig an den Kopf. Manchmal begannen sie sogar, über Fruchtbarkeitsprobleme oder Impotenz zu reden. »Zu viel Reis ist nicht gut für Männer«, sagte einer und gab mir ungefragt den Rat, künftig darauf zu verzichten. Woher er diese absurde Information hatte, blieb mir verborgen, ebenso, woher er sich das Recht nahm, mir solche Ratschläge zu erteilen. Hier prallten mal wieder zwei Kulturen aufeinander, denn natürlich meinte er es nicht böse.

Es störte mich trotzdem.

Ich begann also zu lügen. Als grobe Formel dachte ich mir aus, dass ein Kind pro Jahr Verheiratetsein in Pakistan durchaus üblich ist. Mehr als sechs sollten es aber nicht sein, sonst würde es unglaubwürdig klingen. Also sagte ich voller Stolz: »Sechs!«, strahlte den Fragenden an und brachte ihn zum neidvollen Verstummen.

Bei Reisen in entlegene Dörfer traf ich auf Familien mit bis zu sechzehn Kindern. Offiziell hat das Land weniger als zweihundert Millionen Einwohner, aber es gibt vermutlich Tausende solcher Dörfer, in denen noch nie irgendjemand die Menschen gezählt hat. Es würde mich nicht wundern, wenn die Zweihundert-Millionen-Marke unbemerkt schon längst überschritten wurde. Befreundete pakistanische Paare erzählten von dem Druck, unter dem sie litten. Ständig würde die gesamte Großfamilie darauf pochen, dass doch nun, nach der Hochzeit, endlich ein Kind hermüsse. Wenn nicht neun Monate nach der Hochzeit das erste Kind da ist, geht das Geraune los. Wenig später werden Mann und Frau zum Arztbesuch gedrängt, irgendetwas könne da nicht in Ordnung sein, heißt es dann. Junge Paare stehen unter mächtigem Reproduktionsdruck. Ich bin ein Beweis dafür. Ich bin auf den Tag genau neun Monate nach der Hochzeit meiner Eltern geboren.

Kinder sind ein Glück, ein Segen, eine Freude. Sie sind aber auch dazu da, sich später um die Eltern zu kümmern. Mangels eines Rentensystems ist das der Weg, wie die pakistanische Gesellschaft ihre Altersversorgung regelt. Zwei, manchmal drei oder sogar vier Generationen leben unter einem Dach, und man sorgt füreinander: die Eltern und Großeltern für die Kinder und, mit zunehmendem Alter, umgekehrt. Niemand in Pakistan käme auf die Idee, Kinder als Kostenfaktor oder als Hindernis bei der Selbstverwirklichung und der Karriere anzusehen. Niemandem fiele es ein, ein Kind schon im Säuglingsalter in eine Krippe abzugeben.

»Ein Kind braucht seine Eltern!«, hörte ich oft, wenn ich Pakistanern erzählte, welche Betreuungsmodelle es in Deutschland gibt. »Man kann es doch nicht fremden Leuten überlassen!«

In Pakistan ist die gesamte Großfamilie für die Kleinen da, in dieser Organisation hat jeder seinen festen Platz. Die Rolle des Familienoberhauptes fällt dem oder der Ältesten zu. Üblicherweise sind die Männer die Geldverdiener, während die Frauen sich um den Haushalt und die tägliche Kindererziehung kümmern. Nur sehr wohlhabende, eher westlich orientierte Familien, in denen beide Eltern berufstätig sind, engagieren ein Kindermädchen.

Auch das Prinzip von Kindergeld und Elterngeld, also von staatlichen Anreizen, Kinder zu bekommen, verstanden die meisten nicht. »Der Staat zahlt, damit die Leute Kinder kriegen?«, fragte mich einmal ein erstaunter Freund. »Ja, er unterstützt Familien«, antwortete ich. Er hakte ungläubig nach: »Du willst sagen: Er bezahlt die Menschen, damit sie Sex haben?«

In Pakistan müsste es andersherum laufen: Man müsste Anreize schaffen, weniger Kinder zu bekommen. Aber jeder Versuch, das zu erreichen, ist zum Scheitern bestimmt in einem Land, in dem viele schon Empfängnisverhütung als unvereinbar mit islamischen Wertvorstellungen empfinden. Eine solche Forderung wäre politischer Selbstmord.

Das Land verkraftet die Bevölkerungsexplosion kaum. Die Zahl der Einwohner wächst jährlich um gut zwei Prozent, und um das sowie die große Armut aufzufangen, wäre ein wirtschaftliches Wachstum von mindestens sieben Prozent nötig. Tatsächlich liegt es weit darunter. Sechzig Prozent der Menschen sind unter fünfundzwanzig Jahre alt, es gibt ein großes Heer junger, arbeitsloser, frustrierter Männer. Wie sollen sie eine Familie ernähren? Aber in einer Gesellschaft, die nichts sehnlicher von ihnen erwartet, als dass sie eine Familie gründen, können sie darauf nicht verzichten.

Außerhalb der Ehe Sex zu haben, gilt nach islamischen Vorstellungen als haram, als verboten. Daher heiraten Pakistaner vergleichsweise jung. Im Idealfall ist die Hochzeitsnacht der Zeitpunkt, zu dem zwei Menschen zum ersten Mal Geschlechtsverkehr haben.

Die Schiiten haben sich etwas ganz Cleveres einfallen lassen: die Kurzzeitehe, die nur ein paar Minuten dauern kann und mit der man die gesellschaftlich wenig akzeptierte Scheidung umgeht. Man sucht einen Geistlichen auf und lässt sich für einen bestimmten Zeitraum trauen. Aber natürlich gibt es auch viele unverheiratete Paare, und die trinken nicht nur Tee miteinander. Kliniken, die das Jungfernhäutchen wiederherstellen, sind in Pakistan deshalb gut im Geschäft.

Die Meinungen über Verhütung gehen weit auseinander. Viele halten kleine, überschaubare Familien aus sozio-ökonomischen Gründen für sinnvoll und befürworten Kondome zum Schutz vor Krankheiten. Aber ein Mullah sagte mir, er könne »diese ziellose Kopulation nicht gutheißen«. Das Modell des »freien Sex«, also ohne jegliche religiöse, moralische oder sittliche Restriktion, sei ja »doch eine sehr westliche, sehr unislamische Erscheinung«.

Es gibt Religionsgelehrte, die meinen, man dürfe beim Sex nicht vollständig nackt sein. Andere sagen, es sei schon in Ordnung, solange die Partner einander nicht allzu genau anguckten. Ob Oralsex erlaubt ist oder nicht, vermochte ich nicht herauszufinden. Meine Fragen dazu ignorierten alle Gesprächspartner beharrlich. Nur einer erklärte, es sei nichts dabei, »solange kein Samen vergeudet wird«.

Die Transsexuellen

Transsexuelle sind in Südasien weit verbreitet und haben 2011 vor dem Obersten Gerichtshof sogar durchgesetzt, offiziell als »drittes Geschlecht« anerkannt zu werden. So steht es seither in ihren Ausweisen, sie sind demnach weder weiblich noch männlich. In dieser Hinsicht ist Pakistan fortschrittlicher als die meisten anderen Länder der Welt. Aber im Alltag erleben die sogenannten Hijras dennoch Diskriminierung, nahezu alle Geistlichen halten sie für »pervers«, sie werden oft beschimpft und sexuell missbraucht und finden keine Jobs außer in der Prostitution.

Ali Saleem war eine Ausnahme. Als ich ihn zum ersten Mal traf, war er dreißig. Er moderierte eine Talkshow im pakistanischen Fernsehen – als Frau. In seiner Rolle als Begum Nawazish inszenierte er den Tabubruch. Millionen Menschen schauten fasziniert zu, und selbst Politiker rissen sich um eine Einladung in seine Sendung.

Begum Nawazish, eine Frau in Sari und Pumps, war eine Kultfigur: eine junge, schöne, reiche Witwe, die ihr Leben im islamischen Pakistan lebt, wie sie will. Vornehm, aber ein bisschen durchgeknallt, und immer einen flotten, manchmal unverschämten Spruch auf den Lippen. Ali Saleem spielte diese Rolle in der urdusprachigen ›Late Night Show‹ auf dem Nachrichtensender Aaj-TV. Die »Begum«, ein Ehrentitel in Südasien für Frauen aus der Oberschicht, sprach darin mit Politikern, Wissenschaftlern, Journalisten, Künstlern, sogar islamischen Geistlichen.

Ali erzählte mir, dass er schon immer gerne Frauenkleidung getragen hatte. »Ich war fünf, als ich das erste Mal die Kleider meiner Mutter anprobierte. Am meisten liebte ich ihre Saris.« Später stieg er auch in ihre hochhackigen Schuhe und probierte ihre Schminksachen aus.

Jetzt wohnte Ali in einer rosafarbenen Villa am Stadtrand von Islamabad, mit seiner Mutter, seinem Bruder, der Katze Masti und dem Pudel Gucci. Alis Eltern waren geschieden, der Vater, ein pensionierter Armeeoffizier, lebte in Karatschi. Im Wohnzimmer hingen Fotos aus Deutschland an den Wänden, das Brandenburger Tor, der Rhein, der Kölner Dom, Ali als Kleinkind. Die Familie hatte Anfang der Achtzigerjahre in

Deutschland gelebt, der Vater war dort stationiert, er hatte mit deutschen Waffenlieferungen an Pakistan zu tun.

»Anfangs fand ich es lustig, wenn mein kleiner Ali in Frauenkleidern herumlief«, sagte seine Mutter Farzana Saleem. Ali saß daneben, ungeschminkt, in Jogginghosen, die schulterlangen Haare ungekämmt. Er schaute seine Mutter skeptisch an. »Aber dann hast du mich zum Psychologen geschleppt.« Die Mutter lächelte verlegen. »Na ja, du hast ja nicht mehr damit aufgehört.« Der Psychologe erklärte, mit dem Jungen sei alles normal. Er könne auch nichts machen.

Die Familie gewöhnte sich an Alis Vorliebe für Frauenkleidung. Fortan trat er sogar vor Freunden und Bekannten mit kleinen Sketchen auf. Einmal schaute die inzwischen ermordete Ex-Premierministerin Benazir Bhutto zu, erzählte Ali. »Ich habe sie parodiert, und sie hat Tränen gelacht. Anschließend kam sie zu mir und sagte: ›Wenn ich mal krank bin, kannst du mich vertreten.‹«

Farzana Saleem lachte, als ihr Sohn diese Geschichte erzählte. Sie schien stolz auf ihn. »Er bringt den Menschen Freude«, sagte sie. »Selbst Männer mit langen Bärten und verschleierte Frauen sprechen uns an und sagen, dass sie es toll finden, was Ali macht.«

Ali erzählte, was für ein wunderbares Land Pakistan doch sei. »Hier gibt es nicht nur Terror, sondern viele Millionen normale Menschen.« Als seine Mutter kurz das Zimmer verließ, sagte er mit gedämpfter Stimme, im »oberflächlich sittenstrengen Pakistan« gebe es auch »eine Menge Partys« und »viel mehr ungezwungenen Sex und freie Liebe, als man glaubt«. Vor allem in Karatschi, weltweit eher bekannt für Gewalt und Terror, gehe es »richtig zur Sache«. Er selbst übrigens liebe Männer und Frauen gleichermaßen.

Einen Moment später erzählte er, manchmal falle ihm Pakistan »furchtbar auf die Nerven, diese ganze heuchlerische Gesellschaft, diese Politiker, die nur ihren eigenen Nutzen im Sinn haben!«

Ali Saleem beziehungsweise Begum Nawazish hatte Glück: Dank seiner liberalen Familie und befreundeter Förderer aus der Künstlerszene hatte er Zugang zu Fernsehleuten bekommen und durfte seine eigene Show auf die Beine stellen. Nach ein paar Jahren wurde sie allerdings wegen sinkender Zuschauerzahlen eingestellt.

Schätzungen zufolge gibt es in Pakistan mehrere Tausend Transsexuelle. Die eigentümlichen Gesetze besagen, dass Homosexualität verboten ist, jedoch nicht, dass ein Mann sich als Frau fühlt und so kleidet und dann eine Beziehung mit einem Mann eingeht. In Islamabad, Rawalpindi, Peschawar, Lahore und vor allem in Karatschi begegnet man ihnen überall. Manchmal betteln sie an Straßenkreuzungen aufdringlich um Geld, klopfen an Autofenster und belegen einen mit derben Flüchen, wenn man ihnen nichts oder zu wenig gibt. Sie tauchen ohne Einladung auf Hochzeitsfeiern auf oder bei Familien mit Neugeborenen. Dann tanzen sie, sagen Sprüche auf, die Glück bringen sollen, und verlangen dafür ein paar Rupien.

»Verflucht seist du, verflucht seist du, drei Mal verflucht!«, schrie Laila einem Mann hinterher, der ihr Lächeln ignoriert hatte und wortlos an ihr vorübergegangen war. Als er außer Sichtweite war, kicherte sie. Sie genoss es, Leute in Verlegenheit zu bringen mit ihrem Augenaufschlag und tänzelnden Bewegungen. »Die verstocktesten Typen haben die schmutzigsten Gedanken«, sagte sie. »Dieser Konservatismus, dieses keusche Getue, das ist alles nur Oberfläche.« Wieder kicherte sie. Ich traf Laila in Karatschi, wo sie, die Transsexuelle, abends mit ihren Freundinnen tanzen ging und dabei hin und wieder gegen Geld mit Männern schlief. Laila war die abendliche Rolle, tagsüber war sie Waseem und verkaufte Mobiltelefone.»Anfangs dachte ich, ich wäre nur ein Transvestit, also jemand, der gern Frauenkleidung trägt, sich aber nicht als Frau empfindet«, sagte sie mir, als ich sie in dem kleinen Laden traf, in dem sie arbeitete.»Ich weiß schon seit meiner Jugend, dass ich Männer mag, also homosexuell bin, aber seit wann fühle ich mich als Frau?« Sie überlegte und sagte nach einer Weile:»Ich glaube, das hat sich erst entwickelt.« Ihre Familie wisse über ihr Doppelleben, rede aber nicht darüber.»Ich bin der Hauptverdiener für meine Eltern und meine zwei Geschwister. Sie sind froh, dass ich genügend Geld ranschaffe. Als Laila verdiene ich mehr als hier im Telefongeschäft. Wir haben ein gutes Leben.«

Als echter Homosexueller habe sie sich nie verstanden, erst als Laila habe sie sich wohlgefühlt in ihrer Haut.»Schwule sind in Pakistan nie schwul«, sagte sie und lachte.»Wenn ein schwuler Mann der aktive Sexualpartner ist, dann hält er sich für einen Heterosexuellen, der nur mal ein bisschen experimentiert. Wenn ein Schwuler der Passive ist, dann hält er besser die Klappe.« Nun brach sie lachend zusammen.

Schwule Männer treffen sich heimlich, es gibt Partys, wo sie sich nicht verstellen müssen. In der Öffentlichkeit können sie immerhin Hand in Hand gehen, ohne sich als Homosexuelle zu erkennen zu geben, weil das in Südasien üblich ist unter befreundeten Männern. Solange sie ihre sexuelle Ausrichtung heimlich leben, lässt man sie in Ruhe. Um die Form zu wahren, heiraten viele sogar, gehen unglückliche Beziehungen ein, treffen sich aber weiterhin mit Männern. Viele gestehen sich selbst nicht ein, dass sie schwul sind, sondern empfinden ihre sexuellen Beziehungen mit anderen Männern als kleine Auszeiten vom Alltag, als eine Form von Flucht.

»Sex findest du als Schwuler überall, aber eine dauerhafte, offen gelebte Beziehung ist nicht möglich«, sagte Laila. »Ach, ist das eine kranke Welt! Die Menschen glauben, dass Homosexualität aus religiöser Sicht falsch ist, genauso wie außerehelicher Sex. Wie bescheuert!« Zwar werde kaum jemand wegen seiner Homosexualität von den Strafbehörden verfolgt, trotz der Tatsache, dass homosexuelle Akte per Gesetz verboten sind. Aber der gesellschaftliche Druck ist enorm.

Ich hörte von einem Vorfall, bei dem zwei Jungen beim Sex in einem Feld erwischt worden waren. Die Familie des einen Jungen versuchte, die Polizei zu bestechen, um zu verhindern, dass sie den Fall weiter verfolgte und die Geschichte damit öffentlich wurde. Als die Polizei sich weigerte, bat die Familie um die Änderung eines Details: Die Polizisten sollten ihren Sohn als den aktiven Sexualpartner benennen.

Über Prostitution

Natürlich folgt auch in Pakistan die Natur ihren eigenen Gesetzen und nicht denen einer Religion. Und natürlich folgen viele Menschen ihrer Natur, auch wenn sie alles daransetzen, äußerlich die gesellschaftlichen Konventionen einzuhalten. Bemerkenswert fand ich, dass in den kleinen Lebensmittel- und Haushaltswarenläden in Islamabad Kondome in allen möglichen Farben und Geschmacksrichtungen sowie Gleitcremes in dildoförmigen Flaschen an der Kasse standen, direkt neben den Kaugummis. Wer kauft das in einer so verklemmten Gesellschaft offen ein?

Immer wieder las ich, dass nirgendwo so viele Pornofilme im Internet abgerufen werden wie in Pakistan. Nirgendwo sonst in der Welt werde so häufig nach Sexthemen gegoogelt, stand in den Artikeln.

Ein pakistanischer Kollege fragte mich:»Und, hast du dir schon eine schöne Pakistanerin geangelt?«Als ich ihn verwundert anblickte, sagte er:»Eine Geliebte hat hier doch jeder, Pakistaner wie Ausländer.«Er grinste.»Ich habe zeitweise drei oder vier.«

Prostitution ist in Pakistan verboten. Ein Bekannter erzählte mir, es gebe dennoch einen Straßenstrich in Islamabad, direkt vor der Hauptpost. Tatsächlich sah ich dort abends, nach Einbruch der Dunkelheit, Gruppen von drei, vier Frauen, bunt gekleidet und grell geschminkt.

Als ich einmal Post in den Briefkasten einwarf, sprach mich eine der Frauen an.

»Du kommst öfter hierher.«

Ich nickte.

Sie beugte sich ein wenig vor und flüsterte:»Willst du Sex? Nur zweitausend Rupien.«

Ihre Direktheit wirkte unbeholfen und verzweifelt. Ich schaute sie an: eine junge Frau, vielleicht Anfang zwanzig, aber mit Falten um die Augen, die mit dicker Farbe übermalt waren. Sie trug einen blaugrün schimmernden Shalwar Kameez und ein Tuch um den Hals. Nur die grüne Farbe, die sie um die Augen aufgetragen hatte, und die knallroten Fingernägel stachen hervor. Ihre Füße steckten in Flipflops, die Zehen schmutzig vom Staub der Straße.

»Oder Gruppensex? Meine Freundinnen können mitkommen. Fünftausend Rupien für alle drei.«

Ihre beiden Kolleginnen standen in ein paar Metern Entfernung und guckten schweigend zu uns herüber.

Sadia war einundzwanzig Jahre alt und kam aus Sheikhupura, einer Industriestadt im Osten Pakistans. Mit siebzehn hatte sie sich in Mohammed, einen gleichaltrigen Arbeiter, verliebt. Ihr Vater betrieb einen Kiosk und hatte seine Tochter dem Sohn eines befreundeten Großhändlers versprochen. Sadia hatte sechs Jahre eine Schule besucht und half im Haushalt mit, seit sie zwölf Jahre alt war.

Als er von Sadias Beziehung zu Mohammed erfuhr, weil ein Bekannter das Paar gesehen und ihm davon berichtet hatte, tobte er. »Er schlug mich und sagte, ich wäre eine Schande für die Familie. Meine Mutter hatte Verständnis für mich«, sagte Sadia. Aber die Mutter schwieg. Der Vater hatte gesprochen, damit war alles gesagt.

Sadia hätte in einem Jahr heiraten sollen. Jetzt machte der Vater Druck und wollte seine Tochter so schnell wie möglich mit dem Großhändlersohn vermählt sehen.

Sadia, schon immer rebellisch, packte noch am Abend nach dem großen Streit eine Tasche mit den Kleidungsstücken, an denen sie hing, suchte die wenigen Schmuckstücke zusammen, die sie besaß, und fuhr mit einer Rikscha in die Innenstadt von Sheikhupura. Dann wechselte sie noch zwei Mal die Rikscha. Sollte jemand versuchen, ihren Weg nachzuverfolgen, sollte er es schwer haben. Die letzten Meter zu Mohammed lief sie zu Fuß, immer wieder zurückblickend, ob sie auch niemand verfolgte. Mohammed hatte eine kleine Wohnung am anderen Ende von Sheikhupura. Er lebte alleine, seine Familie stammte aus einem zwei Autostunden entfernten Dorf im Punjab. Sadias Eltern wussten weder, wo Mohammed lebte, noch, wie er aussah. Bei Mohammed glaubte Sadia sich sicher.

Nur wenige Tage später fanden Sadia und Mohammed einen Geistlichen, der bereit war, sie zu trauen.

»Ein Jahr lang ging es gut«, erzählte Sadia. »Dann bekam Mohammed Ärger mit seinem Chef. Er fing an zu trinken, später schlug er mich, immer regelmäßiger und brutaler.«

Zurück nach Hause, zu ihren Eltern, konnte Sadia nicht. Sie war weggelaufen, mit einem Mann, den sie gegen den ausdrücklichen Willen ihres Vaters geheiratet hatte. Damit war sie für immer verstoßen. Im Fall einer Rückkehr musste sie damit rechnen, mit Säure übergossen und damit für immer entstellt zu werden oder sogar mit dem Leben zu bezahlen, denn sie hatte nach Ansicht ihrer Familie Schande über sie gebracht. In Pakistan geschehen fast täglich Säureattentate und »Ehrenmorde«, in den meisten Fällen gibt es keine Anklage, keine Festnahmen, nichts.

»Ich weinte oft und dachte darüber nach, mir das Leben zu nehmen. Gott sei Dank hatte ich keine Kinder, das machte alles leichter für mich.« Sadia packte zum zweiten Mal in ihrem jungen Leben ihre Habseligkeiten zusammen und lief weg. Sie schlug sich durch zu einer Freundin nach Lahore, wo sie ein paar Tage blieb. Aber sie fürchtete, eine Tante oder ein Onkel könnten sie hier finden, denn ein Teil ihrer Familie lebte in dieser Stadt. Sie kaufte ein Busticket nach Islamabad. Von ihrer Freundin hatte sie die Adresse und Telefonnummer einer Frau bekommen, die Mädchen wie ihr half. In Islamabad angekommen, rief sie bei ihr an.

»Ich bekam ein Zimmer und das Versprechen, dass ich hier so lange bleiben dürfte, wie ich wollte.« Es war ein privat betriebenes, spendenfinanziertes Frauenhaus. Die Bewohnerinnen bekamen drei Mahlzeiten am Tag. Für Kleidung, Seife und die kleinen Dinge des Lebens brauchte Sadia Geld. Sie verkaufte ihren Schmuck, aber das Geld reichte nicht lange. Also beschloss sie, wie viele andere Frauen in ihrer Situation, ihren Körper zu verkaufen.

Seit zwei Jahren ging sie nun auf den Strich. Ihre Freier begleitete sie in ihre Häuser und Wohnungen oder in ihr Hotelzimmer. Im Frauenhaus war Männerbesuch verboten.

Machte die Polizei keinen Ärger?

»Die Polizei?« Sie lachte verächtlich. »Die Polizisten lauern uns auf und verlangen so viel Strafgeld, wie wir im Monat nicht verdienen. Also stecken sie sich das, was wir bei uns haben, in die eigenen Taschen. Und dann fahren sie uns auf ihre Wache und nehmen unsere Dienste in Anspruch, ohne zu bezahlen. Manchmal sind es vier oder fünf Polizisten hintereinander, und wenn wir etwas sagen, schlagen sie uns und drohen, uns in ihre Arrestzelle zu werfen.«

Welche Zukunft hat eine Frau wie Sadia, von der Familie verstoßen, vor dem Ehemann geflohen, als Prostituierte in einem Land wie Pakistan?

»Irgendwann, Inschallah, treffe ich einen reichen Mann, der sich in mich verliebt«, sagte sie. »Vielleicht heiratet er mich und nimmt mich mit in sein großes Haus, mit vielen Bediensteten und einem Swimmingpool.«

Gelegentlich sah ich Sadia wieder vor der Hauptpost von Islamabad stehen. Sie lächelte und winkte verstohlen, sie wollte freundlich sein, mich aber gleichzeitig nicht in Schwierigkeiten bringen. Irgendwann war sie verschwunden, ich konnte sie nicht mehr unter den Frauen dort ausmachen. Ich befürchte, ihr Traum hatte sich nicht erfüllt. Vermutlich schaffte sie jetzt anderswo an.

Iqbal Hussain liebt Frauen wie Sadia. Sie fühlen sich wohl bei ihm, die dicken und die dünnen, die jungen mit ihrer makellosen Haut und die alten, bei denen das Leben Spuren hinterlassen hat. Iqbal liebt diese Frauen wie ein Vater, ein Bruder, ein Sohn, ein Freund, nicht wie einer, der begehrt und dann vergisst. In Zeiten von Burka und Hidschab kommen sie ganz ohne Verhüllung zu ihm. Manchmal ziehen sie sich sogar aus.

Hussain, in seinen Sechzigern, ist Maler in Lahore. Sie sind sein liebstes Motiv, diese Prostituierten in Heera Mandi, wörtlich Diamantenmarkt, einem alten Rotlichtbezirk im Zentrum der Metropole. Hier lebten einst, als Pakistan noch zu Indien gehörte und Maharadschas ihre Gelage feierten, die »tanzenden Mädchen«, die Kurtisanen der Mächtigen. Sie verstanden sich als Künstlerinnen, die im Kindesalter in jahrelanger Arbeit lernten, zu tanzen und zu singen. Sie unterhielten die Menschen bei Hofe, begeisterten Intellektuelle, Geschäftsleute, Politiker und waren Stadtgespräch. Sex boten sie nur ausgewählten Kunden. »Diese Zeiten sind vorbei«, sagte mir Hussain, als ich ihn in seinem Atelier in Heera Mandi besuchte. Das geschäftige Viertel hinter der Badshahi-Moschee und dem Lahore-Fort ist heute ein heruntergekommener Stadtteil, der vom Charme längst vergangener Jahrhunderte zehrt. »Hier und da gibt es noch ein paar Bordelle, aber da geht es nicht ums Tanzen oder Singen.« Heute, sagte Hussain, gehe es nur um Sex, und Prostitution gebe es im Zeitalter von Internet und Mobiltelefon überall in der Stadt. Die Frauen kämen zu einem nach Hause. In Heera Mandi würden nur noch die billigsten arbeiten, die besonders verzweifelten unter ihnen.

Iqbal Hussain hat sein ganzes Leben hier verbracht. Er ist der Sohn einer dieser Tänzerinnen. Seine Mutter und seine Großmutter, muslimische Frauen, kamen aus dem nordindischen Fürstenstaat Patiala nach Lahore, als Pakistan 1947 gegründet wurde. Bis dahin hatten sie für den dortigen Maharadscha gearbeitet. Nach Lahore gingen sie, weil es viele berühmte muslimische Kurtisanen in diese Stadt der Künste zog, in der Hoffnung auf ein besseres Leben.

Der Traum von Hussains Mutter und Großmutter blieb unerfüllt: Sie fanden lediglich Arbeit in einem der vielen florierenden Vergnügungshäuser. Das Gebäude, ein Haveli, wie man die privaten Herrenhäuser in islamischer Architektur in Südasien nennt, gehört heute Iqbal Hussain. Hier wurde er geboren, hier wuchs er bei seiner Mutter auf, zwischen Halbgeschwistern,

Tanten, Cousins und Cousinen und den Kunden, die ein- und ausgingen. Und hier arbeitet er heute.

Kennt er seinen Vater? Er saß in seinem Atelier, im Erdgeschoss, hielt einen Becher Tee und schüttelte kaum wahrnehmbar den Kopf. »Nein«, sagte er mit leiser Stimme und hob die Hand mit dem Becher, als wolle er die Frage abwehren. Er setzte ihn auf dem Tisch ab und überlegte. »Wie sollte man, ich meine, es gab so viele ...« Mitten im Satz brach er ab und schaute auf seine Bilder, die alle Wände füllten. Nach einer ewig langen Minute sagte er: »Ich hatte niemanden in meinem Leben, nur mich selbst und meine Bilder.«

Die Mutter eine Prostituierte, der Vater angesichts der ungezählten möglichen Erzeuger unauffindbar – diese Herkunft hat Iqbal Hussain geprägt. Tief in seinem Inneren ist er verletzt, weil ihn seine Mitschüler hänselten, weil er sein Leben lang ausgegrenzt und als Künstler nicht ernst genommen wurde. Bis heute würden ihn Leute spüren lassen, dass sie ihn nicht akzeptieren, sagt er. Zehn Jahre lang besuchte er eine Schule, länger als die meisten Jungen aus Heera Mandi. Seine ältere Schwester bezahlte seine Schulgebühren, sie wünschte sich für ihren Bruder eine bessere Zukunft. Sie selbst würde, wie alle Frauen in der Familie, immer in diesem Gewerbe bleiben. Einmal tanzendes Mädchen, immer tanzendes Mädchen.

Aber Hussain malte, anstatt dem Unterricht zu folgen. »Drei Mal wurde ich von der Schule geworfen, angeblich war ich zu frech.« In seinem Viertel fühlte er sich wohl. Da waren alle Jungen wie er: Kinder von Frauen, die ihren Körper verkauften.

Später, an der Kunsthochschule in Lahore, schnitten ihn seine Mitstudenten. »Selbst heute, wenn ich dort unterrichte, gibt es Studenten, die mir aus dem Weg gehen. Ich spüre, dass die Eltern ihnen sagen: ›Rede nicht mit diesem Mann!‹«

Zum National College of Arts war er durch einen Freund ge-

180

kommen.»Er war in ein Mädchen verliebt, das dort studierte. Deshalb sorgte er dafür, dass ich auch dort anfing, damit er mich und damit dieses Mädchen besuchen konnte.« Hussain bestand tatsächlich die Aufnahmeprüfung. Sein inzwischen bald neunzigjähriger Lehrer Khalid Iqbal sagte mir, er habe als »durchschnittlicher Student« begonnen, aber als »einer der besten Künstler« die Ausbildung beendet.

Der Lebensweg von Iqbal Hussain ist bemerkenswert in einem islamischen Land, dessen Gesellschaft ein ausgeprägtes Standesbewusstsein pflegt. Seiner Herkunft zum Trotz arbeitete er sich zu einem der bedeutendsten Künstler Pakistans hoch. In westlichen Ländern könnte man sagen, er habe es gerade wegen dieser Herkunft geschafft. Für pakistanische Verhältnisse aber hat er das Undenkbare vollbracht.

Iqbal Hussain weiß das.»Hätte ich nicht die Malerei für mich entdeckt, wäre ich heute wahrscheinlich ein kleiner Verkäufer, vielleicht drogenabhängig, vielleicht im Gefängnis«, sagte er. Er lachte.»Jetzt sitze ich hier und male Frauen, wie sie sind. Auch wenn die Mullahs fordern, Frauen müssten sich verhüllen.« Aber er sei Maler und lasse sich nicht vorschreiben, wie und was er zu malen habe, von niemandem.

Die meisten Porträts zeigen rundliche Frauen.»Manche Betrachter fragen: ›Warum malst du nur dicke Frauen?‹ Ich antworte dann: Schaut, das sind Gemälde, keine Zeichnungen für den ›Playboy‹. Ich male diese Frauen, weil ich um ihr Schicksal weiß. Es sind Frauen, die nie aus ihrer Rolle herauskommen können.« Mit der Malerei unterstützt er sie: Er bezahlt sie fürs Modellstehen, und er beteiligt sie an den Erlösen, wenn er ein Bild verkauft.

Heute kann Hussain von seiner Kunst leben, doch es gab auch schlechte Zeiten für den kleinen Mann. Seine Bilder, insbesondere die Akte, empören Konservative seit Jahren. 1984, da regierte der islamfanatische Zia-ul-Haq, wurde eine Ausstellung in Lahore von der Polizei beendet. »Solche Erfahrungen habe ich im Laufe meines Lebens immer wieder gemacht.« Niemand kaufte seine Bilder, gleichzeitig wuchs mit seiner Familie – Hussain ist verheiratet und hat inzwischen sechs Kinder, fünf Töchter und einen Sohn – der finanzielle Druck.

Das Geld, das er mit Malunterricht verdiente, reichte nicht mehr. Um seine Familie ernähren und seine Modelle weiter bezahlen zu können, beschloss er 1996, ein Restaurant zu eröffnen. Das Geschäft lief schlecht, wer ging schon zum Essen ins Rotlichtviertel? Doch dann kamen die Ausländer, die Diplomaten aus Islamabad, die Touristen, als Pakistan noch Reiseland war. Sie alle ließen sich von Hussains Lebensgeschichte fesseln. Heute gehört das »Cooco's Den« zum Pflichtprogramm eines jeden Lahore-Besuchers, wegen seiner guten pakistanischen Küche, vor allem aber wegen seines atemberaubenden Blicks aus dem Dachgeschoss auf die Badshahi-Moschee, eines der größten islamischen Gotteshäuser der Welt. Seine Bilder kosten inzwischen ein paar tausend Euro, die Nachfrage kommt aber vor allem von Ausländern. Bis heute erfährt er oft Missachtung in Teilen der pakistanischen High Society, selbst von Künstlerkollegen, wegen seiner Herkunft, trotz Ausstellungen in den USA und in Europa.

Hussain hat Bilder, die er nicht öffentlich zeigt, weil er befürchtet, dass er sich mit ihnen erst recht Feinde macht. Es sind Malereien, in denen er Politisches dokumentiert. Besonders häufig ist das Drama um die Rote Moschee in Islamabad zu sehen, als die Armee im Juli 2007 das Gebäude stürmte. Die beiden radikalen Geistlichen der Moschee, Abdul Aziz Ghazi und sein jüngerer Bruder Abdul Rashid Ghazi, hatten zuvor Prostituierte entführt und als Geiseln genommen. Bei der Militäraktion sollen diese Frauen getötet worden sein. Iqbal Hussain hat ihr Leid malerisch festgehalten. Frauen, die blutend auf dem Boden liegen, neben ihren Köpfen sind Armeestiefel zu sehen. Oder Frauen, umringt von Männern mit Schlagstöcken. Jedes einzelne Kunstwerk ist eine Kritik an den gesellschaftlichen Verhältnissen. Iqbal hofft, dass er diese Gemälde irgendwann einmal ausstellen kann. Gerade die Bilder von den Ereignissen in der Roten Moschee seien ihm wichtig, denn mit diesem Gotteshaus und dem Widerstand gegen Prostituierte habe die Radikalisierung Pakistans noch einmal an Fahrt gewonnen.

Die Rote Moschee und die Moralpolizei

Die Rote Moschee, auf Urdu Lal Masjid, liegt etwa fünf Minuten mit dem Auto von meinem Büro in Islamabad entfernt, im Sektor G-6. Ein hoher Zaun umgibt das Gelände, viele junge Männer in weißer Kleidung und mit Turbanen gehen ein und aus. Es ist die größte Moschee der Deobandi-Denkschule, ein Hort des Extremismus und ein Dorn im Auge der Regierung, die ihren Sitz nur ein paar Hundert Meter weiter entfernt hat. Erstaunlicherweise duldete sie die radikalen Lehren dieser Moschee jahrelang, obwohl deren Imame immer wieder die Autorität des Staates untergruben. Direkt an die Moschee angeschlossen ist eine Madrassa für Mädchen, Jamia Hafsa genannt. Die Koranschule für Jungen, Jamia Faridia, ein weißes Gebäude mit Arkaden, die einen wunderschönen Innenhof mit gepflegtem Garten umschließen, liegt wenige Kilometer weiter nördlich, am Fuße der Margalla-Hills, in einem der teuersten Viertel von Islamabad.

Geleitet wurde die Rote Moschee von den Gebrüdern Ghazi. Sie hassten den Militärherrscher Pervez Musharraf, der 1999 den korrupten Regierungschef Nawaz Sharif (der 2013 erneut zum Ministerpräsidenten gewählt werden sollte) gestürzt und seine Macht als Armeechef genutzt hatte, um sich selbst an die Spitze der Regierung zu putschen. Sie verachteten ihn, weil er

Pakistan nach den Terroranschlägen vom 11. September 2001 zum Partner der USA im Anti-Terror-Krieg und damit zum Gegner von Glaubensbrüdern gemacht hatte. Immer wieder hetzten Abdul Aziz Ghazi und Abdul Rashid Ghazi gegen die Regierung, immer wieder forderten sie sie in ihren Predigten auf, den Westen, die »Ungläubigen«, zu bekämpfen, nicht Muslime. Die Regierung ignorierte die Moschee einfach. Die Zahl der radikalen Gotteshäuser nahm in Islamabad ständig zu. Im Frühjahr 2007 wurde es selbst den Behörden zu viel, zumal Geheimdienste davor warnten, Extremisten könnten aus der Hauptstadt heraus Terrorangriffe starten. Die Radikalen hatten ihre Moscheen meist ohne Genehmigung auf städtischen Grundstücken errichtet. Zwei Moscheen, entschied die Stadt jetzt, sollten deshalb abgerissen werden.

Die Ghazi-Brüder waren empört, auch wenn ihre Rote Moschee davon nicht betroffen war. Wagte es die Politik tatsächlich, ein Gotteshaus niederzureißen?

Aus Protest ließen die Ghazis Schülerinnen ihrer Koranschule eine öffentliche Bibliothek in der Nachbarschaft stürmen. Junge, schwarz verhüllte Mädchen, mit Bambusstöcken bewaffnet, hatten dort nun das Sagen. Medien in ganz Pakistan berichteten über diese Aktion. Die Stadt Islamabad nahm die Besetzung durch die Mädchen widerstandslos hin. Musharraf traute sich nicht, etwas gegen die Mädchen zu unternehmen, er fürchtete die offene Auseinandersetzung mit den Talibannahen Kräften.

Ermutigt von dem Erfolg stellten die Ghazis nun eine Moralpolizei auf, bestehend aus Schülerinnen und Schülern der beiden Koranschulen der Roten Moschee. Die Jungen und Mädchen wurden in die Stadt geschickt, ausgerüstet mit religiösen Bannern und Stöcken. Sie sollten Ladenbesitzer einschüchtern, die Musik-CDs, Spielfilme und Bücher verkauften, die nichts mit Religion zu tun hatten. Sie terrorisierten Internetcafés und

Friseursalons. Auf den Straßen lag jetzt das Glas zersplitterter Schaufenster, Verkäufer wurden verprügelt. Die jugendlichen Tugendwächter beschimpften auch Menschen, die ihrer Meinung nach nicht züchtig genug gekleidet waren. Ihr Auftrag lautete, der »westlichen Dekadenz« in der Stadt ein Ende zu machen. Westliche Dekadenz war in ihren Augen alles, was nicht in ihr vom Koran geprägtes Weltbild passte.

Jetzt kritisierte die Regierung dieses Vorgehen zwar, schritt aber nach wie vor nicht ein. Viele Bewohner von Islamabad nahmen die Radikalisierung in ihrer Stadt mit Sorge zur Kenntnis. Eine ähnliche Entwicklung hatte es schon in anderen Landesteilen gegeben, vor allem in der ohnehin konservativen nordwestpakistanischen Provinz Khyber-Pakhtunkhwa, an der Grenze zu Afghanistan. Aber jetzt geschah es mitten in der Hauptstadt. War das eine schleichende Machtübernahme der Extremisten? Man hoffte, dass es sich nur um eine Phase handelte, so wie in den Achtzigerjahren unter Zia-ul-Haq.

Die Geistlichen der Roten Moschee wurden immer übermütiger. Ende März 2007 setzte Abdul Aziz Ghazi der Regierung Musharraf eine Frist von einer Woche, um die Scharia als einzig gültiges Rechtssystem in ganz Pakistan durchzusetzen. Andernfalls habe das Konsequenzen. Und sollten die Sicherheitskräfte es wagen, gegen die jugendlichen Tugendwächter oder gegen die Rote Moschee vorzugehen, drohte er damit, Selbstmordattentäter auf das ganze Land loszulassen. Die Regierung nahm die Drohung ernst – und schwieg. Als einen Monat später, im April, elf Koranschüler festgenommen wurden, weil sie mit ihren Einschüchterungen zu weit gegangen waren und Ladenbesitzer sich beschwert hatten, entführten Anhänger der Ghazi-Brüder vier Polizisten und hielten sie in der Roten Moschee fest.

Weil die Regierung die Extremisten nach wie vor ignorierte, trieben sie es immer weiter. Inzwischen war es Juni, seit mehreren Monaten hielten sie die Hauptstadt schon in Atem. Jetzt wollten sie in Angriff nehmen, was ihnen schon lange ein Dorn im Auge war: die Bordelle in Islamabad. Es handelte sich um Privathäuser, und nur von Eingeweihten erfuhr man, wo sich die Etablissements befanden. Viele waren auch als Massagesalons getarnt, in denen besonders häufig Chinesinnen, aber auch Frauen aus Zentralasien oder Pakistanerinnen arbeiteten. Die jugendlichen Tugendwächter stürmten solch einen Salon und nahmen mehrere Frauen als Geiseln. Sie verschleppten sie zur Roten Moschee und hielten sie dort tagelang fest. Darunter waren auch mehrere Chinesinnen, was Peking auf den Plan rief. Die chinesische Regierung protestierte offiziell gegen die Behandlung der Frauen und forderte ein Einschreiten der pakistanischen Sicherheitskräfte.

Damit hatten die Radikalen eine rote Linie überschritten. Die pakistanische Regierung war alarmiert, denn plötzlich war die Freundschaft zu China, das in all den Jahren unverrückbar an der Seite Pakistans gestanden hatte, egal, ob Militärdiktatoren oder Demokraten in Islamabad regierten, bedroht. China pflegt die Partnerschaft zu Pakistan, weil es auf diese Weise Zugang zum Indischen Ozean hat. Im Gegenzug finanziert Peking dort nicht nur Häfen, sondern leistet auch Hilfe in sensiblen Bereichen wie Rüstung und Nuklearenergie. China und Pakistan sind Verbündete gegen Indien. Und nun setzten ausgerechnet ein paar Extremisten, die Prostituierte als Geiseln genommen hatten, diese vor allem für Pakistan strategisch wichtige Allianz aufs Spiel, zumal die Regierung schon in der Vergangenheit immer wieder damit beschäftigt war, Peking zu besänftigen, weil chinesische Ingenieure in Pakistan entführt und gelegentlich auch ermordet worden waren.

Nach monatelanger Zurückhaltung ordnete Präsident Musharraf nun an, die Rote Moschee mit schwer bewaffneten Soldaten zu umstellen. Schwer bewaffnet, weil es Gerüchte gab, wonach islamistische Kämpfer aus den Stammesgebieten den Geistlichen in der Roten Moschee zu Hilfe gekommen seien und dort nun auf ihren Einsatz warteten.

Aus Sorge um die Frauen – Koranschülerinnen und Geiseln – und Kinder in der Moschee zögerte Musharraf zunächst, sie stürmen zu lassen. Über Lautsprecher forderten Soldaten die Extremisten auf, die Menschen in der Moschee gehen zu lassen. Aber nichts geschah. Die Radikalen benutzten Anhänger und Geiseln als Schutzschilde.

Wieder ermutigt von der Tatenlosigkeit der Sicherheitskräfte, versuchten die Extremisten nun, eine benachbarte Behörde zu besetzen. Doch diesmal hatten sie sich verkalkuliert – die Soldaten vor der Moschee begannen zu schießen. Aus der Roten Moschee wurde zurückgefeuert. Am 3. Juli 2007 starben mehr als zwanzig Menschen. Jetzt packte die Geistlichen und ihre Schüler die Furcht: Würden die Sicherheitskräfte das Gotteshaus etwa doch stürmen? Der Kordon um die Moschee wurde enger gezogen, immer mehr Soldaten brachten sich in Position. Es sah nicht so aus, als würde die Belagerung bald enden. Schon am Tag nach dem ersten Gefecht verließen Hunderte Koranschüler freiwillig das Gebäude, um sich in Sicherheit zu bringen, darunter auch Abdul Aziz Ghazi, der für seinen Fluchtversuch landesweit Spott erntete: Er hatte sich eine Burka übergeworfen, in der Hoffnung, unerkannt davonzukommen.

Später lästerten Soldaten, Abdul Aziz Ghazi sei wegen seiner Körpergröße und seines Bauchumfangs erwischt worden. Er selbst rechtfertigte seinen schmachvollen Fluchtversuch damit, er habe nur Leben retten wollen – nicht das eigene, sondern das der Geiseln, wie er behauptete.

Zwischen den Ghazi-Brüdern war es zum Bruch gekommen: Während Abdul Aziz vor seiner gescheiterten Flucht die in der

Moschee verbliebenen Menschen zur Aufgabe aufgefordert und sich damit auf die Seite der Regierung gestellt hatte, lehnte sein Bruder Abdul Rashid eine Kapitulation ab und erklärte, er und seine Mitstreiter würden »kämpfen bis in den Tod«.

In den Tagen darauf gaben dennoch immer mehr Extremisten auf und verließen das Grundstück der Roten Moschee, offensichtlich mit Mühe, denn andere Militante versuchten, sie daran zu hindern.

Immer wieder kam es nun zu Gewalt. Einmal sprengte die Armee ein Tor zur Moschee, dann wieder gab es Schusswechsel. Jeden Tag floss Blut, starben Menschen. Islamabad war im Ausnahmezustand, das ganze Land schaute zu – und die Gesellschaft war gespalten. Es gab Menschen, die die Geistlichen bewunderten für ihren Kampf gegen den Sittenverfall und für den Erhalt islamischer Werte. Andere waren entsetzt über die Radikalisierung der Religiösen und hofften, dass die Regierung dem Spuk ein baldiges Ende bereiten würde.

Musharraf stellte mehrere Ultimaten: Die Radikalen sollten das Gebäude freiwillig räumen und die Gefangenen freilassen. Doch alle Fristen verstrichen folgenlos. Nun bildete der Präsident ein Verhandlungsteam, das mit den Anführern der Moschee eine Lösung aushandeln sollte. Doch weil beide Seiten einander misstrauten, wurde nicht am Tisch verhandelt, sondern über Megafon und Telefon. Das ganze Land konnte Teilen der Gespräche zuhören.

Mal erklärte Abdul Rashid Ghazi, er sei zu einem Ende der Besetzung bereit, dann wieder tönte er, er werde einen »Märtyrertod« sterben. Eher werde er mit seinen Anhängern sterben, als sich zu ergeben. Die Unterhändler der Regierung verlangten von ihm, er solle zum Gespräch aus der Moschee heraustreten. Er wies das zurück und forderte im Gegenzug, die Unterhändler sollten in die Moschee kommen.

Die Verhandlungsversuche scheiterten.

Ausgerechnet jetzt griffen Militante ein Haus in Peschawar an, in dem chinesische Arbeiter wohnten. Sie töteten drei von ihnen und verletzten einen schwer. Wieder protestierte Peking und forderte von Musharraf, endlich gegen die Extremisten durchzugreifen.

Eine Woche nach dem ersten Gefecht stürmten Eliteeinheiten der pakistanischen Armee die Moschee. Nach Regierungsangaben starben damals etwa achtzig Menschen, die Moscheeverwaltung sprach von mehr als dreihundert Toten. Auch Geiseln waren unter den Opfern. Abdul Rashid Ghazi kam im Kugelhagel ums Leben.

Einige Wochen nach dem Sturm auf die Rote Moschee veröffentlichte Bin Laden ein Video, in dem er Präsident Musharraf mit Vergeltung drohte. »Al-Qaida schwört bei Allah, dass Musharraf für das vergossene Blut von Abdul Rashid Ghazi und seinen Gefolgsleuten bezahlen wird«, erklärte Bin Laden. Und an anderer Stelle sagte er: Der »Tyrann« Musharraf habe mit seinem Vorgehen bewiesen, dass er ein »Ungläubiger« sei. Die Erstürmung der Moschee durch »die abtrünnige Armee« zeige, dass Musharraf an seiner »Loyalität, Unterwürfigkeit und Unterstützung Amerikas« festhalte. Ein bewaffneter Aufstand und der Sturz der Regierung in Islamabad seien damit zwingend.

Zuvor hatte auch Bin Ladens Vize Aiman al-Zawahiri eine Kriegserklärung an Pakistan abgegeben. Er forderte seine Anhänger auf, den Tod Ghazis zu rächen. Ohnehin stünden die USA »in Afghanistan, im Irak und an anderen Fronten« vor einer Niederlage.

Es war der Anfang vom Abstieg Pakistans in eine Welt des Terrors und der Gewalt. In Islamabad zogen immer mehr Menschen hohe Schutzmauern um ihre Häuser, ließen ihre Grundstücke mit Stacheldraht umzäunen, stellten Wachpersonal ein.

Die Anschläge nahmen zu, im ganzen Land. Restaurants, Kinos, Cafés, Shoppingmalls, sie alle führten Sicherheitskontrollen an Eingängen ein. Auf den Straßen errichteten die Anti-Terror-Kräfte neue Kontrollposten, an wichtigen Kreuzungen standen nun immer Uniformierte mit Maschinengewehren hinter Schutzwällen aus Sandsäcken. Jeder neue Terrorangriff führte zu neuen Sicherheitsmaßnahmen. Und irgendwann nahmen die Menschen den Irrsinn nicht mehr wahr.

Aus der Roten Moschee wurde einige Zeit nach diesen Vorfällen ein weißes Gebäude, der alte Name aber blieb. Der Druck der Religiösen war zu groß, sie wurde wieder eröffnet. Abdul Aziz Ghazi, der versucht hatte, in einer Burka zu flüchten, hatte nur zwei Jahre im Gefängnis gesessen. Nun predigt er wieder in der Roten Moschee.

Als ich ihn dort fünf Jahre nach den Gefechten besuchte, um mit ihm über die Lage im Land zu sprechen, saß er im Schneidersitz auf einem bunten Teppich. Er trug ein blütenweißes Baumwollhemd, das bis zum Knie reichte, dazu eine weiße Hose. Den Kopf bedeckte ein weißer Turban, und auch sein Bart, der ihm bis zur Brust reichte, war weiß. Den Oberlippenbart hatte er abrasiert, angeblich so, wie es auch der Prophet getan hatte.

Vor der Tür stand ein Mann mit Maschinenpistole. Ich nannte ihm meinen Namen, Ghazi nickte seinem Bodyguard zu, und er ließ mich durch.

»Salam Aleikum.«

»Walaikum asalam, setzen Sie sich«, sagte er und deutete auf den Platz ihm gegenüber auf dem Teppich.

Ich hockte mich vor ihn, und er schwieg und musterte mich. Ein flinker Bediensteter kam in den Raum und stellte eine Tasse Tee und einen Teller mit Keksen an meine Seite.

Ghazi, einen Mann, der mal Verbindungen zu den Taliban und zum Terrornetzwerk al-Qaida bestritt, dann wieder mit

»guten Kontakten« zu den Extremisten prahlte und sogar im Namen der Taliban mit der pakistanischen Regierung verhandelte, konnte man nicht ignorieren. Auch wenn er zu der Minderheit offen gewaltbereiter Muslime zählt, hören viele Menschen auf das, was er zu sagen hat. In einem Land, in dem die politische Elite als korrupt gilt und in dem ein sozialer Aufstieg wegen starrer feudaler Strukturen unmöglich ist, gilt er ihnen als ehrbarer Mann, als ein Unbestechlicher, der für islamische Werte kämpft. Was Ghazi predigt, hallt weit über die Stadtgrenzen hinaus. Sein Ziel ist die Herrschaft des Islam, in Pakistan, in der Region, in der ganzen Welt.

»Ich verstehe den Islam als einen Gegenentwurf zu dem moralischen Verfall des Westens«, begann er das Gespräch. »Im Westen dreht sich alles nur noch um Geld und Sex. Die Menschen sind wahnsinnig egoistisch. Das bekämpfen wir.«

Mehrere Koranschüler traten nun in den Raum und setzten sich wortlos zu uns. Sie blickten ihren Lehrer bewundernd an.

»Wir müssen mehr Kinder bekommen, denn durch Reproduktion verbreiten wir unseren Glauben.«

Die Koranschüler und der Bodyguard nickten beflissen.

Macht Liebe und erobert die Welt, dachte ich.

Aber Ghazi hatte auch noch andere Dinge im Sinn. »Wir müssen Ungläubige zum Islam bekehren. Und dort, wo es nötig ist, müssen wir sie bekämpfen.«

Er begann eine Schimpftirade über jene, die »Gott, den Propheten oder den Koran« beleidigten.

Wieder nickten die Schüler und der Bodyguard.

»Wir müssen notfalls gewalttätig werden, denn nur so machen wir deutlich, dass wir es ernst meinen«, erklärte er. Menschen wie ihm liege es im Blut zu kämpfen. »Welchen Wert hat ein Leben, wenn man nicht bereit ist, für Gott und für unsere Ehre zu kämpfen und notfalls zu sterben?«

Ich wollte ihm gerade widersprechen und ihn an seinen Fluchtversuch erinnern, da fragte er mich:»Sie sind Muslim, richtig?«

Ich nickte der Einfachheit halber.

»Sind Sie verheiratet?«

Wieder nickte ich.

Nazir, der Hausmeister unseres Mietshauses, hatte mich in die Moschee begleitet. Er war ein sehr frommer Mann, der sein niedriges Gehalt aufbesserte, indem er den Kindern der benachbarten Hausangestellten in unserem Garten Koranunterricht erteilte. Dafür hatte er unter den Bediensteten ein hohes Ansehen, und auch die reichen Pakistaner in der Nachbarschaft behandelten ihn mit Respekt. Ich wusste, dass Nazir ab und zu zum Freitagsgebet in die Rote Moschee ging, und hatte ihn gebeten mitzukommen, da er Ghazi kannte und offensichtlich viel von ihm hielt. Nazir wollte beten, während ich mit Ghazi sprach. Ich war davon ausgegangen, dass wir uns später draußen treffen würden.

»Seine Frau ist eine sehr nette Deutsche!«, sagte Nazir nun, der plötzlich in der Tür stand. Offensichtlich war die Gebetszeit vorbei. Er betrat Ghazis Büro, verbeugte sich vor dem Geistlichen und setzte sich auf den Boden. Er brachte mich in Erklärungsnot.

»Deutsche?«, fragte Ghazi irritiert.»Christin?«

Ich zögerte und spürte, wie Wut in mir aufstieg. Was ging das diesen Typen an?

»Ja, Christin«, sagte ich.

Nun war er es, der zögerte. Er verengte seine Augen zu Schlitzen und starrte mich an.»Warum ist sie nicht konvertiert? Du musst dafür sorgen, dass sie Muslimin wird! Das ist deine Pflicht!«

Nazir merkte, dass er mich in eine missliche Lage gebracht hatte. Er versuchte, mir beizuspringen:»Nein, nein, sie ist eine gute Frau! Eine sehr gute Frau! Sie ist wie meine Schwester!«

Aber Ghazi ignorierte ihn. »Sie ist keine Muslimin!«, wiederholte er in einem ungläubigen Ton, als wäre das ein Makel. »Ein Muslim sollte keine Nichtmuslimin heiraten, und wenn er es tut, muss er dafür sorgen, dass sie sich zum Islam bekennt!«

Ich hatte keine Lust, dieses Gespräch fortzusetzen, und wusste, dass Ghazi sich jetzt noch zugeknöpfter geben würde. Ich hatte von vornherein keine große Hoffnung gehabt, dass er mit mir offen reden würde, denn er war ein radikaler Sunnit, und an meinem Vornamen musste er meine schiitischen Wurzeln erkennen. Für Leute wie Ghazi sind Schiiten aber schlimmer als Nichtmuslime, als Ungläubige, weil sie in ihren Augen den reinen, den wahren Islam verfälschen.

Nazir blickte mich an und wackelte mit dem Kopf. Es war das Zeichen, dass wir besser gehen sollten. Wir erhoben uns. Ich bedankte mich bei Ghazi für seine Zeit und wir verschwanden. Er verabschiedete mich nur mit einem stummen Kopfnicken.

Mit solchen Menschen ist Dialog nicht möglich, weil sie eine Kultur des Miteinanders und der Begegnung verhindern. Sie teilen die Welt ein in *Wir* und *Die*, und so bleibt immer ein Graben bestehen.

Der Henker von Pakistan

Eines Nachts traf ich in Lahore einen jungen Christen: Sabir Masih. Er war damals siebenundzwanzig Jahre alt, ein jugendlich wirkender Mann im Shalwar Kameez, die Haare gescheitelt, Oberlippenbart. Wir hatten uns auf einem christlichen Friedhof am Stadtrand verabredet, weil er sich dort nach der Arbeit mit seinen Freunden traf, um zu essen, zu trinken, zu rauchen und von der Liebe zu reden.

Masih ist der Henker von Pakistan.

Kurz vor Mitternacht setzten wir uns auf eine Wolldecke, die er auf einer Rasenfläche zwischen Gräbern ausgebreitet hatte. Masih schloss die Augen, er war müde, die Zigarette, angereichert mit Haschisch, begann zu wirken. Außerdem hatte er getrocknete Hanfblätter in einem Mörser zerstoßen, das Pulver mit Wasser verrührt und das Zeug getrunken. Bhang heißt dieses in Südasien beliebte, oft stark berauschende Getränk oder auch »grüner Whisky«. Jetzt saß er im Schneidersitz da, in der linken Hand sein Handy, aus dem ein Lied aus einem Bollywoodfilm schepperte, in der rechten den Rest der Zigarette. Mit geschlossenen Augen nickte er zum Rhythmus.

Masih ist seit 2006 Angestellter der Haftanstalt Kot Lakhpat, einem Hochsicherheitsgefängnis in Lahore. Im Laufe seiner Arbeitszeit hat er mehr als zweihundert Menschen im Auftrag des Staates getötet, alle unter Präsident Musharraf. »Der hat kaum jemanden begnadigt, weder Mörder noch Vergewaltiger«, sagte Masih.

Er öffnete die Augen wieder, das Weiße darin leuchtete im Mondschein. Die Drogen ließen seine Zunge über jedes dritte Wort stolpern, außerdem verstärkten sie sein Stottern.

»Jetzt habe ich nichts mehr zu tun«, sagte er, und es klang, als ob er es bedauere. Denn die Regierung von Musharrafs Nachfolger, von Präsident Asif Ali Zardari, hatte alle Hinrichtungen ausgesetzt. Böse Zungen behaupteten, er wolle verhindern, selbst einmal am Galgen zu enden. Zardaris Versuch, alle Todesurteile in lebenslange Haftstrafen umzuwandeln, scheiterten am Einspruch des Obersten Gerichtshofs. Trotzdem wurde unter ihm niemand mehr hingerichtet. Es war ein politisches Wagnis, denn die Mehrheit der Bevölkerung befürwortet die Todesstrafe, sie gilt für insgesamt siebenundzwanzig Straftaten. Menschenrechtsorganisationen berichten, dass mehr als siebentausend Häftlinge in den Todestrakten des Landes sitzen.

Masih erzählte mir, dass er täglich nur »ein, zwei Stunden«

im Gefängnis verbringe, danach schicke ihn sein Chef nach Hause. »Ich sitze herum und mache nichts.« Dafür erhalte er umgerechnet etwa achtzig Euro im Monat. »Das reicht nicht in einer Stadt wie Lahore, wo alles teuer ist. Ich muss meine Eltern und Geschwister mitversorgen.« Als er noch seine Henkersaufgabe wahrnahm, bekam er pro Hinrichtung ein paar Rupien extra, als Prämie. Jetzt sammle er gelegentlich Müll und organisiere sonntags Hahnenkämpfe, um etwas dazuzuverdienen. Aber eigentlich suche er einen neuen Job. »Haben Sie nicht etwas für mich?«, fragte er mich. »Ich könnte als Haushälter arbeiten. Oder als Wachmann.«

Der Henker von Pakistan als mein Haushälter. Eine skurrile Vorstellung.

Das Töten von Menschen habe ihm nie etwas ausgemacht, erklärte er. Schon der Bruder seines Großvaters sei Henker gewesen, der habe 1979 dem gestürzten und zum Tode verurteilten Präsidenten Zulfikar Ali Bhutto den Strick um den Hals gelegt. Sein Vater habe ebenfalls diesen Beruf ausgeübt, und nun sei er eben Henker.

Aber wie konnte er, der Christ, Menschen umbringen? »Du sollst nicht töten«, heißt es in der Bibel.

»In der Bibel steht auch etwas von Auge um Auge. Und dass sterben muss, wer einen Menschen tötet«, entgegnete er. Er fand, dass ein Mörder mit dem Leben bezahlen müsse. Er grinste, dann machte er eine wegwischende Handbewegung. »Aaaach! Was weiß denn ich! Ich führe nur Befehle aus.«

Beim ersten Mal, 2006, sei er noch nervös gewesen. Danach sei es Gewohnheit geworden. Plötzlich sprang er auf, klopfte Saleem, dem Friedhofswärter, der zu uns gestoßen war, auf die Schulter, auch er erhob sich. Die beiden hätten ihrem Aussehen nach auch Studenten sein können.

An seinem Freund demonstrierte Masih, wie er mit einem

Delinquenten umging. »Ich trete ihm gegenüber und schaue ihm in die Augen. Die meisten nehmen mich aber nicht wahr, die sind psychisch schon erledigt. Einen Tag vorher haben sie zum letzten Mal Besuch gehabt von ihren Familien, danach haben sie abgeschlossen mit der Welt.« Kaum jemand weine, die meisten beteten oder schwiegen einfach, und noch nie habe jemand geschrien oder sich gewehrt.

Er führte vor, wie er den Verurteilten, der zuvor die Treppe zum Galgen hochgestiegen ist, umdreht, dessen Hände hinterm Rücken fesselt, dann die Füße. »Anschließend schiebe ich ihn über die Falltür. Er bekommt ein Tuch vor das Gesicht gebunden und das Seil um den Hals gelegt.« Die Schlinge habe er schon am Vorabend mit Puder oder Fett eingerieben. Überhaupt sei alles gut geplant, sagte Masih, denn er kenne das Gewicht des Verurteilten und könne entsprechend die Fallhöhe berechnen.

Dann, vor Sonnenaufgang: das Beobachten der Uhr auf dem Faxgerät, über das ein Aufschub kommen könnte, das Vorlesen des Urteils durch einen Gefängniswärter, das Signal vom Chef der Haftanstalt, das Ziehen des Hebels, das Krachen der Falltür, die anschließende Stille. Eine halbe Stunde später das Abnehmen des Leichnams, die Übergabe an den Gefängnisarzt. Masih erzählte das, als lese er eine Gebrauchsanweisung vor. Es geht um Routine, nicht um Moral.

Masih war in allen größeren Städten Pakistans im Einsatz. Einmal, im Gefängnis von Faisalabad, habe er fünf Männer an einem Tag hingerichtet. Es ist ein Job, den kaum jemand machen will in Pakistan. Dass ausgerechnet dieser junge Mann der Henker der islamischen Republik ist, sagt viel aus über diese Gesellschaft: Die Drecksarbeit machen die ganz unten, in diesem Fall ein Christ aus ärmsten Verhältnissen.

Masih kicherte, weil es im Gebüsch raschelte. Inzwischen war es nach Mitternacht, mehrere Freunde waren nach und nach eingetroffen, hatten Curry in Blechdosen mitgebracht und heiße Fladenbrote, außerdem Drogennachschub. Sie alle drehten sich zum Gebüsch. Dahinter lag offensichtlich ein Liebespaar.

»Sie kommen hierher, um zu ficken«, sagte Masih. Er freute sich über seine Ausdrucksweise, wie ein Kind, das testet, wie weit es gehen darf. »Zu viele Menschen in Pakistan, zu wenig Platz, vor allem im Schlafzimmer. Deshalb kommen sie nachts auf den Friedhof.« Manchmal, sagte nun sein Freund Saleem, der Friedhofswärter, würde er die Paare verjagen. Aber meistens lasse er sie gewähren.

Die Liebe. Das ist Masihs größtes Problem. »Ich war schon mal verheiratet«, sagte er mir. »Ich war damals siebzehn.«

Sein Vater hatte die Frau für ihn ausgesucht, ebenfalls eine Christin, denn nur eine Christin würde einen Christen heiraten in Pakistan. Sie kannten sich kaum. Sie hatten sich nichts zu sagen.

Der übliche Spruch »Die Liebe kommt später von alleine« stellte sich als unzutreffend heraus in ihrem Fall.

Sie trennten sich.

»Ich hoffe, dass ich irgendwann meine große Liebe finde«, sagte Masih, und drehte sich noch einen Joint. »Liebe, Liebe, Liebe«, sang er vor sich hin.

Er grinste. »Wär das schön! Ich würde auch eine Muslimin nehmen!«

Saleem kicherte. »Klaaaaar, 'ne Muslimin!«

»Ich weiß, ich kann nur eine Christin heiraten. So eine Scheiße. Davon gibt's in Pakistan so wenige.« Und nach einigem Schweigen, die Bollywoodmusik tönte immer noch aus seinem Handy, sagte er leise: »Und wer heiratet schon den Henker von Pakistan?«

FEINDESLAND

Glaubt man regelmäßig veröffentlichten Umfragen, was Pakistaner von den USA halten, ist Amerika der Inbegriff des Bösen, des Feindseligen, der Macht, die den Einflussbereich des Islam zurückdrängen und selbst überall das Sagen haben will. Aber gäbe man allen Pakistanern die Möglichkeit, in die USA auszuwandern – Pakistan wäre verwaist.

Ich traf ultrareligiöse rechte Politiker, deren Hauptbeschäftigung schien, den Westen im Allgemeinen und die USA im Besonderen als Sinnbild des sittlichen und moralischen Verfalls zu verdammen, die ihre Kinder aber zum Studium nach Harvard, Yale oder Stanford schickten. Sie erkannten darin überhaupt keinen Widerspruch.

»Die haben die besten Universitäten dort«, sagte mir einer dieser Fanatiker. »Mein Sohn hat ein Stipendium bekommen!«, prahlte er. »Wenn er Inschallah das Studium schafft, wird er hier später einen guten Job finden und für seine Familie sorgen können.«

»Und was, wenn er sich entschließt, in Amerika zu bleiben und den American way of life einzuschlagen?«, fragte ich. »Was, wenn er eine Amerikanerin kennenlernt und sie heiratet und nie wieder zurück nach Pakistan will?«

Er guckte mich böse an.

»Das wird er nicht! Warum sollte er? Mein Junge weiß, was richtig und was falsch ist.«

Zigtausende von Pakistanern tun genau das: Sie sehen zu, dass sie nach Amerika kommen, und kehren nicht mehr nach

Pakistan zurück. Aber das wollte der Fanatiker nicht wahrhaben.

In Amerika zu studieren ist demnach richtig, Amerika zu mögen dagegen falsch.

Umgekehrt ist es nicht anders: Immer wieder betonen US-Politiker, Pakistan sei einer der wichtigsten Alliierten des Westens im Kampf gegen Terrorismus. Seit der Staatsgründung 1947 hat Washington dem Land Wirtschafts- und Militärhilfen im Wert von mehr als vierzig Milliarden Dollar zukommen lassen, mehr als die Hälfte davon allein seit 2001, als Unterstützung im Kampf gegen Islamisten. Die USA finanzieren Schulen, die Weiterentwicklung von Infrastruktur und sogar die Produktion der Kindersendung ›Sesamstraße‹ auf Urdu.

Die USA haben die Hilfe Pakistans in Anspruch genommen, um die Sowjetunion in Afghanistan zu schlagen. Heute sagen viele Pakistaner, Amerika habe ihr Land benutzt. Es war der Geheimdienst ISI, der den Mudschahidin Gelder aus Saudi-Arabien und Waffen aus den USA zukommen ließ. Es war auch der ISI, der diese Männer an den Waffen ausbildete und neue Krieger rekrutierte, indem er die Gründung von Koranschulen auf pakistanischem Gebiet entlang der Grenze zu Afghanistan forcierte.

Und gleichzeitig sagen US-Politiker, Pakistan sei ein Feind, man dürfe nicht länger mit diesem Staat kooperieren und müsse alle Finanzhilfen streichen. Sie eliminierten Osama Bin Laden auf pakistanischem Boden, ohne Islamabad einzuweihen, und töten seit Jahren Menschen mit Drohnen in den Stammesgebieten, nach offizieller pakistanischer Darstellung gegen den Willen der Regierung in Islamabad.

Die Signalwirkung der US-Aktionen: Wir scheren uns nicht um euch und eure Empfindlichkeiten.

Die Kritiker in den USA argumentieren, Pakistan habe in

den Achtzigerjahren heimlich an seinem Nuklearprogramm gearbeitet, in den Neunzigern Baupläne für Atomwaffen an Iran, Libyen und Nordkorea verkauft und in den vergangenen Jahren immer stärker Islamisten unterstützt.

So widersprüchlich sind also die Beziehungen: Die USA und Pakistan sind Partner, die eine Hassliebe verbindet. Als Beobachter kann man nur staunen, wie sehr diese Länder in gegenseitiger Abhängigkeit stehen und sich doch abgrundtief misstrauen. Auf beiden Seiten pflegt man mit Hingabe die Zerrbilder und Vorurteile, die man voneinander hat.

Ein Vorfall, der sich Anfang 2011 ereignete, belegt das besonders deutlich. Am 27. Januar fuhr ein Amerikaner in einem weißen Mittelklassewagen mit diplomatischem Kennzeichen durch die Innenstadt von Lahore. Er saß selbst am Steuer, als er von zwei Pakistanern auf einem Motorrad verfolgt wurde (behauptete er später) beziehungsweise als er selbst die beiden Männer verfolgte (davon gehen pakistanische Ermittler/Presse/Öffentlichkeit mehrheitlich aus). Dieser Mann, der später als Raymond Davis bekannt wurde und der einer der prominentesten Amerikaner in Pakistan sein dürfte, schoss auf die Motorradfahrer und tötete beide.

War es nun Mord oder Notwehr? Und wer war dieser Raymond Davis überhaupt? Angeblich ein Mitarbeiter des US-Generalkonsulats in Lahore, aber stimmte das? Davis behauptete, die beiden Männer hätten ihn überfallen wollen, er habe aus Notwehr gehandelt.

Die Tat kostete zwei weitere Menschen das Leben, Pakistans Außenminister verlor seinen Job, und US-Präsident Obama schaltete sich in den mysteriösen Fall ein, der sich zu einer diplomatischen Krise entwickelte.

Aber der Reihe nach, denn es ist eine Geschichte mit einigen Überraschungen und sie gilt als Tiefpunkt der Beziehungen zwischen beiden Ländern.

An jenem verhängnisvollen Donnerstag Ende Januar 2011 war Davis also mit einem Dienstwagen unterwegs, als ihm in einem Kreisverkehr zwei junge Männer, Faizan Haider und Mohammed Fahim, auf einem schwarzen Motorrad begegneten. Davis fühlte sich bedroht, sie hätten Waffen bei sich gehabt und gezückt, behauptete er. Davis glaubte angeblich, sie wollten ihn ausrauben. Daraufhin zog er seine eigene Waffe und schoss aus dem Auto heraus, durch die Windschutzscheibe, auf die Männer. Einen traf er sofort, der andere versuchte, auf dem Motorrad zu flüchten. Davis stieg aus seinem Auto, feuerte ihm hinterher und traf ihn in den Rücken. Anschließend machte er Fotos von den beiden Opfern, informierte sein Generalkonsulat und forderte Hilfe an.

Das Konsulat schickte sofort einen Wagen.

Die Straßen von Lahore waren wie immer verstopft, Autos, Rikschas, Pferdewagen, Eselskarren, Fahrradfahrer und Fußgänger in wildem Durcheinander. Der Fahrer des Konsulatswagens, der Davis zu Hilfe kommen sollte, wollte schnell sein. Er raste entgegen der Fahrtrichtung in eine Einbahnstraße und übersah dabei einen jungen Motorradfahrer. Der Überfahrene starb noch am Unfallort.

Die Polizei war rasch da. Davis, ein sechsunddreißigjähriger kräftiger Mann mit grauen Haaren und Bauchansatz, wies sich als Diplomat aus und pochte auf Immunität, also auf Schutz vor Strafverfolgung aufgrund seines Diplomatenstatus, wie es im Wiener Übereinkommen über diplomatische Beziehungen geregelt ist.

Doch die pakistanischen Polizisten waren entsetzt angesichts der beiden Toten und der Zeugenaussagen, wonach Davis sie kaltblütig und hinterrücks erschossen hatte. Sie nahmen ihn fest und brachten ihn in ein Gefängnis.

Am Tag darauf entschied ein Richter, dass der Mann in Haft bleiben musste.

Am selben Tag gab die US-Botschaft in Islamabad eine etwas verunglückte Pressemitteilung heraus. Darin hieß es: »Ein Mitarbeiter des US-Generalkonsulats in Lahore war gestern in einen Unfall verwickelt, der bedauerlicherweise zum Verlust von Menschenleben geführt hat. Die US-Botschaft kooperiert mit den pakistanischen Behörden, um die Fakten zu klären und an einer Lösung zu arbeiten.«

Unglücklich war die Mitteilung deshalb, weil sie Zweifel daran ließ, ob es sich bei dem »Mitarbeiter« Davis um einen Diplomaten handelte oder nicht – Zweifel, die sich nicht mehr ausräumen ließen, obwohl die US-Botschaft später betonte, Davis sei »ein administrativer und technischer Mitarbeiter des Konsulats und auch der Botschaft«. Es war ein wichtiger Hinweis, da Botschaftsmitarbeiter eine umfassendere diplomatische Immunität genießen als Konsulatsmitarbeiter.

Hätten die US-Diplomaten schnell und klug gehandelt, hätten sie eine sofortige Ausweisung Davis' noch am Tag des Vorfalls erreichen können. Davis hätte das Land mit dem nächsten Flug Richtung USA verlassen, Pakistan hätte den Mann zur Persona non grata erklärt und Davis wäre in seiner Heimat vielleicht der Prozess gemacht worden.

So aber entwickelte die Angelegenheit sich zur Belastungsprobe für die ohnehin fragile Anti-Terror-Partnerschaft zwischen den USA und Pakistan, der Fall wurde zum Politthriller, zur Geschichte voller Verschwörungstheorien, Gerüchte und Verstrickungen.

Die Nachricht von der Schießerei machte in Windeseile die Runde in Pakistan, sofort versammelten sich Menschen in mehreren Städten und forderten die Todesstrafe für Davis. Tagelang hielten die Proteste an, der antiamerikanische Reflex funktioniert immer.

Pakistanische Zeitungen berichteten, die beiden Getöteten

seien Mitarbeiter des ISI gewesen, betraut mit der Aufgabe, Davis zu beschatten. Der ISI bestritt das. Die Zeitungen meldeten auch, Davis sei kein Diplomat, sondern ein Spion. Das bestritt die amerikanische Botschaft. Man entschloss sich, an das Mitgefühl zu appellieren. »Ray«, wie sie ihren inhaftierten Kollegen nannten, gehe es nicht gut. Er habe keinen Fernseher, kein Telefon, kein Internet, auch sonst kein elektronisches Gerät, und mit seiner Familie könne er nicht ohne Weiteres kommunizieren. Man behandle ihn wie jeden anderen Gefangenen auch, sagten sie, eingesperrt in einer kleinen Zelle, mit Betonbett und Schaumstoffmatratze. Es gibt gemütlichere Orte für US-Diplomaten.

Pakistans damaliger Außenminister Shah Mehmood Qureshi erklärte wutentbrannt, Davis genieße »keine volle Immunität«, und zog den Zorn von Präsident Asif Ali Zardari und Premierminister Yousuf Raza Gilani auf sich, weil er damit den USA-freundlichen Kurs der Regierung in Frage stellte. Die Amerikaner luden Pakistan kurzerhand von einem Dreier-Treffen mit Afghanistan aus, ein Besuch Zardaris in Washington drohte von den Gastgebern abgesagt zu werden. Kurze Zeit später verkündete Gilani eine Kabinettsumbildung, bei der Qureshi seinen Posten als Außenminister verlor.

Qureshi erklärte zunächst nur gegenüber Freunden, später auch öffentlich, dass der Fall Davis und seine Reaktion darauf ihn sein Amt gekostet habe.

Dabei hatte er sich zu Recht kritisch geäußert. Denn auch die Polizei von Lahore widersprach der Notwehrdarstellung von Davis. Der Amerikaner habe das Feuer auf die beiden Pakistaner eröffnet und auch noch dann geschossen, als einer auf der Flucht war. »Wir haben Beweise, dass es keine Selbstverteidigung war. Es war eindeutig Mord«, sagte Aslam Tareen, Polizeichef von Lahore. Davis habe den Motorradfahrern, die keinen einzigen Schuss abgegeben hätten, »keine Chance zu überleben« gegeben.

Ein Polizist erklärte, Davis habe unter anderem »eine Pistole, Marke Glock, Kaliber neun Millimeter, fünf Magazine, fünfundsiebzig Patronen, einen Pass, ein Funkgerät, ein GPS-Gerät, zwei Mobiltelefone, ein Teleskop, ein Infrarot-Nachtsichtgerät, eine Kamera, eine Taschenlampe, ein Überlebensset, Speicherkarten, pakistanische und amerikanische Banknoten« bei sich gehabt. Dies alles deute nicht darauf hin, dass Davis ein Diplomat sei, sagte er. Auf einem Telefon fand man heimlich aufgenommene Bilder von pakistanischen Kasernen.

Aber auch bei den Getöteten habe man »mehrere Mobiltelefone« gefunden. Handelte es sich dabei um Diebesgut? Waren sie also einfache Räuber? Oder doch ISI-Agenten, wie spekuliert wurde?

Es blieb unklar, weshalb ein amerikanischer Diplomat eine Waffe bei sich getragen und weshalb er auf die Männer geschossen hatte.

Das US-Außenministerium drängte die pakistanische Regierung jetzt zu erklären, dass Davis »volle diplomatische Immunität« genieße. Doch die tat sich schwer damit. Man werde dem Gericht alle erforderlichen Papiere vorlegen, versprach ein pakistanischer Regierungssprecher. Man hoffte also, die Entscheidung auf die Richter abzuwälzen, obwohl niemand genauer wissen konnte, welchen Status Davis hatte, als das pakistanische Außenministerium. Das hatte Davis schließlich akkreditiert. Anfragen dort blieben unbeantwortet. Am Telefon sagte man mir jedes Mal, dass die zuständigen Leute »gerade nicht im Haus« seien, und auf meine Anfragen per E-Mail, ein gutes Dutzend, reagierte niemand.

Für ihr Zögern hatte die Regierung ihre Gründe. Sollte Davis tatsächlich keine Immunität genießen, hatte man Angst,

Washington zu widersprechen. Denn die USA pochten auf ihre Sicht der Dinge. Sollte er aber tatsächlich nicht belangt werden können in Pakistan, wollte Islamabad das mit Blick auf die wütende Bevölkerung und auf die Proteste nicht zugeben. »Wie können wir den Menschen verständlich machen, dass wir jemanden laufenlassen, der zwei pakistanische Bürger einfach so erschossen hat?«, sagte mir ein Minister, den ich bei einem Empfang traf. »Und können wir dem Versprechen aus Washington vertrauen, dass er in den USA verurteilt wird?«

Die Witwe des getöteten Mohammed Fahim glaubte es nicht. Sie schluckte am 6. Februar, zehn Tage nach dem Tod ihres Mannes, aus Verzweiflung Rattengift. Sie wurde noch in ein Krankenhaus gebracht, wo sie prophezeite, der Mörder ihres Mannes werde ungestraft bleiben. Kurz darauf starb sie – Todesopfer Nummer vier in dem ganzen Fall.

Der Bruder von Faizan Haider, dem anderen Getöteten, verlangte »Blut für Blut« und forderte den Galgen für Davis.

Der Fall zog immer weitere Kreise. Mitte Februar schaltete sich das Weiße Haus ein. Obama schickte Senator John Kerry, damals Vorsitzender des Ausschusses für Außenpolitik im Senat, nach Islamabad. Während Kerry den Pakistanern in sanften Tönen versprach, man werde gegen Davis in den USA ermitteln, dröhnte Obama in Washington, Pakistan solle sich bitte an das Wiener Übereinkommen über diplomatische Beziehungen halten und Davis freilassen. »Wir sind besorgt über den Verlust von Menschenleben«, sagte er auf einer Pressekonferenz, was aber nichts daran ändere, dass Davis als Diplomat behandelt werden müsse. Das Prinzip der Immunität dürfe nicht infrage gestellt werden.

Wir Journalisten wunderten uns – das Weiße Haus, genauer: der US-Präsident höchstpersönlich, setzte sich für einen einfachen Konsulatsmitarbeiter ein?

Über einen Sprecher ließ Obama verkünden:»Die USA respektieren internationale Verpflichtungen, und wir erwarten, dass andere Länder, einschließlich Pakistan, das auch tun«, hieß es. In Pakistan sorgte das nur für Spott.»Die Amerikaner glauben, sie hielten sich an internationales Recht?«, fragte ein einflussreicher Parlamentarier aufgebracht.»Und was ist mit den Drohnenattacken auf pakistanischem Gebiet? Was ist mit illegalen Gefängnissen wie Guantanamo, im Irak und in Afghanistan? Was ist mit dem Töten von Zivilisten in fragwürdigen Kriegen? Was ist mit Angriffen auf Hochzeitsgesellschaften, die man für Ansammlungen von Terroristen hält? Glauben die USA ernsthaft an ihre moralische Überlegenheit?«

Das wiederum warf die Frage auf: Sollte Raymond Davis für die amerikanische Außenpolitik büßen?

Knapp einen Monat nach der Schießerei bewahrheitete sich, was Journalisten und pakistanische Politiker, Militärs und Geheimdienstleute schon lange vermutet hatten: Raymond Davis arbeitete im Auftrag der CIA, er war also doch ein Spion. US-Offizielle bestätigten Mitte Februar, dass er zu einem Team gehörte, das Informationen über militante Gruppen in Pakistan sammelte. Es gab auch Spekulationen, er habe den Auftrag, das pakistanische Nukleararsenal auszuspionieren, aber bewiesen wurde das nie. Wahrscheinlicher ist, dass er vor allem Informationen über die Terrororganisation Lashkar-i-Toiba sammeln sollte, die hinter dem Angriff auf Mumbai im Winter 2008 stand und nun in Pakistan beliebter denn je war, weil sie den Menschen während der Flutkatastrophe mit Speisungen, Notunterkünften und Geld geholfen hatte.

Viele Fragen blieben bis heute ungeklärt. Was genau war der Auftrag von Davis? Warum tötete er die beiden Männer und machte Fotos von den Leichen? Und weshalb setzte sich die US-

Regierung bis hinauf zum US-Präsidenten für diesen Mann ein, der doch angeblich eine so unbedeutende Aufgabe hatte?»Ich kann mich nicht erinnern, dass wir schon mal eine so schlechte Meinung hatten über die USA im Allgemeinen und die CIA im Besonderen«, sagte mir ein ISI-Offizier. Es sei Gepflogenheit, dass Washington die Pakistaner darüber informiere, welche Agenten sie zur Terroristenjagd ins Land schicke.»Diese Leute sind uns namentlich bekannt, und wir kennen die Anzahl derer, die sich in Pakistan aufhalten. Von Mister Davis hatten wir aber keine Ahnung«, sagte er weiter.»Jetzt wollen wir wissen: Wie viele solcher Leute hat die CIA noch in Pakistan im Einsatz? Um es ganz deutlich zu sagen: Wenn Washington von uns weiterhin Kooperationsbereitschaft im Anti-Terror-Krieg erwartet, müssen jetzt alle Karten auf den Tisch«, verlangte der Geheimdienstmann. Der Verdacht stand im Raum, die Amerikaner würden in Pakistan eine Geheimarmee unterhalten, von der die pakistanische Seite nichts wusste.

Die US-Botschaft in Islamabad versuchte, die Angelegenheit kleinzureden, indem sie betonte, eigentlich habe Davis nur als »Sicherheitsbeauftragter« gearbeitet und Aufgaben als Bodyguard übernommen. Daher auch die Pistole. In dieser Rolle sei er Diplomat und vor Strafverfolgung in Pakistan geschützt, wiederholten die US-Vertreter ihren Wochen alten Standpunkt.

Immer mehr Menschen im ganzen Land forderten nun, Davis nicht auszuliefern, sondern den »Todesengel von der CIA« in Pakistan zu bestrafen, nämlich hinzurichten. Die Stimmung gegenüber Menschen aus dem Westen war feindlich, und Janna achtete darauf, das Haus nicht allzu häufig zu verlassen. Wenn irgendwo Demonstrationen angekündigt waren, mied sie die Orte. In einer aufgebrachten Menge spielte es keine Rolle, ob man Deutscher oder Amerikaner war, ob man für die CIA arbeitete oder nicht. Irgendjemand sollte büßen!

Mehr als hundert Amerikaner und Europäer wurden unter dem Verdacht festgenommen, für einen ausländischen Geheimdienst zu arbeiten. Sie alle wurden zwar nach entsprechender Prüfung wieder freigelassen, aber die Stimmung war vergiftet, eine Hetzjagd auf vermeintliche Spione hatte begonnen. Die Regierung vermutete viele Hundert CIA-Agenten im eigenen Land.

Erst wenige Wochen vor dem Vorfall mit Davis, im Dezember 2010, war der Leiter des CIA-Büros in Islamabad abgezogen worden, weil er namentlich als Verantwortlicher für den Tod mehrerer Zivilisten durch Drohnen angeklagt worden war. Damit war seine Tarnung aufgeflogen. US-Diplomaten sagten, es gebe Todesdrohungen gegen ihn. Der in Islamabad stationierte CIA-Chef hatte die Aufgabe eines Generals im Anti-Terror-Kampf – dazu zählten auch die Tötung von Terroristen durch Drohnenangriffe sowie die Zusammenarbeit mit dem pakistanischen Geheimdienst. Seinen Namen kannte nur ein kleiner Kreis, neben der US-Regierung und der CIA nur ein paar Leute aus der pakistanischen Regierung und Armee. Irgendjemand musste aber den Angehörigen der Drohnenopfer den Namen des Mannes verraten haben, damit sie ihn anklagen konnten. (Wenig später, nach dem Tod Bin Ladens in Abbottabad, sollte sich solch ein Fall wiederholen: Der Nachfolger des eilig abberufenen CIA-Büroleiters wurde ebenfalls enttarnt. Diesmal erwähnten ein Fernsehsender und eine Tageszeitung, beide dem Militär nahestehend, beiläufig den Namen des Mannes. Sie berichteten, dass sich der ISI-Chef mit ihm getroffen habe, um gegen das amerikanische Vorgehen bei der Jagd auf Bin Laden zu protestieren. Auch dieser CIA-Mann musste Pakistan kurz darauf verlassen.)

Der Fall Davis sorgte ein zweites Mal für große Aufregung. Mit Spannung hatte das ganze Land darauf gewartet, wie das zuständige Gericht in Lahore über das weitere Verfahren befinden würde, ob Davis sich also in Pakistan würde verantworten müssen oder nicht.

Immer wieder war die Entscheidung vertagt worden, man spürte die Anspannung. Hier ging es nicht um einen Mann, der zwei Männer erschossen hatte, hier ging es um die Zukunft der pakistanisch-amerikanischen Beziehungen. Und Pakistan ist, bei aller Kritik an den USA, finanziell abhängig von der Weltmacht.

Am 16. März hatte die Verhandlung unter höchsten Sicherheitsvorkehrungen begonnen, und es sah schlecht aus für Davis: Die Richter ließen, anders als von der US-Regierung erhofft, die Klage wegen zweifachen Mordes zu. Die Forderung nach Immunität erfüllte sich damit nicht, theoretisch war eine Verurteilung nun möglich und sogar wahrscheinlich, denn dass Davis zwei Menschen umgebracht hatte, war unbestritten.

Vier Stunden nur dauerte der Prozess.

Am Nachmittag dann die Sensation: Raymond Davis kommt frei. Er wurde, wohl auch auf Druck der USA, ausgerechnet nach islamischen Rechtsvorstellungen verurteilt. Die Angehörigen seiner Opfer würden ein Blutgeld erhalten, dafür würden sie ihn begnadigen. »Raymond Davis wird jeder der beiden Opferfamilien sechzig Millionen Rupien zahlen«, sagte mir sein Anwalt Zahid Hussain Bokhari. Umgerechnet war das etwa eine halbe Million Euro pro Familie, unfassbar viel Geld für pakistanische Verhältnisse. Außerdem, sagte Bokhari, werde er »wegen unerlaubten Waffenbesitzes zwanzigtausend Rupien«, etwa einhundertsiebzig Euro, zahlen. Die Familie des Mannes, den der zu Hilfe eilende CIA-Mitarbeiter überfahren hatte, erhielt von der US-Regierung umgerechnet etwa achtzigtausend Euro als Entschädigung.

Davis, der fast zehn Wochen im Gefängnis verbracht hatte, wurde noch am selben Tag in einem Konvoi von gepanzerten

Autos zum Flughafen von Lahore gefahren. Am Abend bestätigte die US-Botschaft in Islamabad, Davis sei »frei« und »außer Landes«.

Wer das Blutgeld tatsächlich zahlte, ist bis heute unklar. Am wahrscheinlichsten ist es, dass die US-Regierung das Geld aufgebracht hat. Teil der Einigung war, dass die Familien der Getöteten schweigen mussten über den Deal. Von Davis selbst, einst Elitesoldat und Mitarbeiter der berüchtigten Söldnerfirma Blackwater, stammte die Summe gewiss nicht.

Die Einigung entsprach der Scharia und pakistanischem Recht: Demnach kann ein wegen Mordes Angeklagter freigesprochen werden, wenn die Angehörigen seines Opfers sich mit ihm auf eine Ausgleichszahlung verständigen, die Anklage fallenlassen und das Gericht dem Arrangement zustimmt.

Wie zu erwarten war, gingen Tausende im ganzen Land auf die Straße. Ein Sprecher der US-Botschaft versicherte, Davis würde in den USA für seine Tat büßen müssen. Die amerikanische Justiz habe die Ermittlungen bereits aufgenommen. Aber tatsächlich blieb er auf freiem Fuß, was die pakistanische Öffentlichkeit erst zwei Jahre später erfahren sollte, als eine Meldung die Runde machte, Davis habe in Denver, Colorado, bei einem Parkplatzstreit einen Mann niedergeschlagen und müsse sich deshalb vor einem US-Gericht verantworten.

Nach Gesprächen mit pakistanischen und US-Politikern, ISI-Agenten und Diplomaten beider Länder ergab sich folgendes Bild: Der ISI, die pakistanische Regierung sowie die Regierung der Provinz Punjab, deren Hauptstadt Lahore ist, hatten mit der US-Regierung und der CIA die Blutgeldlösung ausgehandelt. Das, so war die Überzeugung auf beiden Seiten, würde die Frage nach Davis' diplomatischer Immunität in den Hintergrund rücken lassen. Die Öffentlichkeit, glaubten alle, würde eine Freilassung eher akzeptieren, wenn die Angehörigen seiner Opfer ihm verziehen. »Es war von vornherein klar, dass Davis freikommt«, sagte ein ISI-Offizier. Pakistan sei finanziell abhängig von den USA, man könne die milliardenschweren Zahlungen nicht wegen eines solchen Falles riskieren. »Die Frage war nicht, ob, sondern wann und unter welchen Bedingungen Davis freikommt.«

Mehrere pakistanische Abgeordnete bestätigten, was der Anwalt der Getöteten Asad Mansor Butt verbreitete: Demnach hatten Polizisten, aber auch Geheimdienstleute und Politiker die Familien der Toten »bearbeitet«, um sie von einer Blutgeldlösung zu überzeugen. Letztlich habe man sie gezwungen, die Anklage gegen Davis fallenzulassen.

Die USA sollen den Familien zunächst angeboten haben, eine Umsiedlung nach Dubai oder in einen anderen Golfstaat zu organisieren. Aber die Familien beharrten auf einen Umzug in die USA – und Washington willigte ein. Nachbarn der Opferangehörigen erzählten, schon zwei Tage vor Bekanntwerden der Blutgeldzahlung seien die Familien ausgezogen. Die Zeitung ›Express Tribune‹ berichtete, man habe sich sogar fast einen Monat vor der Gerichtsverhandlung auf diese Lösung verständigt.

Vermutlich leben die Familien nun also in den USA. Wahrscheinlich haben sie sich, wie die meisten Pakistaner in Amerika, eingerichtet in der pakistanischen Community, haben dort neue pakistanische Freunde gefunden, feiern pakistanische Feste, essen pakistanisches Essen, kaufen in pakistanischen Geschäften ein, gucken pakistanische Fernsehsender, lesen im Internet die pakistanischen Zeitungen. Außer in geografischer Hinsicht leben viele in die USA ausgewanderte Pakistaner nach wie vor in Pakistan. Denn eigentlich lieben sie das Land, die Kultur, die Sprache, sei es nun Urdu, Punjabi, Sindhi, Paschtu oder welche auch immer.

Ob diese Typen, die bei anti-amerikanischen Demonstrationen in Pakistan US-Flaggen, Puppen von diversen US-Präsidenten und Autoreifen verbrennen und dabei »Nieder mit Amerika!« und »Tod Amerika!« brüllen, wissen, wie viele Pakistaner in den USA leben und sich dort wohlfühlen? Ich vermute, sie ahnen es, denn nahezu jede pakistanische Familie hat irgendeinen Verwandten in Amerika. Viele wären wahrscheinlich selbst gerne dort.

Der Ärger über die Raymond-Davis-Affäre war noch nicht abgeklungen, da erwischten US-Einheiten Bin Laden in Abbottabad. Anstatt das Versagen der pakistanischen Sicherheitsbehörden aufzuklären oder wenigstens beschämt nach Erklärungen zu suchen, wie es passieren konnte, dass der meistgesuchte Mann der Welt jahrelang unbehelligt in Pakistan gelebt hatte, heizte dieser Vorfall die anti-amerikanische Stimmung weiter an. Viele empfanden es als Respektlosigkeit vom Partner USA, dass Pakistan nicht eingeweiht worden war in die Pläne. Dass Washington durch den Alleingang verhindern wollte, dass jemand Bin Laden warnt, verstand man nicht.

In dieser vertrackten Lage griffen in der Nacht zum 26. November US-Kampfflugzeuge und Hubschrauber zwei pakistanische Kontrollposten an der Grenze zu Afghanistan an. Dabei kamen vierundzwanzig pakistanische Soldaten ums Leben, dreizehn weitere wurden schwer verletzt.

Die Amerikaner sprachen von einem »Versehen«. Man habe in der entlegenen Region Mohmand, die zu den Stammesgebieten gehört und von Extremisten als Rückzugsraum genutzt wird, Terroristen bekämpfen wollen. In diesem Fall seien zuvor afghanische Truppen von dem Posten aus beschossen worden und hätten Luftunterstützung von der Nato angefordert.

In der pakistanischen Regierung und in der Armeeführung im Hauptquartier in Rawalpindi schenkte man den Beteuerungen der USA keinen Glauben. Der Angriff sei »mit voller Absicht« durchgeführt worden, hieß es. Der Armeechef, General Ashfaq Parvez Kayani, verurteilte die Luftschläge als »inakzeptabel« und verlangte Konsequenzen für die Verantwortlichen auf amerikanischer Seite.

Erst am Tag zuvor hatte Kayani in Rawalpindi den Kommandeur der Isaf-Truppen in Afghanistan, US-General John Allen, getroffen. Thema des Gesprächs war die Verbesserung der Kontrollen entlang der afghanisch-pakistanischen Grenze. Über die unmittelbar bevorstehende Operation hatte General Allen aber kein Wort verloren. Umso mehr empfand Kayani den Angriff als Vertrauensbruch.

Pakistan reagierte nur Stunden nach dem Vorfall. Anders als nach den tödlichen Schüssen von Raymond Davis und anders als nach dem nächtlichen Angriff auf Bin Laden in Abbottabad hatte das amerikanische Handeln diesmal schwerwiegende Folgen für die USA: Islamabad stoppte die Nachschublieferungen für die Nato-Truppen in Afghanistan. Noch am selben Tag wurden vierzig Lastwagen und Tankfahrzeuge an der Grenze aufgehalten und nicht nach Afghanistan gelassen.

Bislang war ein Großteil der Nato-Versorgung auf dem Seeweg über den Hafen von Karatschi erfolgt. Von dort gingen die Container per Lastwagen durch Pakistan und weiter über die Grenze nach Afghanistan. Pakistan forderte die Amerikaner außerdem auf, den Flugplatz Shamsi in der Provinz Belutschistan innerhalb von zwei Wochen zu räumen. Jahrelang hatten die USA ihn für Einsätze in Afghanistan genutzt. Außerdem ließ die CIA dort ihre Drohnen starten, mit denen sie Militante in den pakistanischen Stammesgebieten bekämpfte.

Die Nato hatte ein ernstes Problem: Sie musste ihren Nachschub nun über Zentralasien organisieren. Das ging nur über den Luftweg, was es enorm teuer machte, immerhin erfolgte knapp die Hälfte der Versorgungstransporte für die Soldaten in Afghanistan über Pakistan. Nur ungern wollte Washington sich von autoritären Regierungen in Zentralasien abhängig machen. Überall im Land standen Container herum. Von der Blockade war auch die Bundeswehr betroffen: Vierundneunzig Container mit Fleisch, Fertiggerichten, Schokolade, Weingummi, Kartoffelchips, Zahnbürsten, Zahnpasta, Schuhcreme und anderen alltäglichen Dingen steckten fest.

Die Hälfte der Ware war bereits abgelaufen, und sollte Pakistan die Wege nicht bald wieder öffnen, würde alles verdorben sein. Der Spediteur Raja Ejaz Akhtar, ein beleibter Paschtune, sagte mir, der Warenwert betrage mehr als drei Millionen Euro. Gefährliche Güter wie Munition und Waffen seien nicht dabei.

Die Angelegenheit war dennoch heikel, denn in den Containern befanden sich auch Schweinefleisch und alkoholische Getränke, Waren, die so nicht auf den Papieren deklariert waren. Sollten pakistanische Beamte sie öffnen, könnte es Ärger geben, befürchtete Akhtar. »Und die Hähnchen in den Containern dürften inzwischen gegrillt sein«, sagte er seufzend. Im ganzen Land herrschten Temperaturen von vierzig Grad und mehr.

Die USA weigerten sich, eine Schuld einzugestehen. Sie räumten lediglich ein »Versehen« ein. Also blieben die Transportwege gesperrt. Spediteur Akhtar war verzweifelt. Er befürchtete das wirtschaftliche Ende für seine Firma. Für die pakistanische Verärgerung über den Luftangriff hatte er aber dennoch Verständnis. Andererseits schade die pakistanische Regierung sich mit der Sperrung der Versorgungswege selbst, denn von den Nato-Transporten hing rund eine halbe Million Arbeitsplätze ab.

Erst sieben Monate später, im Juli 2012, öffnete Pakistan die Nachschubwege wieder. Bis dahin waren nicht nur viele Tonnen Lebensmittel verdorben, Extremisten hatten auch Dutzende Container und Tanklastwagen angegriffen und angezündet. Bilder von verkohlten Lastwagengerippen gingen um die Welt.

Kurz zuvor hatte die Nato ein Abkommen mit Kasachstan, Usbekistan und Kirgistan zur Öffnung neuer Transitrouten nach Afghanistan unterzeichnet. Erklärtes Ziel war, ein »flexibleres und zuverlässigeres Versorgungsnetzwerk« zu schaffen.

Amerika hatte sich nur halbherzig entschuldigt: Außenministerin Clinton hatte ihre damalige pakistanische Kollegin Hina Rabbani Khar angerufen und das Wort »sorry« benutzt, aber den Begriff »apology« vermieden. Nach Ansicht der USA hatten beide Seiten Fehler gemacht.

Auch mit der absurd anmutenden Forderung, die Transitgebühren pro Lastwagen von zweihundertfünfzig auf fünftausend Dollar zu erhöhen, setzte Pakistan sich nicht durch. Die Gebühren blieben so, wie sie waren.

Amerika hatte wieder einmal gesiegt.

Wieder demonstrierten Tausende gegen die USA, aber auch gegen die pakistanische Regierung, der vorgeworfen wurde, eingeknickt zu sein.

Die damalige US-Botschafterin sprach nun von einem »schrecklichen Unfall« und bat doch noch um Entschuldigung.

Oft wurde ich gefragt, was ich denn von »den Amerikanern« halte. »Die Amerikaner« sind ein beliebtes Thema, auf Partys und Empfängen, bei Treffen mit Freunden, im Taxi, auf Pressekonferenzen. Ich bemühte mich um eine differenzierte Antwort. In diesem Konflikt gibt es nicht den eindeutig Guten und den Bösen.

Der Fall Raymond Davis war da ein Lehrstück: Die USA behaupten von sich, sie seien in Pakistan um Förderung von Demokratie und Wohlstand bemüht und wollten helfen, Terroristen zu bekämpfen. Und dann kommt ein CIA-Söldner, erschießt auf offener Straße zwei Männer, die US-Regierung lügt über seine Identität und schweigt bis heute über seinen Auftrag. Der Täter wird schließlich aus dem Gefängnis entlassen, ausgerechnet nach Zahlung eines Blutgeldes, nach einem Rechtsgrundsatz gemäß der Scharia.

Wie viele Menschen in Pakistan hatte auch ich den Eindruck, dass die USA sich ihre Prinzipien zurechtbiegen, wie es gerade am besten passt. Mit dem Fall Raymond Davis vermitteln sie das Bild eines rücksichtslosen Akteurs, der sich mit Geld und Gewalt die Welt nach eigenem Gutdünken formt. Ich lernte, dass man es sich zu einfach macht, wenn man eine zu klare Grenze zwischen Gut und Böse, zwischen Unrechtsstaat und Rechtsstaat zieht. Am Ende bedient sich jeder Staat der Willkür, sobald er es für notwendig erachtet.

Auf beiden Seiten findet man aber auch Zeichen dafür, dass sie es gut miteinander meinen und um freundschaftliche Beziehungen bemüht sind. Millionenbeträge fließen aus den USA in Entwicklungsprojekte, Washington leistet Militärhilfen und liefert teure Waffen. Pakistan lässt sich im Gegenzug auf einen verlustreichen Krieg mit den Extremisten ein. Generäle erzählten mir immer wieder, wie viele Tausend Opfer die Streitkräfte und erst recht die Bevölkerung brächten in diesem Kampf – fast so, als täten sie das ausschließlich für die Amerikaner. In Wahrheit ist es Eigeninteresse, schließlich ist Pakistan Opfer der Terroristen.

In einem Militärkrankenhaus in Rawalpindi machte ich mir ein eigenes Bild. Mohammed Yassin zum Beispiel erinnerte sich genau an die Bombe, die am Straßenrand lag, auf dem Weg nach Miranshah in Nord-Waziristan. Es war eine schuhkartongroße schwarze Kiste, die ihm aufgefallen war: ein IED, ein Improvised Explosive Device, wie diese zusammengebastelten Sprengkörper genannt werden, Gebilde aus Sprengstoff, Nägeln und Metallkugeln. »Das ist die mit Abstand gefährlichste Waffe der Taliban«, sagte er.

Yassin und seine Kameraden waren im Kampfauftrag draußen. Sie sollten Aufständische in einem bestimmten Dorf »neutralisieren«. Das klingt weniger schlimm als »töten«, mehr nach Ausführen eines Auftrags, nicht nach Auslöschen von Menschenleben.

Yassin, Dienstgrad Gefreiter, sollte die Bombe begutachten und anschließend entweder entschärfen oder kontrolliert sprengen. »Aber das Ding hatte einen Sender. Wir wurden von den Taliban beobachtet. Als ich genau davorstand, zündeten sie es per Fernsteuerung.«

Yassins linkes Bein wurde abgerissen. Zehn Monate verbrachte er in Kliniken. Als ich ihn traf, übte er das Gehen mit seiner Prothese im Rehabilitationszentrum der pakistanischen Armee in Rawalpindi, nur wenige Hundert Meter vom Armeehauptquartier entfernt. Tausende von Soldaten bekommen hier künstliche Arme und Beine. Sie lernen, ihr Leben als Kriegsversehrte zu akzeptieren.

So wie der Gefreite Noor Shad, ein Athlet, auf den die pakistanische Armee stolz ist. Er trat 2011 auf einen Sprengsatz am Straßenrand, ebenfalls in den Stammesgebieten. »Ich weiß noch, wie mein abgetrennter linker Fuß neben mir lag. Ich nahm ihn in die Hand und spürte keine Schmerzen. Im ersten Moment konnte ich nicht begreifen, dass das mein Fuß sein sollte. Von meinem Arm tropfte Blut. Erst da sah ich, dass auch er zerfetzt war.« Mit der verbliebenen Hand band er sich den Arm ab, um die Blutung zu stoppen. Ärzte amputierten später sein Bein. Mit einer Prothese konnte er inzwischen wieder rennen. Er sagte mir, er träume davon, irgendwann an den Paralympischen Spielen teilzunehmen.

Yassin und Shad sind mit dem Leben davongekommen, zwei von insgesamt mehr als zwölftausend Verwundeten, die die pakistanische Armee seit 2004 im Anti-Terror-Krieg gezählt hat.

Gefallen sind etwa viertausend Soldaten. Pakistan hat damit mehr Uniformierte im Kampf gegen die Taliban verloren als alle Nato-Staaten zusammen in Afghanistan, wie die Armee regelmäßig betont.

Immer wieder wurde in Gesprächen mit Offizieren deutlich, dass die Militärs ihr Opfer nicht gewürdigt sehen. Sie tauchen oft nur als Zahlen auf, als bloße Meldung. Über ihre Schicksale, wer sie waren, wo sie herkamen und, falls sie überlebt haben, wie ihr Leben weitergehen wird, darüber berichtet niemand, selbst einheimische Zeitungen nicht. Das Militär, einst eine von der Bevölkerung geachtete Institution, hat nach vier Diktatoren in der Geschichte Pakistans, nach mehreren verlorenen Kriegen gegen Indien und nach ständiger Einmischung in die Tagespolitik nicht mehr den uneingeschränkten Rückhalt. Der Drohnenkrieg der USA im Westen des Landes und der tödliche Schlag gegen Bin Laden ließen die Streitkräfte nun auch noch als unfähig dastehen.

Kaum ein Minister oder Parlamentarier besucht das Rehabilitationszentrum für Kriegsverwundete. Viele Politiker wussten nicht einmal von dieser Einrichtung, wenn ich sie danach fragte. Der Krieg gegen Terroristen ist ein Krieg ohne Helden, und diese jungen Männer mit ihren verstümmelten Körpern sind die vergessenen Soldaten, Kanonenfutter, Menschenmaterial.

»Wir sehen im Fernsehen, wie Präsident Obama oder Senatoren die Särge von gefallenen amerikanischen Soldaten am Flughafen abholen und ihrem Militär Respekt zollen«, sagte einer. »Um uns schert sich kein Mensch.«

Sie sind in die Mühlen der großen Politik geraten, wo Regierungen um Macht in der Welt kämpfen, nicht unbedingt um das Wohl der Menschen. Die USA kritisieren Pakistan regelmäßig dafür, nicht energisch genug gegen Extremisten vorzugehen, nicht genug zu tun im Anti-Terror-Krieg. Für die Soldaten klingt das wie Hohn.»Was kann ich mehr geben als beide Beine?«, fragte der Soldat Zaheer Abbas, dem bei einer IED-Explosion der Unterleib zerfetzt wurde. Er empfinde Wut auf alle, die mehr verlangten von Pakistan, aber auch auf die Taliban, die schuld seien an seiner Misere.

Die Soldaten, die meisten mit wenig Schulbildung und aus armen Familien, begreifen nicht, weshalb alle Welt sie verdächtigt, in Wahrheit mit den Taliban unter einer Decke zu stecken.

Atommacht Pakistan

Die Beziehungen zwischen den USA und Pakistan basieren nicht auf gemeinsamen Werten, sondern sind reine Zweckbündnisse. Nach der Staatsgründung 1947 hatte das Land einen starken Partner gesucht, als Schutzmacht gegen den Erzfeind Indien. Die Militärs waren geradezu besessen von Indien, das es verstand, seine Macht in der Region subtil auszubauen. Pakistan benötigte finanzielle Hilfe, um den großen Militärapparat aufrechterhalten zu können, den es nach der Teilung des Subkontinents geerbt hatte. Der Gründungsvater Muhammad Ali Jinnah bat die USA im September 1947, einen Monat nach Staatsgründung, um zwei Milliarden Dollar Hilfe. Doch Amerika überwies nur zehn Millionen Dollar, gerade einmal ein halbes Prozent der gewünschten Summe. Washington teilte Pakistans Furcht vor einer indischen Dominanz in Südasien nicht und sah daher keinen Anlass, das Land in größerem Ausmaß zu unterstützen.

Aber schon wenige Jahre später, Anfang der Fünfzigerjahre, bewogen geostrategische Überlegungen die USA, sich mit Pakistan zu verbünden und doch noch Milliardenbeträge zur Verfügung zu stellen. So wurde Pakistan in den folgenden Jahrzehnten drei Mal Partner der USA: im Kalten Krieg, im Afghanistankrieg gegen die sowjetischen Besatzer und schließlich, seit 2001, im

Anti-Terror-Krieg. Jedes Mal verfolgten beide Seiten unterschiedliche Ziele: Die Amerikaner kämpften gegen die Sowjetunion, gegen die Rote Armee und gegen religiöse Extremisten. Islamabad dagegen bekämpft einerseits, als Partner der USA, Extremisten wie die pakistanischen Taliban, die ihrerseits den pakistanischen Staat zum Feind erklärt haben; andererseits hofft Pakistan auf eine Stärkung radikaler Dschihadisten, von denen es glaubt, dass sie seine Interessen im Kampf gegen Indien vertreten. Dass manche dieser Gruppen, wie zum Beispiel das Haqqani-Netzwerk, auch die USA bekämpfen und amerikanische Soldaten in Afghanistan töten, nimmt man in Islamabad in Kauf.

Der Konflikt in Afghanistan ist komplex, was auch am Stellvertreterkrieg liegt, den Pakistan und Indien dort führen. Der pakistanische Geheimdienst ISI befürchtet, dass Indien in Afghanistan an Einfluss gewinnen wolle, um Pakistan von zwei Seiten in die Mangel zu nehmen. Nur deshalb habe Indien so viele Konsulate eröffnet, und nur deshalb seien in dem Land so viele indische Geschäftsleute aktiv. Pakistan glaubt, dass es in dieser Lage das Beste sei, die dortigen Taliban zu unterstützen sowie eigene Dschihadisten zu fördern.

Noch verwirrender macht die Sache, dass die USA genau diese Stärkung von islamischen »Gotteskriegern« in den Achtzigerjahren wünschten, damit diese Aufständischen in Afghanistan gegen die sowjetischen Besatzer kämpften.

Damals wie heute ist die Lage widersprüchlich: Die USA halfen Pakistan, und gleichzeitig misstrauten sie dem Land zutiefst. Der frühere pakistanische Diplomat und einstige Botschafter in Washington, Husain Haqqani, schreibt, dass drei US-Präsidenten – Dwight D. Eisenhower, John F. Kennedy und Lyndon B. Johnson – offen die Frage stellten, welchen Nutzen Amerika eigentlich davon habe, Pakistan zu helfen. Und fünf Präsidenten – Jimmy Carter, George H. W. Bush, Bill Clinton, George W.

Bush und Barack Obama – zweifelten öffentlich an der Vertrauenswürdigkeit der pakistanischen Regierung.

Vor allem das Bemühen Pakistans um die Atombombe, mit der das Land mit Indien gleichziehen wollte, macht den USA Sorgen. Erstmals in den Blick der Weltöffentlichkeit gerieten die atomaren Aktivitäten des Landes im Mai 1998, als Pakistan auf indische Atomtests reagierte und in der Wüste von Belutschistan, im Südwesten des Landes, ebenfalls atomare Sprengköpfe zündete. Mit den fünf unterirdischen Explosionen auf dem Versuchsgelände Ras Koh im kargen Chagai-Gebirge, nahe der Grenze zu Afghanistan, erwiesen sich alle vorherigen Beteuerungen Islamabads, nicht an einem militärischen Atomprogramm zu arbeiten, als Lüge.

Tatsächlich hatte es bis dahin in Pakistan keine öffentliche Debatte über eine künftige Nuklearstrategie und über eine entsprechende Doktrin gegeben – obwohl Tausende von Menschen damit befasst waren, war die Atombombe ein Tabuthema. Selbst innerhalb des Militärs und in der Regierung redete man kaum darüber. Es war ein geheimes Projekt, und daher hielt man sich daran, nicht viele Worte zu verlieren.

Das Ausland hatte die nuklearen Bemühungen weitgehend ignoriert, obwohl erste Schritte zur Produktion dieser Massenvernichtungswaffe bereits in den Siebzigerjahren unternommen worden waren. Zu sehr war die westliche Welt auf Pakistan als Partner gegen die Kommunisten im Kalten Krieg angewiesen, zu wichtig war der Sieg über die Rote Armee in Afghanistan. Erst als die Sowjets besiegt waren, begannen die USA, die atomaren Aktivitäten Pakistans zu kritisieren und zur Strafe Gelder zu streichen. Dass das Land dennoch die Bombe baute und mit den Tests demonstrierte, dass es nun in den Club der Nuklearmächte aufgestiegen war, konnten sie nicht verhindern.

»Gleich nach unseren Atomtests wurde merkwürdigerweise

der Begriff ›islamische Bombe‹ erfunden, während niemand von einer ›hinduistischen Bombe‹ sprach, obwohl die Inder mit den Atomtests begonnen hatten«, sagte mir Naeem Salik, pensionierter General, der am Aufbau der nuklearen Kommando- und Kontrollstruktur beteiligt gewesen war. »Warum nennt man die Atombomben Frankreichs, Großbritanniens und der USA nicht christliche Bomben? Es ist klar, dass wir in eine ganz bestimmte Ecke gedrängt werden sollen.«

Ich verstand seinen Einwand, aber war die pakistanische Staatsräson nicht der Islam?

»Die Atomwaffe dient nicht einer Religion oder einer Ideologie, sondern der nationalen Sicherheit des Staates Pakistan«, antwortete Salik.

Pakistan, ein instabiles und gewalttätiges Land inmitten des globalen Dschihadismus, ist der erste und bislang einzige muslimische Staat, der die Atombombe besitzt. In keinem anderen Land wächst das atomare Arsenal so schnell wie in Pakistan. Vorsichtige, mehrere Jahre alte Schätzungen gehen davon aus, dass es etwa hundert Atomsprengköpfe besitzt. Die aktuelle Zahl dürfte deutlich höher liegen, zumal Pakistan in jüngster Zeit darauf gesetzt hat, kleinere, leichter transportierbare Atomwaffen zu produzieren.

Der Ingenieur Abdul Kadir Khan, der als »Vater der pakistanischen Atombombe« gilt, wird vom Volk als Held gefeiert. Dabei steht er seit Jahren offiziell unter Hausarrest, weil er sein Know-how an Iran, Nordkorea und Libyen verkauft haben soll. Khan behauptet, er habe dies mit Wissen und Unterstützung der Armee getan. Die Generäle bestreiten das. Wie auch immer, die Pakistaner lieben ihn, viele Schulen sind nach ihm benannt.

»Ohne die Atombombe wäre Pakistan nicht so bedeutend für uns«, sagte mir ein US-Diplomat in Islamabad. »Aber mit dieser Waffe ist es das gefährlichste Land der Welt.«

Ein pakistanischer Diplomat sah es ähnlich:»Man schaue sich nur an, wie die USA mit Iran umgehen: Sie setzen alles daran, eine iranische Atombombe zu verhindern. Denn sollte Iran sie je haben, ist es vorbei mit der amerikanischen Arroganz dort.«

Drei Szenarien machen Politikern, Militärs und Sicherheitsexperten im Westen Angst: Terroristen könnten nukleares Material stehlen und für einen Anschlag verwenden; Pakistan könnte in viel größerem Stil Baupläne und Atomwaffen verkaufen und damit einem Land wie Iran zur Atombombe verhelfen; islamische Extremisten könnten die Macht im Land übernehmen, beispielsweise nach einer Revolution oder einem Coup, und würden dann über Atomwaffen verfügen. Die Taliban machen keinen Hehl daraus, dass sie danach streben, irgendwann einmal das Sagen im Land zu haben.

»In jedem dieser Szenarien würden wir aktiv werden«, sagte mir ein US-General.»Wir haben unsere Spezialkräfte, die das wieder und wieder durchspielen und darauf vorbereitet sind, die pakistanischen Atombomben unschädlich zu machen.« Darüber, wo die Waffen lagern, gibt es kaum gesicherte Informationen. Die pakistanische Regierung hüllt sich in Schweigen. Es handele sich um eine»Angelegenheit der staatlichen Souveränität«, heißt es. Durch Spionage und mit Hilfe von Satellitenaufnahmen haben die Amerikaner aber ein einigermaßen umfassendes Bild. Mehrere Militäranlagen, über das ganze Land verteilt, sind demnach Lager für Atomwaffen.

Edward Snowden zufolge, dem früheren Mitarbeiter des US-Nachrichtendienstes NSA, spionierte Washington in größerem Umfang in Pakistan, als die USA einräumen. Die Spionagearbeit konzentriere sich sogar stärker auf den Alliierten Pakistan als auf Feinde wie al-Qaida, Iran und Nordkorea. Kein anderes Land würden die USA aus Sorge um ihre eigene Sicherheit so genau beobachten wie Pakistan, berichtete die ›Washington Post‹ im September 2013 unter Berufung auf den Bericht, den Snowden der Zeitung zugespielt hatte. Vor allem die Überwachung des pakistanischen Nukleararsenals hätten die USA verstärkt. Zudem befürchtet Washington, es könnte in Pakistan auch Lager von chemischen und biologischen Waffen geben. Die CIA hat eine neue Abteilung geschaffen, die sich ausschließlich mit Pakistan befasst.

Die Regierung in Islamabad und die Armeeführung in Rawalpindi nehmen die westlichen Befürchtungen zur Kenntnis – und machen sich ihrerseits Sorgen, die USA könnten in das Land eindringen und die Atomwaffen in Besitz nehmen. Nach der Tötung Bin Ladens stieg die Furcht vor einer US-Invasion dramatisch. »Wenn sie es gewagt haben, ohne unser Wissen in pakistanisches Gebiet einzudringen und Bin Laden zu töten, könnten sie auch versuchen, gewaltsam die Kontrolle über bestimmte Stützpunkte zu übernehmen«, sagte mir ein pakistanischer Offizier. »Das dürfte ihnen aber nicht gelingen, denn unsere Atomwaffen sind extrem gut geschützt.«

Nach Angaben der Armee sind »mehrere Tausend Soldaten« nur damit beschäftigt, die entsprechenden Lager zu bewachen. Nachdem das Magazin ›The Atlantic‹ berichtet hatte, nukleares Material würde in Pakistan in einfachen Transportern ohne Begleitschutz durch die Gegend gefahren, kündigte das Militär an, weitere achttausend Soldaten für die Bewachung auszubilden.

»Vor unseren Atomwaffen muss sich der Westen nicht fürchten«, sagte mir der Offizier weiter. »Sprengköpfe, Trägerraketen und Zündmechanismus werden getrennt voneinander aufbewahrt. Es ist also unmöglich, eine Atombombe zu stehlen und zu zünden.«

Aber es hatte schon mehrere Angriffe von Terroristen auf wichtige Militärstützpunkte gegeben, bei denen deutlich geworden war, dass die Angreifer Insiderwissen besaßen und mithin Hilfe von Militärs erhalten haben mussten. Im Herbst 2009 drang ein mehrköpfiges Terrorkommando sogar in das hochgesicherte Armeehauptquartier in Rawalpindi ein und lieferte sich dort fast vierundzwanzig Stunden lang ein Gefecht mit den Soldaten. Im Mai 2011 stürmte ein gutes Dutzend Extremisten in einen Marinestützpunkt in Karatschi, rückte gezielt zu einer Halle vor und zerstörte dort drei Flugzeuge. Die Vermutung liegt nahe, dass es unter den Soldaten Extremisten und Sympathisanten gibt. Was, wenn sie dabei helfen, dass Atomwaffen in die falschen Hände geraten? Die Angriffe zeigten, dass das Militär durchaus von einer kleinen Gruppe Terroristen überwältigt werden kann. Wer garantiert, dass das nicht auch in einem der Atomdepots geschieht?

Der pakistanische Atomphysiker und Atombombenkritiker Pervez Hoodbhoy jedenfalls ist skeptisch. »Man sollte sich daran erinnern, dass Pakistan mehrmals nicht in der Lage war, das Land vor einem Militärputsch zu bewahren«, sagte er mir in einem Gespräch an der Quaid-i-Azam-Universität in Islamabad, wo er Physik lehrt. »Außerdem schaffte Pakistan es nicht, seinen östlichen Teil zu halten. Er wurde 1971 nach einem bitter verlorenen Krieg zu Bangladesch. Und oft genug war das Land nicht fähig, das Leben seiner höchsten Politiker zu schützen. Mit welcher Berechtigung kann man also behaupten, dass die Atomwaffen ausreichend gesichert sind?«

Ein Offizier, der mit dem Schutz der Atomwaffen betraut war, tat diese Ansicht wiederum als »kompletten Unsinn« ab. »Wir prüfen alle Soldaten, die unmittelbar mit unseren Atomwaffen zu tun haben, sehr gründlich. Wir schauen uns an, ob und wie religiös sie sind, wie gläubig ihr privates Umfeld ist, welche Moscheen sie besuchen, wie ihre finanziellen Verhältnisse sind und so weiter. Jeder, der auch nur annähernd in Verdacht gerät, mit religiösen Extremisten zu sympathisieren, wird von seiner Aufgabe entbunden.« Da man dabei auch »geheimdienstliche Mittel« einsetze, sei ausgeschlossen, dass jemand das Militär über seine wahre Geisteshaltung täusche.

Alle Generäle im Armeehauptquartier in Rawalpindi, mit denen ich sprach, sowie alle Vertreter des ISI übermittelten mir in Hintergrundgesprächen die immer gleiche Botschaft: Die pakistanischen Atomwaffen seien sicher. Und alle ließen mich wissen, dass nicht Extremisten, sondern die USA mit ihren Plänen, Pakistan die Bomben zu nehmen, die größte Gefahr für die Atommacht und damit für das Gleichgewicht in der Region seien.

Das Außenministerium in Islamabad teilte nach Bekanntwerden der Informationen von Snowden mit, dass Pakistan sich der Abrüstung und der Nichtweitergabe von nuklearem Material verpflichtet fühle. »Pakistans Politik lässt sich mit den Begriffen Zurückhaltung und Verantwortung charakterisieren«, hieß es in der Mitteilung. Man habe »aufwändige Schutzmaßnahmen« unter der Aufsicht des Premierministers getroffen.

Wie um den Menschen dieses Gefühl von Sicherheit einzuhämmern, verbreiteten Politiker und Generäle nahezu täglich in Gastkommentaren in Zeitungen, die Depots seien sicher, die Regierung habe die volle Kontrolle, und kein Terrorist könne in den Besitz eines Sprengkopfes gelangen. Der damalige Premierminister Gilani versicherte mir in einem Gespräch, die Debatte werde von »ausländischen Lobbyisten« angefacht, die gegen Pakistan arbeiteten. »Diese Leute wollen unser Land diskreditieren. Unsere gesamte Kommandostruktur ist absolut sicher. Die USA sehen das übrigens genauso.«

Und tatsächlich vernahm man gelegentlich Töne aus Washington, die die Wogen glätten sollten. Außenministerin Clinton betonte, die USA hätten »Vertrauen in die Fähigkeit des pakistanischen Militärs, die Nuklearwaffen vor einem Zugriff der Taliban zu schützen«.

Die Wahrheit sei aber, sagte mir der pakistanische Offizier, dass Pakistan machen könne, was es wolle. »Solange wir die Atombombe haben, werden die Amerikaner nicht lockerlassen. Sie haben ein Interesse daran, dass dieses Thema immer wieder hochkocht und dass eine Verunsicherung bleibt, damit sie uns unter Druck setzen können.«

Und wie sicher sind die Orte, an denen Atomforschung betrieben wird?

Ich fuhr nach Kahuta. Grimmig blickte der Uniformierte von der Punjab-Polizei mit dem geschulterten Gewehr in das Auto vor mir. Die Temperatur lag bei fast vierzig Grad, und die Klimaanlage meines Wagens war ausgefallen. Ich fuhr also mit geöffnetem Fenster und konnte nun das Gespräch vor mir verfolgen. Mit einer zackigen Handbewegung forderte der Polizist einen weißen Mann auf, sein Fenster zu öffnen. Der Mann lächelte und wies sich als Brite aus. Er sei Tourist, sagte er, und die Gegend hier mit den schroffen Bergen sei »so wunderschön«. »Was für einen tollen Arbeitsplatz Sie haben!«, versuchte er dem Polizisten zu schmeicheln. Der verzog keine Miene, er zeigte nur auf ein unübersehbares Schild hinter ihm: »Notice: Restricted Area! No Foreigners Allowed!«, stand da in roten Buchstaben auf weißem Grund. Der Brite musste umkehren.

Es war der erste von fünf Kontrollposten auf dem Weg nach Kahuta, einem Städtchen mit einhundertfünfzigtausend Einwohnern, knapp vierzig Kilometer südöstlich von Islamabad, umgeben von den Lehtrar-Hügeln. Kein anderer Ort in Pakistan dürfte so gut gesichert sein wie Kahuta: Hier ist das Zentrum der pakistanischen Nuklearwaffenentwicklung, hier hatte Abdul Kadir Khan seine Machtzentrale, bis er im März 2001 in Folge der illegalen Atomdeals seinen Posten räumen musste.

Von den Gipfeln der Hügel kontrollierten Soldaten mit

Ferngläsern die Verkehrsbewegungen, ein mit Kameras ausgestatteter weißer Zeppelin, per Datenkabel mit der Erde verbunden, schwebte über dem Tal. Bunkeranlagen und gut getarnte Schießstände waren in die Berge eingelassen, auf Plateaus standen Panzer. Auf dem höchsten Gipfel drehte sich eine Radarantenne. Wer auch immer sich Kahuta näherte, ob über die neuen Straßen, die sich in Serpentinen durch die Hügellandschaft wanden, oder aus der Luft, wurde registriert. Spätestens um ins Innere der »Kahuta Research Laboratories« (KRL) zu gelangen, braucht man einen Mitarbeiterausweis oder zumindest eine offizielle Einladung. Das Gelände der KRL ist eine Stadt innerhalb der Stadt. Nur hochrangige Gäste wie Politiker und Militärs dürfen direkt per Hubschrauber in das Allerheiligste der pakistanischen Atomforscher fliegen.

Schätzungen zufolge verdienen hier bis zu fünfzehntausend Menschen ihr Geld mit der Forschung an Atombomben und entsprechenden Trägerraketen. Etwa die Hälfte der Mitarbeiter sind Militärs. »Aber kaum jemand weiß über alles Bescheid, was in den Labors passiert«, sagte mir ein Ingenieur, der hier arbeitete. »Vielleicht nur der Chef von KRL, also der Nachfolger von Khan, aber wahrscheinlich nicht einmal der.« Das, erklärte der Ingenieur, sei Teil der Sicherheitsstrategie. Jeder solle nur wissen, was an seinem unmittelbaren Arbeitsplatz geschieht. »Was im Nachbargebäude stattfindet, darüber werde ich im Unklaren gelassen.« Außerdem gebe es einen Sicherheitsdienst, der seine Augen und Ohren überall habe. An dessen Spitze stehe immerhin ein Zwei-Sterne-General.

Kahuta wirkte wie eine Festung. Aber waren nicht auch die überfallenen Kasernen stark bewacht gewesen? Ich sah überall Kameras, Waffen und Wachleute, ihr Bemühen, den Eindruck von größtmöglicher Kontrolle zu vermitteln. Aber das überzeugte mich nicht von der Behauptung vieler Politiker und Generäle, die ganze Angelegenheit sei »absolut sicher«. Gibt es absolute Sicherheit überhaupt? Trotz dieser Sorge flossen die Militärhilfen aus Washington wieder an Pakistan, als die USA das Land als Partner im Anti-Terror-Krieg benötigten. Offensichtlich überwog auf beiden Seiten die Erkenntnis, dass es miteinander doch besser sei als ohneeinander. Um ganz sicherzugehen, dass die Atomwaffen nicht in falsche Hände geraten, zahlte allein die Regierung von US-Präsident George W. Bush rund einhundert Millionen Dollar an Pakistan für die Ausbildung pakistanischer Wachsoldaten in den USA und für den Bau eines Trainingszentrums für nukleare Sicherheit in Pakistan. Außerdem stellte Washington den pakistanischen Streitkräften Hubschrauber, Nachtsichtgeräte und Dekontaminierungsmittel zur Verfügung.

Und Pakistan fand zunehmend Gefallen an der Idee, in noch mehr Atomwaffen zu investieren, anstatt abzurüsten.

DAS GUTE UND DAS SCHLECHTE LEBEN

Ein Landhaus am Stadtrand von Islamabad, eine Dreiviertel-stunde mit dem Auto vom Zentrum entfernt. Bässe wummerten aus meterhohen Boxen. Techno aus Berlin und New York, die neuesten Sounds. Mehrere Paare hatten sich in eine mit Kissen ausgelegte Ecke zurückgezogen. Grell geschminkte Frauen in fi-gurbetonten Shalwar Kameez drängten sich ans Büffet mit Curry, Reis und Fladenbrot. Hinter der Bar stand ein Mann, vielleicht achtzehn Jahre alt, und hantierte mit importierten Wodka- und Rumflaschen. Er wirkte nicht so, als würde er diesen Job zum ersten Mal machen, und musterte die vier Jungs, die an seiner Bar saßen und Whisky tranken, von oben bis unten. Die Musik war zu laut für längere Gespräche. »Ich hab guten Stoff«, sag-te schließlich einer von ihnen und deutete mit dem Kopf auf eine Tür. In seiner Jeans, dem gelben T-Shirt, auf dem in roten Buchstaben »I love Islamabad« stand, und mit der schwarzen Hornbrille sah er aus wie ein Student. Seine Kumpels grinsten. Im Nebenzimmer setzten die vier sich an einen Tisch. Der Typ mit dem gelben T-Shirt schob mit einer Visitenkarte eine feine weiße Linie und zog sie mit einem Röhrchen in die Nase. Jetzt waren die Freunde dran. Sie machten es genauso.

In einem dritten Raum war die Musik besonders ohrenbe-täubend. Es war nach Mitternacht, auf der Tanzfläche drängten sich nun viele Körper. Manche tanzten für sich alleine, andere eng umschlungen. Schöne, junge Menschen allesamt.

Einhundert Dollar ließen sie sich den Eintritt zu dieser Party kosten. Dafür waren alle Getränke inklusive: Bier, Wein, Whisky, Wodka, Rum, Gin, Anisschnaps und anderes Hochprozentiges, obwohl Alkohol verboten ist in der Islamischen Republik Pakistan. Für die Reichen gelten in Pakistan eigene Regeln und Gesetze. Es waren die Kinder der Millionäre, die hier feierten: Söhne und Töchter von Politikern, Generälen, Großgrundbesitzern und Industriellen, die in den USA oder in England studierten, zum Einkaufen am Wochenende nach Dubai oder Paris flogen und jubelten, als die Hochglanzzeitschrift ›HELLO! Pakistan‹ gegründet wurde, in der sie sich selbst in langen Fotostrecken feierten. Draußen auf dem Parkplatz standen ihre Autos, in denen ihre Fahrer auf sie warteten – Männer, die im Monat nur wenig mehr verdienten als das, was der Eintritt zu dieser Party kostete.

Jamal, ein Fünfundzwanzigjähriger, der in Kalifornien Wirtschaft studierte und gerade seine Ferien bei seiner Familie in Islamabad verbrachte, war Organisator der Party. Er hatte mit mehreren Besitzern von Landhäusern verhandelt und sich schließlich für einen Ort entschieden, der abgeschieden lag, damit sich niemand über den Lärm beschwerte. Eingeladen wurde per E-Mail-Verteiler.

»Den Termin haben wir drei Tage vorher gestreut, den Ort erst eine Stunde vor Beginn der Party«, erzählte Jamal. Auf diese Weise sollte das Risiko gering gehalten werden, dass die Polizei die Veranstaltung verbieten würde. »Wenn sie kommen, bevor die Party begonnen hat, wird es schwierig. Aber wenn sie nach Beginn der Party vorbeischauen, kann man ihnen ein bisschen Geld geben und einen Drink spendieren, dann lassen sie uns in Ruhe.«

Solche Partys gibt es an fast jedem Wochenende, immer an wechselnden Orten.

Spaß zu haben, unbeschwert zu feiern oder auch nur einen Film oder Musik zu genießen, ist längst nicht allen vergönnt.

Was sagt es über eine Gesellschaft aus, wenn es in der Zeit, in der wir in Islamabad lebten, in der Hauptstadt von Pakistan kein einziges Kino gab? Wo waren all die Filmhäuser aus früheren Zeiten? Brandanschläge und Bombenexplosionen hatten die Kinobetreiber aufgeben lassen. Filme, glaubten die Ultrakonservativen, seien etwas »Unislamisches«, ebenso Musik. Was sagt es aus, wenn die seltenen Theateraufführungen und Konzerte ständig mit der Sorge vor Ärger mit der Polizei oder sogar vor einem Anschlag begleitet wurden?

Meine Eltern, Verwandte und Freunde erzählten mir von den Sechziger- und Siebzigerjahren, als es überall Clubs und Bars gab und viele Kinos mit den aktuellen Filmen aus Hollywood. Die Frauen trugen die neueste Mode aus Paris und aus den USA, nicht nur im privaten Raum, sondern öffentlich. Selbst Minirock und kurzärmeliges Oberteil waren kein Problem.

Heute ist Pakistan ein anderes Land.

Janna trug nur lange Hosen und achtete darauf, dass ihre Arme immer verhüllt waren. In Islamabad war es nicht nötig, den Kopf zu bedecken, aber fuhr sie mal Richtung Peschawar oder in ländliche Gebiete, tat sie es. Einen Ganzkörperschleier trug sie nie.

Alkohol gab es nur in speziellen Geschäften, den Duty-free-Shops, in denen Diplomaten und andere Ausländer mit einer speziellen Genehmigung einkaufen durften. Journalisten waren nicht berechtigt. Pakistanische Christen und andere Nichtmuslime konnten in versteckten Hinterhofläden Alkohol erwerben. Für mich gab es auch dort oft nichts, denn dem Namen nach zählte ich als Muslim, egal, was ich behauptete. Ein solcher Laden lag direkt neben der Wäscherei, wo ich meine Anzüge reinigen ließ. Ab und zu schaute ich in dem liquor store vorbei, und wenn ich Glück hatte, fragte niemand nach meinem Pass oder meiner Religion, sondern verkaufte mir einfach das, was ich haben wollte. Die Auswahl war nicht groß. Es gab Bier und Whisky aus pakistanischer Herstellung, von der Murree Brewery, einem familiengeführten Unternehmen, über das jeder Auslandskorrespondent berichtete, schon um den Kontakt zur Quelle zu haben. Ich beschloss, die Brauerei zu besuchen.

In der Bierbrauerei

Der silberne Mercedes 220 S glänzte in der Sonne. Begeistert sprang Isphanyar Bhandara um den vierzig Jahre alten Oldtimer herum, er öffnete die etwas wackelige Tür, setzte sich auf den rotledernen Fahrersitz und tippte auf das Lenkrad. »Das ist Elfenbein«, sagte er und lächelte.

Bhandara, Ende dreißig, ist Sammler alter Autos, die er seinen Gästen gerne vorführt. Zwölf Stück standen an diesem Sommertag in seiner Garage, darunter ein Jaguar und drei Mercedes-Modelle. Bhandara ist ein wohlhabender, um nicht zu sagen: sagenhaft reicher Mann in Pakistan. Er ist der Chef der einzigen Brauerei des Landes, der Murree Brewery in Rawalpindi, 1860 gegründet und damit eines der ältesten Unternehmen auf dem Subkontinent.

Murree ist ein im Himalaja gelegener Erholungsort, eine hill station, wohin sich die feine Gesellschaft in den heißen Sommern zurückzog. Hier hatten die britischen Kolonialherren die Brauerei gegründet, um den Durst der Soldaten nach Gin und Bier zu stillen. Ein Vierteljahrhundert später siedelte man nach Rawalpindi um, weil sich dort die ersten Eishersteller niederließen. Die einfachere Beschaffung von Eis zum Kühlen war für die kolonialen Brauer ein Standortvorteil. Erst 1947, nach dem Ende von Britisch-Indien, kaufte Bhandaras Großvater die Mehrheitsanteile an der Aktiengesellschaft.

Immer noch auf das weiße Lenkrad tippend, schob der Unternehmer nach: »Deswegen könnten mich jetzt Tierschützer verklagen.« Er blickte mir in die Augen. Auf eine Handbewegung hin kam ein junger Kerl angelaufen, ein Bediensteter, und drückte mir ein Glas mit Bier in die Hand. Es war elf Uhr vormittags. Das Glas beschlug bei fast vierzig Grad sofort. »Und deswegen könnten Sie verklagt werden«, sagte er. Ich prostete ihm zu und nahm einen Schluck. Bei der Hitze tat das gut. »Sie halten das Bier nicht nur in der Hand, Sie trinken es auch noch! Damit verstoßen Sie, so Sie Muslim sind, gegen das Gesetz! Sie begehen ein Verbrechen!« Er grinste. »Schmeckt's?«

Die Murree Brewery ist ein Paradoxon, ein Unternehmen, das den Spagat zwischen Verbotenem und Gewünschtem versucht: Der Verkauf und Ausschank von Alkohol an Muslime ist in Pakistan seit 1977 verboten. Damit wollte sich der eigentlich als liberal geltende Premier Zulfikar Ali Bhutto die Unterstützung konservativer islamischer Kreise sichern. Kurze Zeit später putschte der fanatisch religiöse General Zia-ul-Haq. Für die Murree Brewery brachen harte Zeiten an.

Ironischerweise steht die Brauerei nur wenige Hundert Meter von jener Stelle entfernt, an der Bhutto zwei Jahre nach Einführung der Prohibition hingerichtet wurde. Das Firmengelände ist heute umgeben von Kasernen. Rawalpindi ist Garnisonsstadt, durch und durch.

Das Alkoholverbot ist geblieben. Kein Politiker traut sich, es aufzuheben, obwohl die Nachfrage groß ist: In vielen Haushalten in Islamabad, Lahore oder Karatschi stehen unauffällige Barschränke, gefüllt mit geschmuggelten Flaschen.

Wir kauften Alkohol bei unserem bootlegger, wie die Händler genannt werden. Seine Telefonnummer kursierte unter Ausländern. Er hatte alle möglichen Sorten Spirituosen, Bier nur zwei, drei Marken, und beim Wein kannte er genau zwei Sorten: rot und weiß. Für eine Flasche Rotwein zahlten wir umgerechnet fünfzehn Euro, es war schlichter französischer Landwein. Immerhin. Wenn wir per Telefon bei ihm bestellten, war er innerhalb einer Stunde da mit seinem unauffälligen weißen Toyota, die Flaschen in neutralen Kartons verpackt. Er legte Wert darauf, am Ende der Auffahrt zu parken und das Tor hinter sich zu schließen, bevor er die Kisten auslud.

Politiker, Offiziere, Geschäftsleute oder Künstler, alle hielten sie ihren mehr oder weniger kleinen Vorrat. »Wie überall in der Welt«, sagte Bhandara. In ärmeren Regionen brannten die Menschen ihren Alkohol selbst, ich las häufiger Meldungen in den Zeitungen über Todesfälle und Erblindungen.

Eine befreundete britische Journalistin erzählte einmal, dass sie die Handwerker im Haus gehabt hatte. Stromleitungen mussten neu verlegt, die Wände gestrichen und die Holztüren abgeschliffen werden. »Ein paar Tage später habe ich zu einer kleinen Party eingeladen. Ein paar Gäste schenkten sich aus der Wodkaflasche ein. Sie staunten nicht schlecht, als sie den ersten Schluck nahmen. Es war Wasser mit leichtem Wodkaaroma.« Die Handwerker hatten den Wodka vermutlich in eine leere Mineralwasserflasche umgefüllt und mitgenommen und die Originalflasche mit Wasser aufgegossen, damit der Diebstahl nicht sofort auffiel. »Es sei ihnen gegönnt«, sagte die Kollegin und lachte.

Bhandaras Geschäft lohnt sich, obwohl etwa siebenundneunzig Prozent der Bevölkerung Muslime sind. Die Brauerei produziert Bier aus deutschem Hopfen, australischer Gerste und pakistanischem Wasser. Außerdem experimentieren die Mitarbeiter mit der Herstellung von Whisky, Rum und diversen Likören. »Alkohol kaufen und konsumieren zu dürfen, ist ein Minderheitenrecht, was wiederum verfassungsrechtlich geschützt ist«, sagte Bhandara. Die Brauerei erfüllt also, wenn man so will, einen Verfassungszweck.

»Unser Kundenkreis ist relativ klein«, erzählte Sabih ur-Rehman, ein pensionierter Major der pakistanischen Armee und Assistent von Brauereichef Bhandara. »Wir verkaufen ausschließlich an sogenannte wine shops in den Provinzen Belutschistan und Sindh und an Hotels in der Provinz Punjab. Dazu kommen noch die Botschaften hier in Islamabad, die wir beliefern.« Auch die deutsche Botschaft gehöre zum Kundenkreis, betonte er, was er wohl als Gütezeichen verstanden wissen wollte.

Die Provinz Khyber-Pakhtunkhwa ist per Gesetz vollkommen trocken, dorthin darf nichts geliefert werden. Das Geschäft boomt trotzdem im ganzen Land: Auf umgerechnet rund eine Million Dollar bezifferte Bhandara die Steuern, die das Unternehmen zahlt – monatlich. »Drei Prozent der Bevölkerung, die potenziell in Frage kommen, klingt wenig. Aber in absoluten Zahlen sind das ja immerhin fünf Millionen Menschen«, sagte Bhandara.

Und auch Muslime trinken – sie müssen eben einen Christen, Hindu, Sikh oder Buddhisten kennen, der ihnen das Zeug aus einem der Spezialgeschäfte oder aus einem Hotel besorgt. In der Regel nutzen sie aber die Schwarzhändler und zahlen die Wucherpreise. Ich traf viele Muslime, für die der Konsum von Alkohol auch ein politisches Statement gegen Radikalismus und Religionsherrschaft und für einen säkularen Staat, Toleranz und Liberalismus war. Die Verbannung von Alkohol in die Illegalität, das sieht man in Pakistan, funktioniert selbst in einer islamischen Gesellschaft nicht.

Bhandara gehört der Religionsgemeinschaft der Zoroastrier an, von denen in Pakistan nur wenige Tausend leben. »In unserer Firmengeschichte hatten wir immer wieder Probleme«, sagte Bhandara. So seien 1947 ein paar Gebäude niedergebrannt worden. Heute sorge man sich vor den Taliban. Die Gegend, in der die Brauerei sich befindet, gilt aber als sicher. Gegenüber wohnt der Armeechef, und auch der gestürzte Militärregent Pervez Musharraf, ein Whiskyliebhaber, hat hier noch eine gut geschützte Bleibe. Trotzdem stehen am Firmeneingang bewaffnete Wachleute, wie vor vielen Geschäften in Pakistan.

Die Wachleute sind, wie die Mehrheit der rund siebenhundert Mitarbeiter des Unternehmens, Muslime. Ali Sher beispielsweise arbeitete seit drei Jahren in der Qualitätskontrolle. Er prüfte vor einer Leuchtwand die Füllhöhe und den Zustand der Flaschen. Noch nie habe er Bier getrunken, erzählte er, aber er habe kein Problem damit, für eine Brauerei zu arbeiten. Schließlich zahlt sie ihm nicht nur ein überdurchschnittliches Gehalt, sondern sorgt auch für die medizinische Versorgung seiner Familie und die Ausbildung seiner Kinder.

Dass die Mitarbeiter mehrheitlich Muslime seien, sei kein Problem, erklärte Bhandara. »Das Problem sind die Politiker und die Bürokraten, mit denen wir tagtäglich zu tun haben.« So dürfe die Murree Brewery ihre Produkte nicht mehr ins Ausland exportieren. »Bis vor Kurzem war ›Murree Lager‹, eines von fünf Bieren im Sortiment, *das* Bier der Londoner Partyszene. Wir haben da ein gutes Geschäft gemacht. Das ist mit dem Verbot plötzlich weggebrochen.«

In den Luxushotels von Islamabad gibt es Alkohol, allerdings nur aufs Zimmer oder in den versteckten Bars. Einmal, nach einer Konferenz, luden mich zwei deutsche Diplomaten auf ein Bier ein, in der Bar im Keller. Ich setzte mich auf einen Hocker, die beiden Diplomaten setzen sich links und rechts von mir.

»Drei Bier, bitte«, orderte der eine.

Der Mann hinter dem Tresen stellte jeweils eine Flasche vor die beiden Diplomaten. Mich schaute er an und sagte: »Darf ich bitte Ihren Pass sehen?«

Ich atmete tief durch, kramte meinen bordeauxroten Reisepass aus der Tasche und reichte ihn über die Bar.

Der Mann blätterte darin herum. Von vorne nach hinten und wieder zurück. Dann verschwand er damit in einen Hinterraum. Die beiden Diplomaten grinsten und machten Witze. Nach ein paar Minuten kehrte der Barkeeper zurück, drückte mir meinen Pass in die Hand und erklärte:»Tut mir leid, aber ich darf Ihnen kein Bier geben. Sie sind Muslim!«

»Woher wollen Sie wissen, was ich glaube?«, fragte ich jetzt gereizt.

»Ihr Name ist muslimisch«, antwortete er.

»Hören Sie, soll ich nächstes Mal eine Bibel mitbringen? Was geht Sie an, was ich glaube?«

Ich war aufbrausend geworden.

»Kommen Sie, bringen Sie uns bitte noch ein Bier«, griff einer der Diplomaten schlichtend ein.

Der Barkeeper seufzte – und holte noch eine Flasche Bier. »Wenn ich erwischt werde, verliere ich meinen Job«, sagte er mir auf Urdu.

Nun tat er mir leid. Er befolgte nur Gesetze.

Es ging mir an diesem Abend nicht um den Alkohol, sondern darum, dass der Staat zunehmend die Religion benutzt, um sich in Privatangelegenheiten seiner Bevölkerung einzumischen. Über die Jahre hatte er das Prinzip des Islam als allumfassendes gesellschaftliches System verinnerlicht, das darauf aus ist, alle Lebensbereiche zu regeln und den Menschen strikten Gehorsam abzuverlangen. Der Islam ist in Pakistan auf dem Weg, zum alles beherrschenden politischen und kulturellen Machtfaktor zu werden. Das war nicht immer so gewesen.

Eine elitäre Gesellschaft

Die Entwicklung der vergangenen Jahre und Jahrzehnte missfällt vielen Menschen, aber nur wenige begehren dagegen auf.

Die meisten flüchten in die Heimlichkeit, wie die Leute mit ihren unauffälligen Barschränken zu Hause oder wie die Partygäste im Landhaus am Stadtrand von Islamabad. Freunde veranstalteten regelmäßig Filmabende, manche hatten Beamer und eine große Leinwand, um wenigstens ein bisschen Kinogefühl aufkommen zu lassen.

Fragte man die Menschen, woran sie Freude hatten, nannten sie eines: Cricket. Cricket ist in Pakistan das, was Fußball in Deutschland ist. Fußball hingegen interessiert die Menschen überhaupt nicht. Pakistan hat zwar eine Fußballnationalmannschaft, aber zu einem Spiel gegen eine Auswahl der Armee im Jinnah-Stadion in Islamabad, in das etwa fünfzigtausend Menschen passen, kamen gerade einmal dreiundzwanzig Zuschauer. Einer davon war ich. Fußball ist eben nur Randsportart in Pakistan, obwohl das Land der weltgrößte Produzent von handgenähten Fußbällen ist. Alle großen Sportartikelhersteller lassen ihre Bälle hier fertigen.

Wenn Cricket-Weltmeisterschaft ist, sitzen Millionen Menschen vor den Fernsehern. Sie treffen sich auf öffentlichen Plätzen, wo die Spiele auf Leinwänden gezeigt werden, oder sie drängen sich vor Geschäften, die kleine alte Fernsehgeräte aufstellen. Cricket-Weltmeisterschaft ist Ausnahmezustand. Viele Firmen geben ihren Mitarbeitern in dieser Zeit frei. Der Höhepunkt ist immer ein Spiel gegen Indien. Cricket ist zwar keineswegs so aggressiv wie Fußball, aber ein Cricket-Match Pakistan gegen Indien dient dann doch immer ein bisschen als Kriegsersatz.

Wer in Pakistan ein Nationalheld werden will, ein millionenschwerer Superstar, spielt am besten Cricket. Die Cricket-Nationalspieler besitzen Luxusvillen und Sportwagen, sie wohnen auswärts in Fünf-Sterne-Hotels und trainieren in modernen Stadien.

So wie Imran Khan. Von diesem Bild zehrt er bis heute: er im grünen Trikot, beide Arme nach oben gereckt, die Zeigefinger gen Himmel. Pakistan ist in diesem Moment Cricket-Weltmeister 1992, es ist eine Sensation, einmalig bisher. Eine Stimmung wie in Deutschland 1954 nach der gewonnenen Fußball-WM. Imran Khan war damals der Mannschaftskapitän. Das Foto wurde seither wieder und wieder gedruckt, millionenfach. Jetzt, mehr als zwei Jahrzehnte später, jubeln ihm wieder Menschen zu. Wenn Khan auftritt, strömen Tausende zu ihm, quer aus allen Gesellschaftsschichten. Khan ist in die Politik gegangen, zunächst jahrelang erfolglos, dann, mit der Wahl 2013, plötzlich mit einer ganzen Mannschaft im Parlament vertreten. Die Menschen setzten große Hoffnungen in ihn, er sollte Pakistan zu dem Land machen, das es aufgrund seiner großen, jungen Bevölkerung und seiner vielen Rohstoffe sein könnte: eine prosperierende Macht in Südasien. Käme er an die Regierung, würde er Korruption und den Terrorismus »innerhalb von neunzig Tagen beenden«, wie er immer wieder versprach. Die Lage im Land war verzweifelt genug, dass die Menschen ihm das glaubten.

Ständig klingelte Khans Handy während des Wahlkampfes, meist ignorierte er die Anrufe. Sein Sprecher hing dauernd am Telefon. »Hunderttausende rufen an«, übertrieb Shafqat Mahmood. »Und alle wollen ein Treffen mit ihm. Das ›Wall Street Journal‹, die ›New York Times‹, selbst indische Zeitungen!« Er seufzte. »Ich weiß nicht, wie ich das organisieren soll.« Dann lächelte er. Endlich kam Imran Khan wieder das Interesse zu, das ihm gebührte.

Es war eine Genugtuung für Khan und seine Leute. Nachdem er den Sport aufgegeben hatte und in die Politik gewechselt war, hatte man ihn jahrelang gedemütigt, sich lustig gemacht über ihn, ihm Größenwahn und Übereifer vorgeworfen. Dabei hatte er Millionensummen an Spenden gesammelt und ein modernes Krebskrankenhaus in Lahore aufgebaut, zu Ehren seiner an

Krebs verstorbenen Mutter. Die Wochenzeitung ›Friday Times‹ veröffentlichte eine Kolumne mit dem Titel »Im the Dim«, was heißen sollte: »Imran, der Dämliche«. Er galt als einfältig und politisch überambitioniert, gleichzeitig unerfahren. Aus seinem Umfeld sagten mir mehrere Leute, insgeheim hoffe er auf einen so überwältigenden Wahlsieg, dass er selbst Regierungschef werden könne.

Doch es reichte nur für die Opposition. Immerhin stellte seine Partei in der Provinz Khyber-Pakhtunkhwa fortan die Regierung.

Aber Korruption und Terror blieben auch dort, und die Talibannahe Haltung Khans verstörte immer mehr Menschen. Während Khan den Dialog mit den Extremisten befürwortete, bombten diese unbeirrt weiter. Khan etablierte sich zwar als neue politische Kraft in der Riege der alten, aus mächtigen Dynastien stammenden Politiker, trägt aber bisher wenig zur Erneuerung des Landes bei, auch wenn er ständig von seinem »neuen Pakistan« redet. Er stammt zwar aus wohlhabendem Hause, hat das elitäre Aitchison College in Lahore besucht und in Oxford studiert, aber seine Familie hat kein politisches Gewicht. Khan ist einer der erfolgreichsten Cricket-Spieler aller Zeiten, einer, der sich den sportlichen Erfolg hart erarbeitet hat, in einer Sportart, die quasi religiösen Status genießt. Aber taugt so einer für die Politik? Politiker aus den etablierten Parteien bezeichneten Khan in Hintergrundgesprächen verächtlich als »politischen Emporkömmling«.

Wie viele Politiker hält Khan die Religion als politisches Mittel hoch, um bei den Konservativen zu punkten.

Ich habe den Eindruck, dass alle Mächtigen und Reichen die Religion instrumentalisieren, um ein Aufbegehren der Armen und Machtlosen zu unterdrücken und ihre eigene Position zu sichern. Sie schieben zum Beispiel das Almosengeben, eine der fünf Säulen des Islam, vor, um ein umfassendes, für ein gut funktionierendes Staatswesen erforderliches Steuersystem zu verhindern. Ansonsten scheren sie sich oft nicht um Religion und Glaubensvorschriften.

Tatsächlich ist Pakistan eine Steueroase. Man hört nur nichts darüber, weil das Land so viele andere Probleme hat. Aber die Wohlhabenden leben hier ein paradiesisches Leben. Ich meldete mich bei der Finanzbehörde in Islamabad, aber niemand konnte mir sagen, wann, wo und wie ich eine Steuererklärung abgeben sollte. »Warum wollen Sie Steuern zahlen?«, fragte mich der Finanzbeamte. Ich fuhr zum Finanzministerium, doch auch dort erhielt ich keine Auskunft. »Steuern? Sie wollen Steuern zahlen?« Der Mann blickte mich über seine Lesebrille hinweg an, als wäre ich geisteskrank. Ich trank einen Tee mit ihm, wir hielten ein Schwätzchen, aber immer wieder schwieg er zwischendurch und blickte mich mit einer Mischung aus Irritation und Mitleid an.

Ich wundere mich, warum Pakistan nicht längst mit seiner laxen Steuerpraxis wirbt, beklagen sich Pakistaner doch regelmäßig über den schlechten Ruf ihres Landes. Mit dem Wort »Steuerparadies« und ein paar Fotos vom wunderschön bergigen Norden des Landes ließe sich bestimmt eine hübsche Imagekampagne machen.

Nach Angaben der obersten Finanzbehörden führen insgesamt nur rund achthunderttausend der knapp zweihundert Millionen Einwohner Einkommensteuer ab. Dabei ist laut Gesetz jeder, der mehr als umgerechnet dreitausend Euro im Jahr verdient, steuerpflichtig. Das trifft zwar nur auf etwa zehn Millionen Menschen zu, aber doch auf deutlich mehr als die Zahl der Steuerzahler. Millionen von Menschen hinterziehen folglich Steuern, aber in all den Jahren in Pakistan hörte ich von keinem einzigen Fall, der verfolgt worden wäre.

Das wundert mich, denn es ist ja nicht so, dass der Staat das Geld nicht dringend bräuchte. Das Bildungssystem ist eine Katastrophe, das Gesundheitssystem in einem erbärmlichen Zustand, die meisten Straßen bröckeln vor sich hin, ständig fällt der Strom aus, und der Staat kann die Sicherheit seiner Einwohner in vielen Teilen des Landes nicht garantieren. Es mangelt also nicht an Möglichkeiten, Steuergelder sinnvoll zu investieren. Doch Pakistan ist ein Land, das von Eliten für Eliten regiert wird. Im Parlament sitzen reiche Leute, Industrielle und Großgrundbesitzer. Diesen Eliten ist es vollkommen egal, wie es den Massen da draußen geht. Man steigt vor seinem klimatisierten Haus in die klimatisierte Luxuslimousine, um damit in die klimatisierte Shoppingmall chauffiert zu werden. Abends geht es ins klimatisierte Restaurant oder in die klimatisierte Bar, wo es trotz Alkoholverbots natürlich den Drink der Wahl für die Herrschaften gibt. Was jenseits der eigenen hoch ummauerten Welt passiert, wird schlicht ignoriert. Müll? Kann auf die Straße geworfen werden. Bettler? Denen gibt man ab und zu ein bisschen Geld, das beruhigt das Gewissen und erfüllt religiöse Pflichten. Wer reich ist, fährt ohnehin einen Geländewagen (Straßenlöcher? Egal!), besitzt Generatoren (Stromausfälle? Auch egal!), leistet sich Behandlungen in privaten Kliniken, am besten im Ausland (Staatliches Gesundheitssystem? Wer braucht das schon, bis nach Dubai dauert der Flug ja nur zwei Stunden!), schickt seine Kinder auf teure Privatschulen oder ebenfalls gleich ins Ausland (Wozu in ein staatliches Bildungssystem investieren?). Benzin und Gas sind in Pakistan vergleichsweise billig, weil der Staat sie subventioniert und behauptet, damit den armen Menschen zu helfen. Tatsächlich nützt das aber vor allem denen, die Autos und große Häuser besitzen. Auch das ist eine politische Entscheidung der Eliten für die Eliten.

Sie nennen sich gerne Mittelklasse, gehören aber mit ihrer

Ausbildung, ihren Reisen ins Ausland, ihren Smartphones und Tablets und ihren Immobilien zu den oberen zehn Prozent der Bevölkerung. Man weiß um den eigenen Einfluss und die eigene Macht. Fällt zum Beispiel die Stromrechnung sehr hoch aus, weil die Klimaanlagen in der Villa ständig laufen, bezahlt man sie einfach nicht. Die gesellschaftliche Stellung und die Bekanntschaft mit irgendwelchen Leuten beim Stromversorger schützen davor, dass die Leitung gekappt wird. Selbst bei der Strafverfolgung gibt es für sie Sonderbehandlungen. Begeht ein einflussreicher Mann eine Straftat, traut die Polizei sich nicht zu ermitteln. Als einmal der Sohn eines Großgrundbesitzers und Politikers einen jungen Schäfer in einem Streit erschoss, weil der das Grundstück seines Vaters mit seiner Schafherde durchquert hatte, wurde nicht einmal Anklage erhoben.

Eine Studie des Center for Investigative Reporting in Pakistan fand heraus, dass nicht einmal ein Drittel aller Parlamentarier Steuern zahlt, obwohl sie durch ihr Mandat gut verdienen und in der Regel daneben noch andere Einkünfte haben. Auch Ex-Staatspräsident Asif Ali Zardari, angeblich Dollar-Milliardär, soll keine Rupie abgeführt haben. Er heißt wegen der ihm nachgesagten Korruption »Mister zehn Prozent« – weil er, als seine Frau Benazir Bhutto Premierministerin war, angeblich zehn Prozent aller staatlichen Ausgaben auf seine eigenen Konten lenkte.

Wie finanziert Pakistan dann sein Staatswesen? Steuern nimmt das Land indirekt ein, vor allem durch die Mehrwertsteuer. Das ist hochgradig unfair gegenüber den Armen, die sich selbst das Lebensnotwendige kaum leisten können und die gemessen an dem, was sie zur Verfügung haben, überproportional viel Steuern zahlen. Dieses System funktioniert außerdem nur schlecht, denn welcher Basarhändler berechnet schon Mehrwertsteuer und führt entsprechend ab? Schätzungen des Finanzministeriums gehen von nur etwa fünfundzwanzig Prozent des Handels aus. Das ist die niedrigste Quote weltweit. Zudem gibt es ein informelles Finanzsystem: ein bisschen Bakschisch hier, ein bisschen Schmiergeld dort. Und dann behilft Pakistan sich mit den milliardenschweren Hilfen aus dem Ausland.

Ein Beamter aus dem Finanzministerium versuchte, mir zu erklären, man könne in Pakistan Steuern »nicht mit Gewalt eintreiben«. Die Menschen seien »diese Art von direkter Steuererhebung nicht gewöhnt«, sie entspreche »nicht der hiesigen Kultur«.

Tatsächlich hat man sich in dieser Gesellschaft, so ist mein Eindruck, mit diesem Zustand abgefunden: Der Staat bietet seinen Bürgern nichts, und die Bürger erwarten vom Staat nichts. Jeder sorgt für sich selbst, in allen Bereichen, und wer's nicht packt, bleibt auf der Strecke. Eine Steueroase mit schlankem Staat in Extremform, sozusagen.

Wie sehr das ein halbwegs erträgliches Leben erschwert, spürten selbst wir, die vergleichsweise wohlhabenden Ausländer. Leitungswasser kann man nicht trinken. Unser Vermieter hatte einen Brunnen anlegen lassen, sodass wir Grundwasser nutzten, das sich zum Zähneputzen eignete und mit dem man zur Not auch Tee zubereiten konnte. Aber zum Kochen und Trinken verwendeten wir teures Mineralwasser, um nicht krank zu werden. Die meisten Pakistaner, mit weniger Geld, trinken gefiltertes Leitungswasser, das sie entweder selbst durch einen Filter laufen lassen oder in Kanistern an Trinkwasserstationen abholen, immerhin kostenlos.

Was uns aber regelrecht in den Wahnsinn trieb, waren die ständigen Stromausfälle. In ländlichen Regionen bleibt der Strom manchmal tagelang aus, dann wieder gibt es ihn nur für ein paar Stunden. In Islamabad, immerhin Hauptstadt, wird der

Strom stundenweise abgestellt, weil die Nachfrage nach Energie viel höher ist als das Angebot. Elektrizität fehlt dann eine volle Stunde lang, mindestens. Im Sommer, bei fünfundvierzig Grad, wenn die Klimaanlagen liefen, waren wir an manchen Tagen zwanzig Stunden ohne Strom. Load shedding nennt man das, Lastabschaltung. Wenn die Elektrizität im Hochsommer nachts wegblieb, waren wir spätestens zehn Minuten später wach. Die Raumtemperatur, auf fünfundzwanzig Grad Celsius heruntergekühlt, stieg innerhalb von Sekunden drastisch an, und wir lagen schweißgebadet da und warteten eine, zwei, drei Stunden, bis der Strom wiederkam.

Das waren die Momente, in denen mir bewusst wurde, wie grotesk das Handeln der Mächtigen ist: Sie bemühen sich nach Kräften um Atomwaffen, investieren Milliarden in ihre Entwicklung, scheren sich aber kein Stück darum, dass der Bevölkerung Strom fehlt. Bei allem Verständnis für die außen- und sicherheitspolitisch schwierige Lage in der Region – wie kann man Atombomben haben, aber keinen Strom? Wie können die Verantwortlichen so ignorant sein?

Es machte mich wütend, zu sehen, wenn Politiker in Konvois aus großen, schwarzen Luxuslimousinen durch die Stadt fuhren und dabei die ganze Stadt lahmlegen ließen, weil die Straßen für den Verkehr gesperrt wurden, aus Angst vor Terroranschlägen. Was leisten sie, um diesen Luxus zu verdienen? Was rechtfertigt ihre Anspruchshaltung?

Gesellschaften sind immer mehr oder weniger hierarchisch gegliedert, überall gibt es ein Oben und ein Unten. Aber diese Klassengesellschaft lässt mich ratlos zurück: Wie kann es so ungerecht zugehen, und niemand protestiert dagegen? Wie können die da oben darüber diskutieren, auf welchem Weg man am besten Champagner bestellt und sich nach Pakistan liefern lässt, ohne dass es Ärger beim Zoll gibt, während die da unten nicht wissen, ob sie an diesem Tag genug für eine zweite Mahlzeit für sich und ihre Familie haben würden? Wie kann das die da oben kaltlassen?

Die Reichen leben in einer gut geschützten Blase, und die meisten verdrängen die Probleme, die das Land hat. Hat man Geld, mangelt es einem an nichts in Pakistan. Allein das Essen! Die herrlichen Mangos im Sommer, Dutzende Sorten! Die unterschiedlichsten Currys! Unzählige Obst- und Gemüsesorten! Die vielen Restaurants, traditionelle pakistanische Küche, Thai-Food, Sushi, ein Libanese, Italiener sowieso. Wer Geld hat, kann sich alles leisten. Für die Armen müssen Linsen und Fladenbrot genügen, tagein, tagaus.

Reiche können die Auswirkungen der beiden größten Mängel – die schlechte Sicherheitslage und die ständigen Stromausfälle – abmildern und sich ansonsten ein gutes Leben machen.

Für pakistanische Verhältnisse war ich ein Großverdiener. Einmal kaufte ich in einer Konditorei einen Schokoladenkuchen für tausendfünfhundert Rupien, umgerechnet etwa zwölf Euro. Als ich mich ins Auto setzte, um nach Hause zu fahren, ging mir durch den Kopf, dass ich gerade etwa ein Viertel des Monatslohns vieler Menschen in Pakistan für Kuchen ausgegeben hatte. Aus Scham stieg ich wieder aus, kaufte noch zwei Kuchen und schenkte sie auf dem Rückweg zwei Bettlern. Es war eine hilflose Aktion. Ich stellte mir vor, wie ihre Kinder das süße Zeug mit Genuss verschlangen.

»Pakistan ist nicht nur Terror und Taliban«, schrieb mir ein aufgebrachter Pakistaner aus Karatschi, der sich über einen Artikel von mir ärgerte, den eine pakistanische Zeitung ins Englische übersetzt hatte. Pakistaner behaupten regelmäßig, sie seien, was den Terror angeht, »widerstandsfähig«. Ich hielt in dem Text dagegen, dass man aber auch behaupten könne, die Oberschicht sei selbstgefällig, nur auf ihr eigenes Wohl bedacht, desinteressiert am Zustand ihres Landes, und nur mitfühlend, solange es sich auf das Abhalten von Mahnwachen beschränkt. Das waren harte Worte, aber ich halte sie für zutreffend.

Die Menschenverachtung, ist mein Eindruck, hat weitaus größere Ausmaße. In Karatschi sah ich ein Heim für körperlich und geistig Behinderte, in dem die Bewohner halbnackt auf dem Betonboden kauerten, mit schweren Eisenketten an den Füßen. Ich besuchte ein weiteres Heim, diesmal in Lahore. Auch dort: Menschen, die angekettet dahinvegetierten. Man schließt diese Menschen weg, in Kellern oder Hinterzimmern, oder gibt sie einfach in Heimen ab und vergisst sie dort, als wären sie minderwertig und ihr Schicksal eine unabänderliche Strafe Gottes, die man nicht durch menschenwürdigen Umgang abmildern darf. Niemand kümmert sich um sie.

Ich traf Abdul Sattar Edhi, einen Mann, dessen Biografie eine der erstaunlichsten Südasiens ist: 1928 in ärmlichen Verhältnissen in Gujarat, Britisch-Indien, geboren, wanderte er 1947 nach Karatschi aus. Die Armut in dieser Stadt erschütterte ihn. Von einem Teil seiner Einkünfte als Bleistift- und Streichholzverkäufer erwarb er fortan Medikamente für die Armen. In manchen Vierteln sah er Tote auf den Straßen liegen, um die sich niemand kümmerte. Es waren die Leichen der Besitz- und Familienlosen. Edhi sammelte sie auf und sorgte für eine würdevolle Bestattung. Es war der Beginn seiner Stiftung, und Wahrheit und Legende lassen sich jetzt, mehr als ein halbes Jahrhundert später, nicht mehr trennen. Seine Hilfsorganisation ist inzwischen die größte des Landes. Edhi, vom Alter gezeichnet und mit grauem Bart bis zur Brust, wird als Volksheld gefeiert: Die Edhi Foundation betreibt landesweit Krankentransporte, leistet Nothilfe bei Naturkatastrophen und Terroranschlägen und unterhält Heime für Kinder, Alte und Behinderte.

Er rieb sich die Augen und begann zu erzählen, vom Sinn des Helfens und vom Islam. »Geldmangel ist kein Problem in unserem Land. Es gibt unglaublich reiche Menschen«, sagte er. »Außerdem sind da die ganzen Auslandspakistaner, nicht nur Bauarbeiter in Dubai, sondern Ärzte in New York, Architekten in London, Ingenieure in Paris. Sie alle spenden gerne. Aber nicht der Regierung, sondern nur denjenigen, denen sie vertrauen. Zum Beispiel meiner Stiftung.« Das sei doch der Sinn von Religion, nicht nur des Islam, sondern jeder Religion: Gott zu dienen. Er wolle seine Stiftung deshalb nicht als islamische Organisation verstanden wissen, auch wenn der Islam seine Motivation sei zu helfen. »Die Liebe zu Menschen ist die Liebe zu Gott«, sagte er.

Aber auch in seinen Heimen leben die Behinderten unter erbärmlichen Bedingungen, in Räumen mit schimmelnden Wänden und durchgelegenen Matratzen auf dem Boden. Ich fragte ihn, warum er nicht für würdigere Unterbringung und für eine bessere Behandlung sorge. »Wenn ich das tue, gerate ich unter Druck, warum ich das Geld nicht lieber für Kinder oder Frauen verwende«, erklärte er. »Viele Spender haben kein Verständnis dafür, dass ihr Geld für Behinderte ausgegeben wird.« Er könne sich nicht über ihren Willen hinwegsetzen, sonst würden sie nicht mehr spenden. Aber was nützt Gottesfürchtigkeit bei gleichzeitiger Menschenverachtung? Immerhin sind die Behinderten in seinen Heimen nicht angekettet.

Die E-Mails, die ich ab und zu von Pakistanern erhielt, die ihr Land zu Unrecht kritisiert sahen, bestärkten mich in meiner Meinung. »Wir haben den zweithöchsten Berg der Welt! Wir haben acht der zwanzig höchsten Gipfel der Welt! Wir haben die unterschiedlichsten Klimazonen und alle möglichen Früchte!«, versuchte mir ein Leser verzweifelt die Vorzüge seines Landes nahezubringen. Ein anderer schrieb: »Wir sind die siebte

Nuklearmacht der Welt, wir haben die beste Armee der Welt! Nur mit unserer Hilfe wurde die Rote Armee in Afghanistan geschlagen, wir haben damit das Ende der Sowjetunion besiegelt und den Kalten Krieg beendet«, schrieb einer und merkte nicht, dass er nur aufs Militärische abzielte. Einer appellierte an meine Herkunft:»Sie sind doch auch Pakistaner! Warum schreiben Sie nichts, was den Ruf unseres Landes verbessert?«

Es stimmt: Die Mehrheit der Bevölkerung ist gemäßigt religiös, es gibt eine faszinierende Sufi-Kultur, wunderbare Schriftsteller und Dichter, Musiker und Maler. Die Menschen, ihre Kulturen, die Natur, die Landschaften sind so vielfältig, wie das Land weitläufig ist, doppelt so groß wie Deutschland. Aber doch dominieren Gewalt und Fanatismus die Schlagzeilen.

Terror sei kein großes Problem in Pakistan, versicherten mir sehr viele Leser immer wieder. Das Thema werde von den Medien aufgebauscht.

Aber warum gibt es dann überall Straßensperren mit schwer bewaffneten Soldaten? Warum muss man sich beim Betreten eines Hotels durchsuchen lassen wie an einem Flughafen? Warum stehen sogar vor Restaurants und Geschäften bewaffnete Wachleute mit Metalldetektoren? Warum ist die Furcht vor einer per Handy gezündeten Bombe so groß, dass man bei Pressekonferenzen und anderen Veranstaltungen sein Mobiltelefon am Eingang abgeben muss? Weshalb muss man sich bei gewöhnlichen Partys mit Passnummer und Autokennzeichen anmelden und wird nur durchgelassen in die abgesicherten Viertel, wenn man tatsächlich mit dem entsprechenden Nummernschild vorfährt?

Warum trage ich die Namen von so vielen Menschen in meinem Telefonverzeichnis mit mir herum, die tot sind, Opfer von Gewalt? Sie alle bleiben in meinem Telefon gespeichert, weil ich es nicht über mich bringe, sie zu löschen. Ein Freund nannte es mal einen»digitalen Friedhof«.

Die Folgen des Terrors begegneten uns ständig im Alltag, überall. Janna und ich trafen uns gerne mit Freunden am Kohsar-Markt mit seinen hübschen Cafés und Restaurants, dort, wo der Gouverneur von Punjab, Salman Taseer, von seinem Leibwächter erschossen worden war. Der Kohsar-Markt ist eigentlich nur eine Ladenzeile mit einem unebenen Parkplatz davor. Ein wunderbarer Obst- und Gemüseladen hat die besten Früchte der Stadt im Angebot, es gibt zwei Lebensmittelgeschäfte, die uns an die ausgestorbenen Tante-Emma-Läden in Deutschland erinnerten und die Lebensmittel aus Europa, USA und der ganzen Welt importieren, außerdem einen schönen Buchladen. Es war einer der wenigen Orte, wo man draußen sitzen und seinen Tee trinken konnte. Wir nannten ihn die »Piazza von Islamabad«.

Weil sich hier ausländische Diplomaten und ranghohe pakistanische Politiker treffen, tummeln sich hier auch Agenten. Sie stehen mehr oder weniger unauffällig herum, machen sich Notizen und fotografieren Passanten. Einmal traf ich zufällig einen indischen Diplomaten, einen alten Bekannten, und unterhielt mich kurz im Vorbeigehen mit ihm. Kaum war ich am Auto, traten zwei Männer an mich heran.

»Warum haben Sie mit dem Mann geredet?«, fragte einer auf Urdu.

»Wer sind Sie, und was geht Sie das an?«

»Woher kennen Sie ihn?«, fragte nun der andere.

»Noch einmal: Wer sind Sie? Und warum wollen Sie das wissen?«

Die beiden wiesen sich jetzt aus. Sie waren Mitarbeiter des ISI. »Das ist ein indischer Diplomat, und wir wollen wissen, was Sie mit ihm besprochen haben.«

»Das geht Sie nichts an!«, blaffte ich zurück. Die beiden waren so erstaunt über meine Zurückweisung, dass sie mich ins

Auto steigen und wegfahren ließen. Ich dachte, sie würden mir folgen oder mich über das Nummernschild ermitteln und später aufsuchen. Aber nichts geschah.

Ein anderes Mal verabredete ich mich am Kohsar-Markt mit einem befreundeten deutschen Diplomaten zum Mittagessen. Auch nach diesem Gespräch wurde ich auf dem Weg zum Auto abgefangen. Wieder wollten zwei ISI-Agenten von mir wissen, worüber ich »mit diesem Ausländer« gesprochen hätte.

Diesmal antwortete ich ihnen auf Englisch: »Was wollen Sie?«

Sie wiederholten auf Urdu: »Woher kennen Sie diesen Ausländer? Und worüber haben Sie gesprochen?«

Ich antwortete auf Englisch: »Ich verstehe Sie nicht. Was wollen Sie von mir?«

Nun baten Sie mich um meinen Ausweis. Ich zeigte ihnen meinen deutschen Pass.

Die beiden wirkten irritiert. »Oh, sorry Sir, wir dachten, Sie wären Pakistaner! Bitte entschuldigen Sie vielmals!«

Abgesehen von solchen Begebenheiten war es schön am Kohsar-Markt. Aber immer häufiger gingen die Sicherheitsdienste, die für Botschaften und Entwicklungsorganisationen arbeiteten, davon aus, dass dieser Markt gefährdet sei, ein wahrscheinliches Ziel von Terroristen. Immer häufiger sagten uns Freunde, sie könnten sich dort nicht mit uns treffen, weil ihr Arbeitgeber es ihnen verboten habe, sich dort aufzuhalten.

Aber klar, viele Pakistaner bekamen das kaum mit oder empfanden diese Warnungen als übertrieben.

In vielen Gesprächen stellte ich fest: Je weiter oben die Menschen in der gesellschaftlichen Hierarchie stehen, desto mehr tun sie so, als gehe sie der Terror nichts an. Sie sind Meister im Verdrängen, besorgt um den Ruf ihres Landes, ihrer Nation, ihrer Religion, nicht darum, allen Menschen ein besseres, sichereres Leben zu ermöglichen. Wenn man sie auf konkrete Missstände ansprach, redeten sie sich diese schön oder machten wahlweise »die Inder«, »die Amerikaner« oder »die Juden« dafür verantwortlich. Nur sie selbst traf keine Schuld, als wären sie nur Zuschauer eines fernen Geschehens. Dabei wurden Tausende Menschen ermordet mitten unter ihnen, Schiiten, Ahmadis, Christen, Angehörige anderer religiöser Minderheiten, aber auch Sunniten, zum Beispiel wenn eine Bombe auf einem Markt explodierte und wahllos Menschen in den Tod riss. Und wenn man darauf beharrte, dass diejenigen, die mordeten, aus der pakistanischen Gesellschaft selbst herauskamen und man daher nicht die USA oder irgendein anderes Land dafür verantwortlich machen konnte, hieß es: Ja, das sind Extremisten, aber was haben wir damit zu tun? Die Wohlhabenden sagten: Wir sprechen Englisch, wir sind modern, unsere Frauen verhüllen sich nicht, wir hören Musik und schauen uns gerne Filme an – warum also fragen Sie uns?

Diejenigen, die die Politik des Landes bestimmen, gehen halbherzig gegen die Aufständischen vor. »Wir dürfen nicht vergessen: Das sind unsere Brüder«, sagte mir ein Minister. Ich antwortete: »Ja, aber das sind mordende Brüder.« Er beendete das Gespräch.

Sie wollen die Entwicklung nicht wahrhaben, die viele moderate Muslime beobachten und über die sie im vertrauten Kreis berichten. Der Atomphysiker Pervez Hoodbhoy zum Beispiel sagte mir, welche Sorge ihm die abnehmende individuelle Freiheit bereitet. »Als ich Anfang der Siebzigerjahre begann, an der Quaid-e-Azam-Universität in Islamabad zu unterrichten, gab es auf dem gesamten Campus nur eine einzige Studentin, die eine Burka trug. Heute sind etwa siebzig Prozent der Frauen hier komplett verhüllt. Nur dreißig Prozent laufen normal herum.« Viele sagten, erläuterte Hoodbhoy, dass der Islam das von ihnen verlange. Andere folgten dem Beispiel ihrer Kommilitoninnen, ohne es zu hinterfragen, wieder andere erklärten, sie fühlten sich in Burka oder *Hidschab* sicherer, beispielweise an der Bushaltestelle, weil sie dann niemand belästige. »Wir erleben gerade eine große kulturelle Revolution in der islamischen Welt. Nicht nur Pakistan ist betroffen, sondern mehr oder weniger jedes muslimische Land.«

Warum ist das so?

»Ich glaube, man realisiert, dass man anders ist als andere. Offensichtlich existiert das Verlangen, das auch zu zeigen. Eine Burka ist ja nichts anderes als ein Etikett, um sich abzugrenzen. Dadurch wird in aller Deutlichkeit klargemacht: Meine Identität ist islamisch. Diese Identität ist eng verknüpft mit dem Gefühl, ein Opfer der Geschichte zu sein. Tief versteckt empfinden Muslime, dass sie gescheitert sind. Diese Mischung von Befindlichkeiten flößt mir Angst ein, denn sie führt zu einem Verhalten, das sehr ungesund ist«, sagte Hoodbhoy. Der Versuch, 1947 eine moderne islamische Gesellschaft zu gründen, vielleicht sogar anzuknüpfen an Jahrhunderte zurückliegende Zeiten, als Muslime in Wissenschaft und Kultur führten, sei gescheitert. »Für viele Muslime steht die Frage im Raum: Warum ist es vorbei mit unserer Großartigkeit? Und die Antwort, die ihnen die Mullahs geben, lautet: Weil ihr keine guten Muslime seid! Betet! Fastet! Verhüllt eure Frauen! Denkt über eure Interpretation des Islam nach! Nur: So wird es keinen Fortschritt geben. Wir erleben ja die Konsequenzen. In Pakistan töten radikale Sunniten inzwischen täglich Schiiten, nur weil sie die für Ungläubige halten.« Hoodbhoy wirkte resigniert, als er mir das erzählte. Ich musste an den Alten denken, der mir in seinem von der Flut zerstörten Haus versichert hatte, die Naturkatastrophe sei eine Strafe Gottes, weil sie keine guten Muslime gewesen waren.

Hoodbhoy wusste keine Lösung für das Problem. »Gesellschaften müssen ihre blutigen Erfahrungen machen«, sagte er. »Auf diese Weise ist Europa säkular geworden. Früher gab es ständig Kriege zwischen Katholiken und Protestanten, und erst als das Blutvergießen lange genug angedauert hatte, kamen die Menschen zu Sinnen. Ich befürchte, wir sind gerade in dieser schrecklichen Phase.«

Leiden müssen vor allem die Mittellosen, die einfachen Leute, die sich kein Wachpersonal leisten können und die oftmals flüchten müssen, wenn Extremisten ihr Wohngebiet einnehmen, zum Beispiel in den Stammesgebieten und im Swat-Tal.

Ich begann, die Armen zu bewundern und von ihnen zu lernen. Anstatt zum Beispiel darüber zu schimpfen, dass der Strom ausgefallen war, freuten sie sich in den Stunden, in denen sie Strom hatten. Viele, die ich auf meinen Rechercheeisen traf, luden mich zum Essen ein, bestanden darauf, für mich zu kochen, wenigstens einen Tee, oder im Restaurant für mich zu zahlen. Sie bestellten dann große Flaschen Limonade, ein seltener Luxus für sie, die normalerweise gefiltertes Leitungswasser trinken, und genossen es nicht nur selbst, sondern freuten sich über jeden Schluck, den ich nahm. Es mag pathetisch klingen, aber es war so: Sie teilten das Wenige, das sie besaßen, von Herzen. Und sie waren dankbar für das, was sie hatten, nicht verbittert über das, was sie nicht hatten.

Ich begriff, dass Religion, die Karl Marx »das Opium des Volkes« nannte, auch deshalb eine so starke Rolle spielt im Leben der Menschen, weil der Glaube wie ein Anästhetikum wirkt, und sie ihre Lage ertragen lässt, die sie kaum zu ändern vermögen. Eine konservative Theologie wird zur revolutionären Idee, weil Millionen von Menschen von ihr angezogen werden, die sich benachteiligt fühlen. Der Preis dafür ist, dass die Religion in dieser Dosis Fortschritt und Entwicklung bremst. Die Gläubigen, egal ob arm oder reich, nehmen ihr Schicksal und das Schicksal ihrer Mitmenschen als gottgegeben hin.

Das Materielle zählt nicht viel. Es ist schön, wenn man etwas besitzt, aber auch nicht so wichtig, wenn es fehlt. Ich erlebte einen Obsthändler, der sein Geschäft schloss, nachdem ich ihm am frühen Nachmittag eine größere Menge für eine Party am Abend abgenommen hatte. Als ich ihn fragte, warum er schon jetzt dichtmachte, erklärte er:»Sie haben so viel eingekauft, da habe ich doch genug für den Tag verdient!« Das passt so herrlich wenig in das Wachstumsdenken anderswo in der Welt. Vielleicht ist genau dieses Denken das Problem. Aber irgendwie ist es auch sympathisch.

Ich begegnete oft Männern wie Mazar. Er lief mit zwei Käfigen voller Vögel durch Islamabad. Ich sah ihn jeden Tag an einer Kreuzung. Die armen Stare hatte er mit Netzen am Fuße des Himalaja gefangen. Die Autofahrer stoppten an der roten Ampel, hielten mit ihm einen Plausch durchs offene Fenster, was machen die Kinder, wann stürzt die Regierung, reichten ihm ein paar Scheine, pro Tier hundert Rupien. Mazar griff in einen Käfig, holte entsprechend viele Vögel heraus – und ließ sie fliegen. »Sie haben eine gute Tat vollbracht!«, lobte er seine Kunden und grinste.

Auch ich erkaufte ein paar Vögeln die Freiheit, die Mazar ihnen geraubt hatte. Er war, wenn man so will, ein Verkäufer von guten Taten: Gegen Geld machte er seine eigenen schlechten Taten rückgängig. Man konnte sich ein gutes Gewissen erkaufen. Es war die Straßenversion des Ablasshandels.

Man mag über den Sinn oder Unsinn dieses Geschäfts streiten und die Tierquälerei beklagen. Fakt ist: In Pakistan müssen sich Millionen von Menschen etwas einfallen lassen, um zu überleben. Es gibt keinen Sozialstaat, keine Versicherung, kein rettendes Netz, das ihnen im Notfall hilft.

Farzan war auch einer dieser kreativen Überlebenskünstler. Er hatte vor ein paar Jahren einen alten Stuhl aufgetrieben, eine größere Scherbe von einem zersplitterten Spiegel, eine Schere, ein Rasiermesser und einen Pinsel – fertig war sein Friseursalon. Die Spiegelscherbe wurde an einen Baumstamm gehängt, der Stuhl unter Schatten spendende Äste gestellt. Farzan verlangte für einen Haarschnitt umgerechnet vierzig Cent, Kopfmassage inklusive.

Ohrenputzer investieren in eine Packung Wattestäbchen und ein Fläschchen Olivenöl und reinigen den Leuten auf der Straße den Gehörgang. Es gibt Schreiber, die eine Schreibmaschine besitzen, vor Behörden hocken und dabei helfen, Formulare auszufüllen. Oder Wahrsager, Handleser und Kartenleger. Einer in Karatschi ließ seinen Papagei an einer Reihe von Briefumschlägen mit Horoskopen auf- und abmarschieren und schließlich einen ziehen. Manche Leute besitzen eine Waage, für fünf Rupien kann man sein Gewicht erfahren.

Die meisten Menschen suchen ihr Glück im Handel. Einfach ein paar Obstkisten aufgestellt, ein paar Bananen an den Baum gehängt, fertig ist der Laden. Genehmigungen sind in den seltensten Fällen nötig, höchstens mal ein bisschen Schmiergeld für Polizisten.

»Noch besser ist es, wenn man zu den Kunden fährt«, sagte Saleem, der sich für umgerechnet vierzig Euro ein Fahrrad gekauft hatte, viel Geld für jemanden, der täglich nur ein paar Rupien verdient. Auf dem Gepäckträger hatte er eine Platte aus Sperrholz montiert, auf der er Obst der Saison feilbot, damals gerade Erdbeeren. Was wünschte er sich für seine Zukunft? »Dass ich mal bis zum Mittag alles verkauft habe und den restlichen Tag mit meinen Kindern verbringen kann.«

Sie rackern und schuften, oft bis spät in den Abend, und leben trotzdem in Armut. Und doch ist es ein anderes Verständnis vom Leben: Die Arbeit dient dazu, die Familie zu ernähren, nicht der Selbstverwirklichung oder dazu, dem Leben einen Sinn zu geben.

Menschen wie Mazar, Farzan und Saleem zählen noch zu den glücklicheren Menschen, denn es gibt andere, die kaum Geld bekommen für ihre Arbeit. So wie Hanif.

Versklavt

An dem Tag, an dem Hanif Masih, achtundzwanzig Jahre alt, nach einem halben Leben aufhörte, ein Sklave zu sein, rieb er seine Haare mit Olivenöl ein. Der Scheitel sollte halten, er wollte gut aussehen an seinem großen Tag.

Er stand auf einem Platz vor der Ziegelbrennerei, in der er in all den Jahren gearbeitet hatte. Im Hintergrund war der gewaltige Schornstein zu sehen. Es war eine fußballfeldgroße Anlage in Kasur, einer Stadt nahe der Grenze zu Indien, etwa fünfzig Kilometer südlich von Lahore.

Hanif Masih sah zu, wie zwei Männer ein Geschäft abschlossen, das sein Leben verändern sollte. Sie saßen auf Plastikstühlen an einem Tisch. Ein Stuhl war noch frei, aber Masih stand stumm daneben, wie ein Unbeteiligter. Niemals hätte er es gewagt, sich hinzusetzen. Er hatte gelernt, wo sein Platz war.

Der eine Mann war Yunus Fauji, der Manager der Fabrik, deren Eigentum Masih war, zu der er gehörte wie der Brennofen oder die Schubkarren. Der andere Mann hieß Shahzad Kamran, und er war an jenem Tag dort, um ihn freizukaufen.

Fauji, der Manager, Dreitagebart, schmutzige Klamotten, eine Wollmütze auf dem Kopf, schnippte mit den Fingern, schon trugen seine Diener die Ordner herbei, in denen Buch geführt wurde, einen Quittungsblock, Lineal, Stift und einen Taschenrechner.

»Und? Hast du das Geld dabei?«, fragte er.

Kamran nickte. Er war ein kleiner, dünner Mann, Ende dreißig, mit sich lichtendem Haar. Aus seiner Aktentasche kramte er ein paar Papiere und ein Geldbündel hervor: fünfzig Tausend-Rupien-Scheine, umgerechnet knapp dreihundertneunzig Euro, ordentlich zusammengehalten von einem Gummiband.

Kamran war der Gründer einer kleinen christlichen Hilfsorganisation in Lahore. »Vast Vision« hatte er sie genannt, »Großer Weitblick«. Er hatte es sich zur Aufgabe gemacht, Sklaven mit Spendengeldern freizukaufen, die Schulden zu begleichen, die sie in Knechtschaft hielten. Und er hatte Masih ausgewählt, weil er glaubte, dass er zu denen gehörte, die es in Freiheit schaffen konnten.

Masih stand hinter den beiden und bewegte sich nicht, er war fast unsichtbar. Verloren wirkte er in seiner zu großen Kleidung, vielleicht auch nur, weil sein Körper so ausgezehrt war. Seine Zähne waren rot vom Betelnusskauen. Er sah still zu, wie Kamran noch einmal das Geld nachzählte. Wie er den Stapel zu Fauji schob, der ebenfalls nachzählte, die Scheine in der Mitte faltete, in die Hosentasche steckte und murmelte: »In Ordnung.«

Als Fauji das Geld wegsteckte, hatte Masih Tränen in den geröteten Augen. Er ließ sich von Kamran umarmen, seinem Wohltäter. Danach ging er, ohne ein Wort zu sagen, hinüber zur Unterkunft, wo er bisher mit seiner Frau und den beiden Kindern gelebt hatte. Sie packten ihre Sachen, verabschiedeten sich von ihren Gefährten, die in Leibeigenschaft bleiben mussten, und gingen hinunter zur Straße.

»Ich werde nie hierher zurückkehren«, sagte Masih. Er bestieg mit seiner Familie eine Rikscha. Sie waren jetzt freie Menschen.

Kamran hatte die Familie einem Großgrundbesitzer und einflussreichen Regionalpolitiker namens Nadeem Arun Khan abgekauft. Khan war der Besitzer der Ziegelbrennerei. Ihm gehörte damit auch die Familie Masih. Oder besser: hatte gehört.

Hanif Masih war bis zu jenem Tag einer von schätzungsweise sechsunddreißig Millionen Menschen weltweit, die dem Global Slavery Index zufolge als Sklaven leben – ohne Rechte, ohne die Freiheit, über den eigenen Aufenthaltsort zu bestimmen, mit Gewalt zu körperlich harter Arbeit ohne angemessene Bezahlung gezwungen. Fabrikanten, Landbesitzer und Geschäftsleute machen Profit, indem sie über ihr Leben bestimmen, sie als Waldarbeiter im Amazonas schuften lassen, als Erntehelfer auf afrikanischen Plantagen, als Bauarbeiter in Arabien, als Hilfskräfte auf thailändischen Fischerbooten oder als Zwangsprostituierte überall auf der Welt.

Sklaverei, ein längst überwunden geglaubtes Phänomen, ist in nahezu jedem Land der Erde zu finden. Verändert hat sich lediglich der Preis: Kostete ein Sklave im vergangenen Jahrhundert bisweilen den Gegenwert von viertausend Dollar und mehr, werden Menschen heute in Ländern wie Pakistan schon für dreißig oder vierzig Dollar verkauft, so die Autoren des Sklavereiberichts.

Pakistan ist nach Indien und China das Land mit den meisten Menschen, die unter sklavenähnlichen Bedingungen leben. Die meisten der über zwei Millionen arbeiten wie Masih in Ziegelbrennereien, andere als Landarbeiter, in Fabriken oder als Hausangestellte. Der vermeintliche Deal: Schutz vor Hunger und Obdachlosigkeit gegen Aufgabe der persönlichen Freiheit.

An jenem Dezembertag, an dem Masih freikam, saß er am Nachmittag auf einer Pritsche im Haus seiner Eltern, im Dorf Fatepur, außerhalb von Lahore, die Fahrt mit der Rikscha hatte eine halbe Stunde gedauert. Ich sollte ihn im Laufe eines Jahres öfter sprechen und die Geschichte seines Lebens erfahren.

Das Haus seiner Eltern war der Grund, dass er damals als

zwölfjähriger Junge in Leibeigenschaft geraten war. Vor sechzehn Jahren hatten sich seine Eltern von Khan, dem Fabrikbesitzer, fünfunddreißigtausend Rupien geliehen, heute umgerechnet zweihundertfünfundsiebzig Euro. Sie wollten damit und mit ihren kärglichen Ersparnissen ein Stück Land kaufen und ein Haus mit zwei Zimmern bauen.

Khan gab ihnen das Geld, verlangte aber, dass die Masihs so lange in der Ziegelbrennerei lebten und arbeiteten, bis sie ihre Schulden beglichen hätten. »Meine Eltern willigten ein, was sollten sie machen?«, sagte Masih. »Sie dachten, sie könnten das in ein, zwei Jahren zurückzahlen.«

Die Familie zog in die Arbeiterunterkunft auf dem Fabrikgelände: ein Lehmgebäude, in dem rund fünfzig Menschen hausten, darin ein einziger Raum für die gesamte Familie, so groß wie eine Pferdebox. An der Wand ein Bettgestell, viel zu eng für zwei Erwachsene, Masih und seine vier Brüder. Das Grundstück durften sie nur mit Genehmigung des Fabrikchefs verlassen. Einen Tag pro Woche bekamen sie frei, außerdem zwei Monate im Sommer zur Monsunzeit, wenn der Betrieb wegen der starken Regenfälle stillgelegt wurde. Frei zu haben bedeutete: keine Bezahlung.

Dabei arbeiteten die Masihs hart: Um drei Uhr morgens standen sie auf, wenn es noch nicht unerträglich heiß war; Frauen und Kinder, manche erst drei Jahre alt, kneteten aus Lehm, Erde, Salz und Wasser die graue Masse, aus denen die Ziegel in Holzformen gepresst wurden; nach vierundzwanzig Stunden Trockenzeit karrten die Männer die Rohlinge zum Ofen und stapelten sie in den Brennkammern; einen Tag später wurden die rot gebrannten Steine mit Schubkarren zur Auslieferung gebracht.

»Wenn ein, zwei Kinder mitarbeiten, verdient man im Schnitt dreitausend Rupien in der Woche«, umgerechnet knapp vierundzwanzig Euro, sagte Masih. »Tausend Rupien werden wöchentlich für den Kredit abgezogen. Im Monat blieben also achttausend Rupien. Das reichte, um die Familie mit Fladenbrot und Linsen zu versorgen.« Gemüse gab es selten, Fleisch nur an Feiertagen, vielleicht zweimal im Jahr. »Wenn jemand krank wird und Medikamente oder einen Arzt braucht, muss man wieder Schulden machen. Fällt jemand bei der Arbeit aus, gibt es keinen Lohn.«

Die Schulden wurden nicht geringer, sondern wuchsen, durch Wucherzinsen, durch gefälschte Buchhaltung, durch neue Kleinkredite für unerwartete Ausgaben. Die Jahre verstrichen, Masih wurde erwachsen. Weil er versprach, alle Schulden abzuarbeiten, ließ man seine inzwischen betagten Eltern frei. Sklaven brachten in der Brennerei Kinder zur Welt, Sklaven starben in der Brennerei.

Masih stand barfuß im kalten Schlamm und in der Hitze des Ofens, Jahr für Jahr. Eine Schule besuchte er nie. Von der Welt sah er nur die Ziegelfabrik in Kasur und das Dorf, in dem seine Eltern das Haus gebaut hatten. Er war nie in der Hauptstadt Islamabad, nie in der Metropole Karatschi, nicht einmal im nahe gelegenen Lahore.

Mit zweiundzwanzig lernte Masih, als die Ziegelfabrik wegen des Monsuns geschlossen hatte, ein Mädchen kennen: Rebekka. Die beiden heirateten, und da die Verwandtschaft und das Dorf ein Fest und gutes Essen erwarteten, nahm er bei Khan einen Kredit auf, zwanzigtausend Rupien, umgerechnet gut einhundertfünfzig Euro.

Dann kam das erste Kind, ein Mädchen. Es war eine schwere Geburt, ein Kaiserschnitt musste gemacht werden. In Pakistan ist kaum jemand krankenversichert, das Krankenhaus verlangte dreißigtausend Rupien, rund zweihundertdreißig Euro. Wieder musste Masih Khan um Geld bitten. Auch das zweite Kind, diesmal ein Sohn, musste per Kaiserschnitt auf die Welt geholt werden, wieder verschuldete Masih sich.

»Ich dachte, ich komme eh nie wieder frei, also kann ich auch Schulden machen.«

Warum lief er nicht einfach davon? Masih lachte, als ich ihn das fragte. »Ich musste doch meine Schulden zurückzahlen!« Er klang wie einer, der nichts anderes hatte als seine Ehre, und wenigstens die wollte er nicht verlieren. Aber aus seinen Worten hörte man auch die Resignation und die Angst eines Menschen, der es gewohnt ist, ganz unten zu stehen in der Hierarchie. »Abhauen hätte eh nichts genützt«, sagte Masih. »Die haben ihre Trupps, die hätten uns gesucht, zurückgeschleppt, eingesperrt und verprügelt.« Viele Brennereibesitzer handeln auch mit Sklaven, und unbeliebte Arbeiter verkauft man besonders gern. »Manchmal in weit entfernte Regionen. Da wäre ich dann nie mehr nach Hause gekommen.«

In vielen Ziegelbrennereien in Pakistan erzählt man sich Horrorgeschichten von aufmüpfigen oder kranken Arbeitern, die bei lebendigem Leib in die Brennkammern geworfen wurden. Ähnliche Geschichten gab es auch aus den Fabriken von Unternehmer Khan. »Da bleibt keine Spur übrig«, sagte einer. Vergewaltigungen seien »völlig normal«.

Dabei ist Sklaverei in Pakistan verboten. Die Verfassung ächtet Sklaverei und Zwangsarbeit. Schuldknechtschaft, also jemandem Geld zu leihen und ihn anschließend zu verpflichten, am Arbeitsort zu leben und die Schulden abzuarbeiten, ist gesetzlich untersagt.

Zu einer Anzeige, gar zu einer Verurteilung wegen Sklaverei ist es fast nie gekommen, auch nicht wegen sexuellen Missbrauchs oder Mordes an Arbeitern. Denn es sind die Mächtigen, die Sklaven beschäftigen, Menschen wie Khan. Und die stehen in Pakistan meist über dem Gesetz. Pakistan ist immer noch eine

Feudalgesellschaft, Reichtum basiert in vielen Fällen auf Ausbeutung. Und die Polizei kassiert Schmiergeld und schaut weg.

»Unsere Mitarbeiter haben ein gutes Leben bei uns«, sagte Khan, der Fabrikbesitzer. »Sie haben nichts auszustehen, bekommen Essen und ein Dach über dem Kopf.« Er sprach nur wenige Sätze am Telefon, ein Treffen mit mir lehnte er ab. Ob er Sklaven halte? »Nein, sie haben Schulden gemacht und arbeiten die jetzt ab. Jeder, der will, kann das in ein paar Monaten zurückzahlen. Man darf eben nicht faul sein.« Bei weiteren Anrufen legte er gleich auf. Aus seiner Sicht war alles gesagt. Masih hatte ihn in all den Jahren, in denen er für ihn gearbeitet hatte, nicht zu Gesicht bekommen.

Khans Worte waren eine hübsche Verpackung für einen hässlichen Umstand. Das Verleihen von Geld ist ein Vorwand, um Menschen zu versklaven. Auf den ersten Blick ist Sklaverei nicht mehr erkennbar, jetzt geht es um die Rückzahlung eines Kredits.

Doch wenn der gar nicht wirklich rückzahlbar ist, wie kommt ein Mensch da wieder raus? Eigentlich nur, indem jemand einen freikauft. So wie Shahzad Kamran, der Mann, der Masih befreite. Er kaufe nur Familien frei, keine Einzelpersonen. »Außerdem müssen sie gewillt sein, ihre Kinder in die Schule zu schicken, und eine Bleibe haben, wenn sie wieder in Freiheit sind, damit sie nicht auf der Straße landen.«

Auf Masih und seine Familie war er aufmerksam geworden, weil seine Organisation auch Lese- und Schreibunterricht für die Kinder von Sklaven finanziert. Er bezahlt Lehrerinnen, die ihnen Geschichten vorlesen und mit ihnen malen. Masihs Kinder besuchten einen solchen Unterricht, und Kamran lernte die Familie kennen. Ihr Schicksal berührte ihn: ein Sklave in zweiter Generation mit intelligenten Kindern, denen ebenfalls ein Leben als Leibeigene bevorstand.

»Die Auswahl ist nie leicht, weil natürlich alle hoffen, dass ihnen geholfen wird«, beschrieb Kamran die Situation. »Aber ich kann nicht alle freikaufen.«

Er sagte, er sei von Nächstenliebe getrieben, vom Willen zu helfen. Als Christ wolle er Gott gefallen. Aber auch die Anerkennung von Mitmenschen tut ihm gut: In seinem Büro hat er Artikel pakistanischer Zeitungen aufgehängt, die über ihn berichtet hatten. »Pressearbeit ist wichtig«, sagte er, »nur so finde ich neue Spender.« Er selbst kommt nicht aus wohlhabenden Verhältnissen. Die Reichen helfen ihm, dem Christen, kaum. Daher versucht er, per E-Mail Kontakte zu christlichen Organisationen in Amerika und Europa zu knüpfen. Seine Arbeit finanziert er durch Spenden dieser christlichen Gemeinden.

Kamran weiß, dass in Pakistan gesellschaftliche Strukturen verändert werden müssten, das System der Feudalherrschaft durchbrochen, ein Gesundheits- und Sozialsystem geschaffen, in Bildung investiert werden müsste – kaum realistische Vorhaben in einem Land, das seit Jahren von Terror erschüttert wird, unter Korruption leidet und dessen Wirtschaft schwach ist.

Darum wirken Versprechen von Politikern, etwas gegen die Sklaverei zu unternehmen, wie Lippenbekenntnisse. In der Provinz Punjab, wo es etwa fünftausend Ziegelbrennereien gibt, kündigte der Regierungschef härtere Gesetze gegen Kinderarbeit an, außerdem solle der Mindestlohn in den Brennereien stärker durchgesetzt werden. Aber es bleibt bei den Ankündigungen, seit Jahrzehnten schon.

Drei Monate nach seiner Rettung schlug Masih sich in seinem Heimatdorf Fatepur als Tee- und Joghurtverkäufer durch und half den benachbarten Bauern bei der Kartoffelernte. Unförmige Kartoffeln durfte er mitnehmen, seine Frau frittierte sie dann auf der Flamme eines brennenden Kuhfladens zu Chips. »Viel Geld haben wir nicht«, sagte er.

Er saß in dem neun Quadratmeter großen Zimmer, in dem er nun mit seiner Familie lebte. Seine Eltern hatten es an ihr Haus anbauen lassen. Viel mehr Platz als in der Ziegelbrennerei hatten sie hier nicht. »Aber die Freiheit, zu tun und zu lassen, was ich will, ist unbezahlbar.« Er ist dann doch einmal zur Ziegelfabrik zurückgefahren, weil er seine Freunde vermisste.

Schulden darf er keine mehr machen, sich nicht wieder versklaven lassen. Das hat er Shahzad Kamran, seinem Wohltäter, vertraglich zusichern müssen. Andernfalls will dieser sein Geld zurückfordern.

»Wir brauchen nicht viel, um glücklich zu sein«, sagte Masih. Seine Tochter, bald fünf Jahre, ging in die Dorfschule, der dreijährige Sohn spielte zu Hause mit Spielzeug aus Stöcken und Blechdosen. »Nur krank werden darf niemand. Dann müssen wir auch keine Schulden machen.«

An einer Wand hing ein Hochzeitsbild, an einer anderen ein Poster von Kate Winslet, kürzlich hat er erstmals den Film ›Titanic‹ gesehen. In diesen Tagen schlief Masih viel, genoss es, dass ihn niemand weckte, mit ihm schimpfte, zur Arbeit drängte. Das war immer sein Traum von der Freiheit gewesen: schlafen zu können, so lange er wollte.

Wenn er wach dalag und auf die Wände starrte, überlegte er sich, dass er sie verputzen wollte, damit er die Ziegelsteine nicht mehr sehen musste, wenigstens nicht von innen, in seinem Zimmer.

EPILOG – DARUM PAKISTAN

Wer die Schönheit dieser Erde erleben will, muss nach Pakistan reisen. Hier wird es so heiß, wie es auf Erden nur heiß werden kann. Hier erheben sich schneebedeckte Berge so hoch in den blauen Himmel, wie sie nur hoch sein können. In dichten Wäldern tun sich Lichtungen auf, Bäche plätschern dahin, Fische darin. Obstplantagen, so weit das Auge reicht. Wüsten, durch die kein Durchkommen ist. Städte, so brodelnd wie eine Megametropole nur sein kann. Relikte alter Kulturen, die vom Beginn menschlicher Zivilisation zeugen. Es ist ein wunderbares Land mit wunderbaren Menschen.

Aber was will Pakistan eigentlich sein – ein Gottesstaat oder die säkulare Heimat für eine mehrheitlich muslimische Bevölkerung? Demokratie oder Militärdiktatur? Oder von allem etwas? Jeder Pakistaner hat eine andere Antwort auf diese Frage. Und im Übrigen fühlen sich längst nicht alle als Pakistaner. Denn die Loyalität gegenüber der eigenen Ethnie ist mindestens genauso stark wie die Bindung an die Religion.

Ein Mann im Swat-Tal sagte mir einmal: »Ich bin seit nicht einmal hundert Jahren Pakistaner. Ich bin seit etwa tausendvierhundert Jahren Muslim. Aber ich bin seit mehr als zweitausend Jahren Paschtune.« Die Paschtunen, Punjabis, Sindhis, Belutschen, Mohajirs und wie sie alle heißen, haben wenig füreinander übrig.

Das Versprechen des Staatsgründers Jinnah, die Menschen seien frei, in ihre Tempel, ihre Moscheen oder andere Gebetsstätten zu gehen »in diesem Staate Pakistan«, hat sich kaum erfüllt. Jinnah glaubte an religiöse Toleranz in einem Land für die muslimische Minderheit Südasiens, mit Platz für Menschen anderen Glaubens, demokratisch regiert.

Außer den vielen Porträts von Jinnah, die überall hängen, ist nicht viel geblieben von ihm. Seine Vorstellungen von einem säkularen, demokratischen Staat spielen keine Rolle mehr in der Politik und Kultur. Heute beanspruchen die Religiösen das Monopol darauf, nationale Identität zu stiften. Sie setzen es mit Gewalt durch. Kurz bevor Selbstmordattentäter sich in die Luft sprengen und wenn Terroristen auf andere schießen, rufen sie »Allahu akbar«, »Gott ist groß«. Was für eine Gottesverachtung.

Ich habe Moscheen, Sufi-Schreine, Kirchen gesehen, in denen Selbstmordattentäter sich und andere Menschen in den Tod gerissen haben. Ein Christ sagte mir nach einem Anschlag auf eine Kirche: »Es ist, als hätte sich etwas Schweres, Düsteres über unsere Gesellschaft gelegt, etwas, das einem die Luft zum Atmen nimmt.«

Jinnahs Idee von Pakistan ist gescheitert. Das Land, wie er es sich wünschte, existiert nicht. Wie kann es sein, dass es in einem so kulturreichen Land keine Straßenkünstler gibt? Warum sollen Menschen nicht in der Öffentlichkeit tanzen und singen dürfen? Warum gibt es so wenige Kinos? Warum werden Konzerte, Theateraufführungen, Partys, Ausstellungen immer wie Geheimveranstaltungen angekündigt? Warum muss Gottesfürchtigkeit freudlos sein?

Eine Umfrage des Pew Research Centers ergab, dass Religion den Menschen in keinem anderen Land so wichtig ist wie in Pakistan.

Das hat auch seine guten Seiten.

Am Rana-Markt in Islamabad, einer Ansammlung von Fastfood-Restaurants, Lebensmittel- und Haushaltswarengeschäften, Bilderrahmenwerkstätten und einem Fischladen ganz in der Nähe unseres Zuhauses, kaufte ich einmal Jalebi, süße Teig-kringel. Ein einarmiger Verkäufer frittierte sie in einem großen Topf, der auf einem Gasbrenner stand. Geschickt spritzte er den flüssigen Teig in das siedende Öl, wendete die Kringel nach einer Minute mit einer Kelle und fischte sie nach einer weiteren Minu-te wieder heraus. Ich bewunderte ihn für seine Schnelligkeit. Die Jalebi kosteten nur ein paar Rupien. Da ich oft bei ihm einkaufte und er immer ein freundliches Wort für seine Kunden hatte, gab ich ihm einmal statt der achtzig Rupien einen Tausend-Rupien-Schein, umgerechnet nicht einmal zehn Euro.

»Sir, ich habe kein Wechselgeld. Haben Sie es nicht passend?«

»Das stimmt schon so.«

Er guckte mich erstaunt an.

»Nein, nein, Sir, das geht nicht. Das nehme ich nicht an.«

»Kommen Sie, behalten Sie's. Das ist schon in Ordnung.«

Ich ging mit den heißen, fettigen Jalebi zum Auto.

Er kam mir hinterhergelaufen.

»Sir, ich brauche kein Geld. Ich habe genug zum Leben. Gott gibt mir alles, was ich brauche.«

Nun war ich erstaunt.

»Aber ich habe es nicht passend«, antwortete ich ihm etwas ratlos.

»Gut, dann gebe ich es der Frau, die hier ab und zu mit ihren drei Kindern bettelt. Sie kommt aus Kaschmir und hat bei dem Erdbeben 2005 ihren Mann, ihre Eltern und ihr Haus verloren. Sie kann das Geld gut gebrauchen.«

Großherzigkeit, Freundlichkeit, Mitgefühl begegneten mir häufig. Oft völlig unerwartet. Die Armen gaben den noch Är-meren.

Die meisten Menschen in Pakistan sind normale Leute mit den üblichen Freuden und Problemen, die das Dasein in einem wirtschaftlich schwachen Land mit sich bringt. Sie sind genügsam und zufrieden, wenn sie etwas zu essen und ein Dach über dem Kopf haben. Sie sind glücklich, wenn man sie menschenwürdig und respektvoll behandelt. Die Probleme ihres Landes nehmen sie sehr wohl wahr. Nur sind sie ihnen vergleichsweise egal. Steigende Benzin-, Gas-, Strom- oder Brotpreise bekümmern sie mehr als zunehmende Unfreiheit. Sie denken: Was nützen uns Meinungsfreiheit und Selbstbestimmung, wenn wir nicht wissen, wie wir unsere Kinder durchbringen sollen?

Sie sagen, der gesellschaftliche Druck, sich angepasst zu verhalten und nicht zu kritisieren, gar aufzubegehren, habe zugenommen: Was reden die Nachbarn? Was denken die Angehörigen? Die Reichen können es sich eher leisten, Konventionen zu ignorieren und Traditionen zu durchbrechen. Eine wohlhabende Frau wird eher auf ein Kopftuch verzichten, weil sie weniger Rücksicht darauf nehmen muss, was andere über sie denken. Aber arme Menschen? Da gilt eine Frau schnell als unehrenhaft, wenn sie sich nicht an die Regeln hält. Für Arme ist der Preis für Freiheit ungleich höher.

Mir kommt die pakistanische Gesellschaft vor wie ein Kosmos aus mehreren Parallelwelten. Jede einzelne von ihnen hat ihre eigenen Regeln, Werte, Moralvorstellungen. Als Ausländer und Beobachter konnte ich relativ mühelos von der einen in die andere wechseln, hineinblicken, mich dort eine Zeit lang aufhalten, um anschließend wieder in meine Korrespondenten-Diplomaten-Entwicklungshelfer-Wohlstandswelt zurückzukehren.

Es gab Zeiten, da hätte ein Muslim niemals gemeinsam mit einem Christen oder Hindu an einem Tisch gesessen. Diese Zeiten schienen in Pakistan vor gar nicht allzu langer Zeit überwunden. Religiöse Freiheit schien möglich, ebenso andere Freiheiten: Bilder, vierzig, fünfzig, sechzig Jahre alt, zeigen ein längst untergegangenes Pakistan. Frauen, die die neueste Mode tragen. Junge Menschen mit langen Haaren, die mitten in Peschawar auf Charpoys hocken, Musik hören und lachen, als Pakistan Teil des Hippie-Trails war, der von der Türkei über Iran und Afghanistan hierher und weiter über Indien nach Nepal führte. Menschenmengen vor einem Kino, das einen neuen Hollywoodstreifen zeigt, als es noch Tausende Filmhäuser in Pakistan gab. Schwarz-Weiß-Fotos aus Nachtclubs, wo Bands auftraten – Livemusik, und dazu jede Menge Drinks! Die US-Astronauten von Apollo 17, die im Juli 1973 in den Straßen von Karatschi von den Massen bejubelt werden, nachdem sie ein halbes Jahr zuvor den bisher letzten bemannten Raumflug zum Mond absolviert hatten.

Das ist Vergangenheit.

Wer nicht in das sunnitisch-wahabitische Weltbild der Konservativen passt, muss um seinen Platz in der Gesellschaft kämpfen. Der hat es schwer, seinen Frieden zu finden. Ein Beispiel ist der Physiker Abdus Salam, der erste muslimische und zugleich erste pakistanische Nobelpreisträger. Er erhielt die Auszeichnung für Physik im Jahr 1979 und gilt als einer der klügsten Köpfe, die Pakistan je hervorgebracht hat. Doch weil er Ahmadi war, wurde ihm nie die Ehre zuteil, die er verdiente. Aus Protest gegen die Nichtanerkennung der Ahmadis als Muslime verließ er das Land Mitte der Siebzigerjahre, besuchte aber häufig Familie, Freunde und Kollegen. Er starb 1996 in Oxford, England, und wurde in seiner Heimat, im Punjab beerdigt. Auf seinem Grabstein stand »Erster muslimischer Nobelpreisträger«, bis sich die Radikalen auch hier durchsetzten und das Wort »muslimischer« streichen ließen. Jetzt heißt es dort: »Erster Nobelpreisträger«.

In der Gedankenwelt dieser Menschen ist Andersartigkeit ein Makel und Toleranz unerwünscht. Wer nicht religiös – und zwar muslimisch, am besten sunnitisch – ist, idealerweise männlich, heterosexuell, steht unter Rechtfertigungsdruck. Manchmal genügt es, auch nur so zu tun, als passte man in dieses Raster. Man trinkt Alkohol, aber hinter verschlossenen Türen. Man hat gleichgeschlechtlichen Sex, nennt sich aber nicht homosexuell. Man glaubt, was man will, gibt aber nach außen den frommen Muslim.

Doppelmoral gehört zum Alltag.

Unter der Oberfläche kann es noch so brodeln, Hauptsache, der Schein ist gewahrt.

Mich stimmt traurig, dass dieses Land mit seiner jungen Bevölkerung, seiner vielfältigen Kultur, einer atemberaubenden Natur und seinen reichlichen Ressourcen so weit hinter seinen Möglichkeiten zurückbleibt. Weil es schlecht regiert wird. Weil Leute das Sagen haben, die alles Mögliche im Sinn haben, nur nicht das Wohlergehen der Menschen. Weil Extremisten an Macht und Einfluss gewinnen, ihre Haltung in großen Teilen der Bevölkerung Zuspruch findet und niemand ihnen Einhalt gebietet.

Wie verbreitet die Angst der Politik vor den Radikalen ist, bekam ich einmal mit, als ich in Islamabad eine Diskussion mit pakistanischen Abgeordneten moderieren sollte. Es ging um die allgemeine Lage im Land. Die Politiker sagten mir in der Vorbesprechung, ich dürfe sie alles fragen, aber nichts zum Thema Blasphemiegesetz. Man könne ja nie wissen, wer da im Publikum sitze.

Einmal, auf dem Weg in die Stammesgebiete an der Grenze zu Afghanistan, geriet ich in eine Kontrolle der Taliban. Ein Bärtiger mit mächtigem dunkelgrünem Turban und geschulterter Maschinenpistole trat an unseren Wagen heran. »Salam aleikum! Dein Bart ist zu kurz, Bruder!«, sagte er mit unerwartet freundlicher Stimme zu meinem Fahrer. »Warum lässt du ihn nicht wachsen? Würde dir viel besser stehen!« Ich war froh, dass ich mich wochenlang nicht rasiert hatte. Mit seinen grünen Augen starrte er uns an. Mein Fahrer schwieg. »Das macht fünfhundert Rupien«, blaffte ihn der Bärtige an. Etwa vier Euro Bußgeld, weil jemand nicht so aussah, wie die Taliban es verlangten. Der Kontrolleur beugte sich vor und entdeckte eine CD auf der Ablage. »Zeig mal!«, befahl er. Auf der Hülle war eine junge pakistanische Popband abgebildet. »Das ist nichts Islamisches!«, sagte er nun deutlich unfreundlicher. Er warf die CD, die mein Fahrer zu Beginn unserer Fahrt an einer Tankstelle gekauft hatte, verächtlich auf die Straße. »Noch einmal fünfhundert Rupien!«

Ausgerechnet dieses Land verfügt über Atomwaffen. Beteuerungen, die Arsenale seien sicher, sind letztlich keine Garantie. Die Eroberung der Köpfe und Herzen durch die Radikalen, die Furcht, sich ihnen entgegenzustellen, und die Übernahme ihrer Werte und Vorstellungen haben ein beängstigendes Ausmaß angenommen. Sie schaden nicht nur der Bevölkerung von Pakistan, sondern sind eine Gefahr weit darüber hinaus.

Es ist das, was Pakistan den Ruf des gefährlichsten Landes der Welt eingebracht hat. Nicht ohne gewisse Berechtigung, auch wenn es pakistanische Politiker regelmäßig erzürnt.

»Warum schreiben Sie so wenig Positives über Pakistan?«, hörte ich oft von Politikern. »Vergessen Sie nicht, dass Sie auch patriotisch sein müssen!«

»Patriotisch? Wie meinen Sie das?«

»Sie sind doch auch Pakistaner!«

Es machte keinen Sinn, weiter darauf einzugehen, zu erklären, dass unabhängige Berichterstattung keine Werbeveranstaltung für ein Land ist und meines Erachtens Patriotismus sowieso keine Richtgröße im Journalismus sein sollte. Stattdessen fragte ich: »Worüber soll ich Ihrer Meinung nach denn schreiben?«

»Unser Obst! Unsere Mangos!«, sagte mir ein Minister.

»Schreiben Sie über unsere Mangos! Die Deutschen sollten wissen, dass wir die weltbesten haben!«

Ein hochrangiger Diplomat sagte mir nach einiger Überlegung: »Warum schreiben Sie nicht, dass Pakistan der drittgrößte Milchproduzent der Welt ist?«

Beide, den Minister und den Diplomaten, hätte ich zurückfragen sollen: Und warum haben dann so viele Menschen so wenig zu essen in Pakistan? Warum kommen so viele nicht in den Genuss der – unbestritten hervorragenden – Mangos? Warum können sich so viele keine Milch leisten? Warum ist Pakistan nicht auch der drittgrößte Eis-, Butter- oder Joghurtproduzent? Aber ich unterließ es. Es hatte keinen Sinn, denn worum es ihnen wirklich ging, war, dass man die wahren Probleme ignorieren und nur über das Schöne schreiben sollte, um seiner Vaterlandsliebe Ausdruck zu verleihen. Das verstanden sie unter gutem Journalismus.

Weil ich ihrer Ansicht nach zu unbotmäßig war, bekam ich Besuch vom Geheimdienst. Ein Motorrad mit zwei Männern hielt vor unserem Haus. Sie trugen schwarze Hosen und helle Hemden, beide Anfang oder Mitte dreißig, einer mit Dreitagebart. Sie stellten sich vor als Mitarbeiter der Military Intelligence, einem von mehreren Geheimdiensten in Pakistan. Sie sagten, sie müssten dringend mit mir sprechen, jetzt sofort.

»Da hätten Sie mich aber vorher anrufen und einen Termin vereinbaren müssen«, antwortete ich betont genervt, denn ich saß gerade an einem Text. Aber natürlich war ich neugierig und wollte wissen, was der Anlass ihres Besuchs war.

»Wir haben Sie angerufen, aber es ist niemand rangegangen«, antwortete einer. Ich sagte, das sei nicht möglich, einen verpassten Anruf hätte ich bemerkt. Der Mann kramte nun mehrere von Hand beschriebene Zettel aus seiner Aktentasche, blätterte darin herum und fand schließlich meinen Namen und meine Nummer, allerdings mit einem Zahlendreher. Ich dachte mir: Wenn die nicht einmal einen Computer haben, um diese Daten zu speichern oder zumindest solche Listen zu tippen, und es nicht einmal schaffen, meine Nummer richtig zu notieren, dann ist es kein Wunder, dass sie keine Ahnung von Osama Bin Laden hatten.

»Können wir uns also unterhalten!«, sagte einer der Agenten, und es klang nicht wie eine Frage. Ich bat sie auf die Terrasse. Janna hatte nicht mitbekommen, wer die beiden waren. Sie hielt sie für die üblichen Informanten, die gelegentlich bei mir aufkreuzten, um mir irgendetwas zu erzählen. Als sie nun herauskam, um zu fragen, ob sie Tee oder Kaffee wollten, blickten sie verschämt auf den Boden. Sie hatten offensichtlich nicht damit gerechnet, einer Frau im T-Shirt und ohne Kopfbedeckung zu begegnen.

»Tee ist gut«, murmelte einer, an mich gerichtet.

Dann begannen sie mit ihrer Fragerei. Wo ich in Pakistan schon überall gewesen sei. Was ich von Pakistan im Allgemeinen halte. Wie ich zu den Extremisten stehe. Dabei interessierten sie sich vor allem dafür, ob ich schon in den heikleren Gebieten gewesen war, für die man eine Genehmigung des Militärs braucht. Und ob ich Kontakte zu Taliban hätte und wenn ja, zu wem.

Ich erzählte ihnen von meinen Reisen in die Berge im Norden, die heikleren Recherchen im Westen verschwieg ich, und über meine Informanten sagte ich, dass ich deren Identität schützen müsse. »Aber natürlich unterhalte ich mich mit allen Seiten.«

Die beiden nickten. Der mit dem Dreitagebart tippte auf seinem uralten Handy herum. Dann fragte er, wo die Toilette sei. Ich erklärte ihm den Weg, aber er blieb sitzen.

Sie fragten weiter. »Sagen Sie, wen unterstützen Sie eigentlich politisch?«

Die Frage überraschte mich. »Ich? Ich bin Journalist, ausländischer noch dazu. Es ist Sache der Pakistaner, über ihre politische Führung zu entscheiden, nicht meine.«

»Ja, ja, aber Sie haben doch sicher Sympathien.«

»Nein, ich bevorzuge niemanden«, sagte ich, und das war nicht einmal gelogen.

»Und was halten Sie von Imran Khan?«, fragte einer der beiden. Ich hatte es geahnt. Das Militär und die Geheimdienste schätzten ihn. Es gab keine Beweise, dass sie den Ex-Cricket-Star unterstützten, aber auch die beiden Agenten waren Fans, daran ließen sie keine Zweifel.

»Sie sollten unbedingt mit ihm sprechen«, riet mir der eine.

»Ja, und über ihn schreiben«, ergänzte der andere.

»Ich habe ihn schon oft gesprochen, und wir haben auch schon einiges über ihn veröffentlicht«, ließ ich sie wissen.

»Nur Gutes, oder?«, fragte einer.

»Sagen Sie, wollten Sie nicht den Weg zur Toilette wissen?«, fragte ich zurück.

Er stand auf, ich führte ihn ins Haus und zeigte auf eine Tür. Als er drinnen meiner Frau begegnete, blickte er wieder peinlich berührt auf den Boden. Er blieb erstaunlich lange weg, während sein Kollege mir Fragen darüber stellte, was mir an Pakistan besonders gut gefalle. Ich schaute später nach, ob irgendwo Wanzen im Haus zu finden waren.

Sie verschwanden dann recht bald und wünschten mir zum Abschied, sie hofften sehr, ich würde »immer die richtigen Worte« finden.

Ich verstand es als Hinweis: Wir beobachten dich. Und das, was du schreibst, gefällt uns nicht.

Wir verließen Pakistan nur wenige Monate nach dieser Begegnung. Auch uns fehlte irgendwann die Luft zum Atmen. Der Abschied fiel uns trotzdem schwer.

Ich habe vier Jahre als Korrespondent in Pakistan gelebt. Vier aufregende, spannende, leider oft schmerzhafte Jahre. Janna und ich bereuten nie, dass es uns – entgegen unseren Plänen – in ein Land weiter westwärts verschlagen hatte. Wir schätzen die Menschen in Pakistan, ihre Wärme, die Gastfreundschaft. Während unserer Zeit dort wurden wir allerdings Zeugen einer Entwicklung, die uns mit Besorgnis erfüllte. Und sie hält an.

Im September 2013 sprengten sich zwei Männer vor einer Kirche in Peschawar in die Luft. Mehr als einhundertzwanzig Besucher eines Gottesdienstes starben.

Im Dezember 2014 griff ein Taliban-Kommando eine Schule in Peschawar an. Einhundertfünfzig Menschen wurden getötet, darunter einhundertzweiunddreißig Kinder. Seither gleichen auch Schulen Festungen, mit Stacheldrahtzaun, bewaffneten Wachleuten und Kontrollen. In Folge dieses Angriffs hob die pakistanische Regierung das Todesstrafenmoratorium auf und begann damit, Dutzende zum Tode Verurteilte hinzurichten. In der Bevölkerung kommt diese Demonstration von Härte gut an. Es ist eine fatale Ersatzhandlung, die zwar entschlossenes Vorgehen suggeriert, tatsächlich aber nur von Hilflosigkeit und Politikversagen zeugt.

Im März 2015 töteten zwei Selbstmordattentäter fünfzehn Menschen in zwei Kirchen. Eine wütende Menschenmenge lynchte daraufhin zwei Männer, von denen irgendjemand gehört hatte, sie stünden in Verbindung mit den Attentätern. Es war die – inakzeptable – Reaktion von Menschen, die längst nicht mehr an ihr Justizsystem glauben, weil es jegliches Vertrauen verspielt hat. Ihr Ausweg ist Selbstjustiz.

Im April 2015 starb die Menschenrechtsaktivistin Sabeen Mahmud, als unbekannte Attentäter in Karatschi auf sie schossen. Sie hatte sich ihr Leben lang geweigert, zu schweigen, wenn Unrecht geschah. Ich hatte sie mehrmals getroffen. Noch ein digitales Grab in meinem Telefonverzeichnis.

Im April 2015 erfuhren wir zudem in einer Rede von US-Präsident Obama, dass bei einem Drohnenangriff auf ein Qaida-Versteck im Januar »aus Versehen« zwei westliche Geiseln getötet worden waren, ein US-Amerikaner und ein Italiener, die Extremisten vor Jahren entführt hatten.

Wir haben die Geschichte eines Staates erlebt, der einst hoffnungsfroh startete, mit großen Chancen. Eines Staates, der um seine Identität ringt und dessen Niedergang wir eine Zeit lang miterlebt haben, weil der Wille zu gutem Regieren fehlt, weil Politiker Gott und Geld gleichermaßen anbeten und weil fremde Staaten in diesem Teil der Welt ihre Machtspiele spielen.

Es ist das Land, aus dem meine Familie stammt. Ein Land, das mir mit seinen gastfreundlichen, neugierigen Menschen ans Herz gewachsen ist, das mich aber auch mit seinen aggressiven, gewaltbereiten Menschen ratlos zurücklässt.

Hunderttausende sind aus Pakistan weggezogen, weil sie hier keine gute Zukunft für sich sahen, die meisten meiner Verwandten eingeschlossen.

Inzwischen verstehe ich, warum.

DANKSAGUNG

Viele Menschen haben zum Entstehen dieses Buches beigetragen. Ihnen allen möchte ich danken. Manche bleiben an dieser Stelle unerwähnt, weil es in Pakistan Probleme mit sich bringen kann, im Zusammenhang mit Journalisten genannt zu werden. Sie alle wissen aber, dass ihnen mein Dank gebührt. Außerdem möchte ich mich ganz herzlich bedanken bei: Mathias Müller von Blumencron dafür, dass er alles überhaupt erst möglich gemacht hat; Wolfgang Büchner dafür, dass er mich nach Indien schickte und nach Pakistan gehen ließ; Rüdiger Ditz für sein immer offenes Ohr und dafür, dass er sich selbst ein Bild vor Ort machte; Jule Lutteroth und Steffen Haug dafür, dass sie uns ihre Wohnung überlassen wollten, als wir keine hatten; Jeannette Corbeau und Maren Szeymies für den besten Ort, den man sich zum Schreiben vorstellen kann; Babak Khalatbari und Stephan Röken für ihre Freundschaft, ihre klugen Einschätzungen und das gemeinsame Staunen über Land und Leute; Heike Friemert und Shahzad Akbar für intensive Diskussionen und erhellende Gespräche; Olivia und Philipp Niehenke für die gemeinsame Zeit auf der weltbesten Dachterrasse; Atussa Ziai und Marcus Michaelsen für die gemeinsame Entdeckung des kulinarischen Pakistans; Andrea und Daniel Fleschenberg dos Ramos Pinéu dafür, dass sie die besten Nachbarn waren, die man sich denken kann; Ralf Abendroth, Thomas Ditt, Ferdinand Jenrich, Samy Saadi und Gregor Schotten für viele gute Gespräche; Martin Axmann, Anna-Christine Janke, Olaf Kellerhoff, Anja Minnaert, Britta Petersen und Tinko Weibezahl für ihre Analysen und Erkenntnisse; Herbert Nilson für den schönsten Flug meines Lebens; Asad Durrani für Einblicke in das Militär; Azam Effendi für seine Führung durchs Swat-Tal; Willi Germund für eine gemeinsame Schaukeltour und gute Gespräche; Joachim Hoelzgen für viele anregende Ideen und Ratschläge; Ghulam Haider für seine Hilfsbereitschaft, die meine Erwartungen immer übertraf; Pervez Hoodbhoy für seine mutigen Einschätzungen und offenen Worte; Diego Ibarra Sanchez für die gemeinsamen Touren durchs Land; Taha Siddiqui für seine Unterstützung bei mancher Recherche; Nigi und Kamal Aziz für die Reise ins Herzland der Paschtunen; Zafar Iqbal für Einsichten dort, wo es zunächst geheimnisvoll erschien; Muhammad Irshad für so manche Erleichterung des Alltags; Cyril Almeida für seine präzisen Beschreibungen der Lage; Jamil und Helga Ahmad für ihr Wissen über pakistanische Literatur, die Stammesgebiete und für den besten Kuchen, den man in Islamabad bekommen kann; Shahzad Kamran für Einblicke in die christliche Welt Pakistans; Sherry Rehman für ihren Mut, Dinge anzusprechen, die viele nicht hören wollen; Arshad, Sajid und Ruby für ihren unermüdlichen Einsatz; Kathrin Wahrendorff für ihre Neugier auf Pakistan und ihre Reiselust; der Redaktion von SPIEGEL ONLINE und dem Auslandsressort vom SPIEGEL für den täglichen Austausch, den Ansporn, die guten Ideen, das Hinter-einem-Stehen, wenn es nötig ist; Angelika Mette für das Vorantreiben des Vorhabens; meiner Lektorin Katharina Festner für die behutsame Arbeit am Text; unseren Familien für ihre Unterstützung und ihren Beistand auch in etwas schwierigeren Situationen; und am meisten meiner Frau Janna und meinem Sohn, die all das mit mir erlebt und mitgemacht haben und ohne die alles nichts wäre.